U0516113

权威·前沿·原创

皮书系列为
"十二五""十三五""十四五"时期国家重点出版物出版专项规划项目

法治蓝皮书
BLUE BOOK OF RULE OF LAW

中国司法制度发展报告 *No.4*（2022）

ANNUAL REPORT ON CHINA'S JUDICIAL SYSTEM No.4 (2022)

中国社会科学院法学研究所
主 编／陈 甦 田 禾
执行主编／吕艳滨

社会科学文献出版社
SOCIAL SCIENCES ACADEMIC PRESS（CHINA）

图书在版编目（CIP）数据

中国司法制度发展报告 . No. 4，2022 / 陈甦，田禾
主编；吕艳滨执行主编 . --北京：社会科学文献出版
社，2022. 12
　（法治蓝皮书）
　ISBN 978-7-5228-1013-3

　Ⅰ. ①中…　Ⅱ. ①陈…②田…③吕…　Ⅲ. ①司法制
度-研究报告-中国-2022　Ⅳ. ①D926

中国版本图书馆 CIP 数据核字（2022）第 205596 号

法治蓝皮书
中国司法制度发展报告 No. 4（2022）

主　　编／陈　甦　田　禾
执行主编／吕艳滨

出 版 人／王利民
组稿编辑／曹长香
责任编辑／王玉敏　郑凤云
责任印制／王京美

出　　　版／社会科学文献出版社（010）59367162
　　　　　　地址：北京市北三环中路甲 29 号院华龙大厦　邮编：100029
　　　　　　网址：www. ssap. com. cn
发　　　行／社会科学文献出版社（010）59367028
印　　　装／天津千鹤文化传播有限公司

规　　　格／开本：787mm×1092mm　1/16
　　　　　　印张：22.25　字数：333 千字
版　　　次／2022 年 12 月第 1 版　2022 年 12 月第 1 次印刷
书　　　号／ISBN 978-7-5228-1013-3
定　　　价／139.00 元

读者服务电话：4008918866

法治蓝皮书·司法制度
编委会

官方小程序 法治指数（Lawindex）

撰 稿 人（按照姓氏汉字笔画排序）

丁树庆　王 涵　王 晶　王小梅　王茂宁
王奇峰　王祎茗　王诺兰　王舒蒙　韦 炜
叶耀隆　田 禾　冯迎迎　权成子　吕贞笑
吕艳滨　朱华芳　刘 琼　刘元见　刘长江
刘烨宁　刘雁鹏　米晓敏　许 奎　农政朝
孙东宁　杜玉兰　李 琳　李士钰　李全一
李亦辰　李盼盼　杨春珊　杨晓春　吴 刚
吴 娅　吴 翔　吴志华　何俊芳　何筱椰
汪玉池　张玉洁　张冰华　张国宁　张颖璐
张新阶　陈 波　陈 健　陈 甦　陈宇燕
陈志林　陈芯宇　林 虹　郏献涛　周 丹
周萍萍　屈直俊　赵 勇　赵九重　胡昌明
哈云天　姜 苗　洪 梅　莫爱萍　栗燕杰
高长见　郭佑宁　黄 迪　曹 凯　曹世昕
龚 成　常国锋　常黎阳　董 昆　韩佳恒
韩思思　雷继华　蔡惠娜　廖娅杰　颜贝贝
潘 政

主要编撰者简介

主编　陈甦

中国社会科学院学部委员、法学研究所原所长，研究员，中国社会科学院大学法学院特聘教授。

主要研究领域：民商法、经济法。

主编　田禾

中国社会科学院国家法治指数研究中心主任，法学研究所研究员，中国社会科学院大学法学院特聘教授。

主要研究领域：刑法学、司法制度、实证法学。

执行主编　吕艳滨

中国社会科学院法学研究所法治国情调研室主任、研究员，中国社会科学院大学法学院宪法与行政法教研室主任、教授。

主要研究领域：行政法、信息法、实证法学。

摘　要

2021 年以来，中国司法机关坚持以习近平新时代中国特色社会主义思想为指导，深入贯彻习近平法治思想，全面贯彻党的十九大和二十大会议精神，认真落实十三届全国人大四次会议决议，积极推进新时代、新征程中司法工作的高质量发展，各项司法工作取得新突破。《中国司法制度发展报告 No. 4（2022）》全面归纳了 2021 年以来中国司法在深化司法体制机制改革、加强司法人权保障、提升社会治理能力、扩宽司法便民服务范围等方面的做法、成效，并对中国司法制度的发展趋势进行了展望。本年度的蓝皮书首次设置了年度报告栏目，对 2021 年以来的犯罪形势、狱务透明度、确认仲裁协议的效力等问题进行追踪和分析。此外，蓝皮书还围绕司法体制改革、司法实践经验、公益诉讼制度以及司法社会治理等四个主题，推出《民事非诉执行检察监督精准化路径探寻》《预防性环境行政公益诉讼制度的思辨与构建》《公证公益服务考察》等多篇司法调研报告，展示了中国司法制度一年来的变化发展，对全国审判、检察以及司法行政工作取得的最新成就加以总结。

关键词： 全面依法治国　司法体制改革　司法制度　诉源治理
社会治理

目 录 ⟨⟨

Ⅰ 总报告

Ⅱ 年度报告

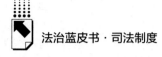

皮书数据库阅读**使用指南**

总 报 告
General Report

B.1

中国司法发展状况：现状、成效与展望

中国社会科学院法学研究所法治指数创新工程项目组[*]

摘　要： 2021年以来，中国的司法机关成绩斐然。政法队伍教育整顿工作圆满收官，持续抓实司法体制综合配套改革，发挥职能优势参与社会治理，提高司法社会治理水平；坚持司法为民，救助困难群体，加强人权保障，完善未成年人保护，充分落实认罪认罚从宽制度；深化司法监督，推进司法智能化信息化建设。在向第二个百年奋斗目标进军的新征程中，司法机关将进一步深化改革、巩固教育整顿成果、打击严重犯罪、服务大局、提升司法治理水平、完善公共法律服务体系。

---

[*] 项目组负责人：田禾，中国社会科学院国家法治指数研究中心主任、法学研究所研究员，中国社会科学院大学法学院特聘教授；吕艳滨，中国社会科学院法学研究所法治国情调研室主任、研究员，中国社会科学院大学法学院宪法与行政法教研室主任、教授。项目组成员（按姓氏笔画排序）：王小梅、王祎茗、王诺兰、冯迎迎、刘雁鹏、米晓敏、许奎、孙东宁、李士钰、李亦辰、张国宁、周丹、胡昌明、哈云天、姜苗、洪梅、栗燕杰、曹世昕、廖娅杰等。执笔人：胡昌明，中国社会科学院法学研究所副研究员；田禾；吕艳滨。

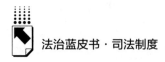

关键词: 全面依法治国 政法队伍教育整顿 服务大局 公共法律服务 司法智能化

2021 年以来,中国的司法机关坚持以习近平新时代中国特色社会主义思想为指导,深入贯彻习近平法治思想,全面贯彻党的十九大和二十大精神,认真落实十三届全国人大四次会议决议,积极推进新时代、新征程司法工作的高质量发展,各项司法工作取得新突破。一年来,全国司法机关政法队伍教育整顿工作圆满收官,持续抓实司法体制综合配套改革,发挥职能优势参与社会治理,提高司法社会治理水平;坚持司法为民,救助困难群体,加强人权保障,完善未成年人保护,充分落实认罪认罚从宽制度;深化司法监督,推进司法智能化信息化建设,为二十大的召开创造了稳定和谐的政治氛围。

1. 审判工作

2021 年,全国各级人民法院受理案件 3355 万件,同比上升 8.8%,审结、执结 3013 万件,同比上升 4.8%,全国法官人均办案 238 件,同比增加 13 件。结案标的额 8.3 万亿元,同比增长 16.9%;制定司法解释 24 件,发布指导性案例 31 个。审结一审刑事案件、民商事案件、行政案件分别为 125.6 万件、1574.6 万件和 29.8 万件,同比分别增加 12.5%、18.3% 和 3.3%。审结国家赔偿与司法救助案件 6.53 万件;受理执行案件 949.3 万件,执结 864.2 万件,同比下降 10.4% 和 13.2%,执行到位金额 1.94 万亿元①。

2. 检察工作

2021 年,全国检察机关共办理各类案件 363.7 万件,同比上升 20.9%;全年批准逮捕各类犯罪嫌疑人 868445 人,提起公诉 1748962 人,同比分别

---

① 参见周强《最高人民法院工作报告——2022 年 3 月 8 日在第十三届全国人民代表大会第五次会议上》。

上升 12.7% 和 11.2%。全国检察机关一年制定司法解释及司法解释性质文件 19 件，制发指导性案例 8 批 37 件、典型案例 76 批 563 件①。

3. 司法行政工作

2021 年，中国司法行政各项工作取得新成效、实现新发展。截至 2021 年底，全年新接收社区矫正对象 59 万人，加上 2020 年底在册 64.5 万人，全年列管社区矫正对象 123.5 万人，解除矫正 57 万人；全国共有律师事务所 3.7 万家，律师 57.6 万人，其中公职律师 7.2 万人；全国法律援助机构共批准办理法律援助案件 147.3 万件（不含值班律师法律帮助案件）；全国共有公证员 1.4 万名，办理公证事务 1200 万件；全国司法行政机关登记管理的司法鉴定机构共 2900 多家，鉴定人 3.7 万余人；全国 270 家仲裁机构共处理民商事案件 41 万余件，案件标的额 8000 余亿元；全国共有人民调解委员会 68.9 万个，人民调解员 316.2 万人，全年排查矛盾纠纷 507 万次，调解矛盾纠纷 874 万件；全国共有司法所 3.9 万个，司法所工作人员 15 万人，全年共参与调解各类矛盾纠纷 460 万余件，开展法治宣传教育 135 万场次，接待群众法律咨询 600 余万人次，为基层党委政府提供重大决策法律意见建议 26 万余条，协助制定规范性文件 5 万余件②。

一　深化司法体制机制改革

（一）政法队伍教育整顿活动收官

2021 年，全国政法队伍教育整顿活动自下而上，分市县、中央和省级两批次开展。2022 年 1 月 16 日，中央政法委召开全国政法队伍教育整顿总

---

① 参见张军《最高人民检察院工作报告——2022 年 3 月 8 日在第十三届全国人民代表大会第五次会议上》。
② 《中国法治建设年度报告 2021》，http://fzzfyjy.cupl.edu.cn/info/1022/14373.htm，最后访问日期：2022 年 10 月 26 日。

结会，会议肯定了 2020 年 7 月以来全国政法队伍教育整顿活动取得的成果，并提出要认真贯彻习近平法治思想，坚持党对政法工作的绝对领导，"巩固深化政法队伍教育整顿成果、切实履行好维护国家安全、社会安定、人民安宁的重大责任，让人民群众切实感受到公平正义就在身边"①。推进全面从严管党治警，努力开创新时代政法队伍建设新局面。此后，法院、检察院等各个政法机关都召开会议，巩固全国政法队伍教育整顿成果，提出努力打造忠诚干净担当的新时代政法铁军的要求，以实际行动迎接党的二十大胜利召开。

为将全国政法队伍教育整顿的成果以制度形式巩固下来，2021 年 9 月 30 日，最高人民法院、最高人民检察院和司法部联合印发了两个规范性文件②，对于全面加强法官、检察官与律师队伍建设，构建法官、检察官与律师"亲""清"关系，共同维护司法廉洁和司法公正，更好地肩负起推进全面依法治国的职责使命，具有重要意义。

（二）强化司法内外部监督和制约

为进一步推进政法领域改革，2021 年司法机关以司法责任制为"牛鼻子"，通过制度建设等，加强司法机关的内外部监督和制约。

一是完善执法司法制约监督制度。中央政法委先后印发了两个文件③，着重完善执法司法领域的权力监督，包括党的领导监督、政法部门之间的相互监督、司法机关的内部制约监督、社会监督、智能化管理监督等。2022 年 4 月，国家监察委员会与最高人民法院、最高人民检察院、公安部联合印发《关于加强和完善监察执法与刑事司法衔接机制的意见（试行）》，推动监察执法与刑事司法衔接工作的规范化、法治化。

---

① 《切实履行好维护国家安全社会安定人民安宁的重大责任　让人民群众切实感受到公平正义就在身边》，《人民日报》2022 年 1 月 16 日，第 1 版。
② 这两个文件分别是《关于建立健全禁止法官、检察官与律师不正当接触交往制度机制的意见》和《关于进一步规范法院、检察院离任人员从事律师职业的意见》。
③ 这两个文件分别是《关于加强政法领域执法司法制约监督制度机制建设的意见》《关于加快推进政法领域执法司法责任体系改革和建设的指导意见》。

二是加强重点领域的监督。近年来，违规减刑、假释、监外执行是司法腐败高发领域之一，孙小果案、"纸面服刑案"等都暴露了减刑、假释、暂予监外执行环节的监督漏洞。为此，各相关职能部门积极发挥监督职能，最高人民法院、最高人民检察院、公安部和司法部（以下简称"两高两部"）联合印发了《关于加强减刑、假释案件实质化审理的意见》，严格规范减刑、假释、暂予监外执行案件的实质化审查，促进刑罚执行更加公平公正；最高人民检察院出台了《人民检察院巡回检察工作规定》，进一步明确和规范了监狱、看守所巡回检察工作内容、方法和程序，及时全面地解决了制约巡回检察工作的难点堵点问题。司法部在《2021年司法行政改革工作要点》中提出加强执法司法制约监督，进一步规范减刑、假释、暂予监外执行工作。为此，司法部还出台了《监狱计分考核罪犯工作规定》。此外，2021年4月至10月，最高人民检察院在山西等20个省（自治区、直辖市）部署开展了看守所巡回检察试点，涉及399个看守所和驻所检察室，对巡回检察发现问题的整改以及相关案件线索查办情况等进行专项检察。

三是压实司法机关的内部责任和考核。人民法院为加强司法责任体系建设，出台了《关于进一步完善"四类案件"监督管理工作机制的若干意见》，推动形成新型审判权力运行机制。该文件细化了"四类案件"的监督管理，不仅确保了院庭长监督不缺位、不越位、可追溯，而且通过出台法官惩戒工作程序规定，以使违法审判责任追究制度落到实处。

（三）深化司法体制综合配套改革

《关于深化司法责任制综合配套改革的意见》出台后，司法机关从改革机构设置、建立专业会议制度、完善内部考核机制和交流机制等方面深化司法体制综合配套改革。

一是机构改革。最高人民法院积极推进四级法院审级职能定位改革试点。2021年8月，全国人民代表大会通过了授权最高人民法院进行四级法院审级职能定位改革试点的文件，提出四级法院职能要进行区分："基层人民法院重在准确查明事实、实质化解纠纷；中级人民法院重在二审有效终审、精准定分止争；高级人民法院重在再审依法纠错、统一裁判尺度；最高人民法院监督指导全国审判工作、确保法律正确统一适用。"① 此外，最高人民法院通过发布司法解释、司法文件和司法政策、指导性案例，高级人民法院规范办案指导文件、参考性案例的发布程序等，杜绝地区间裁判差异导致的不公正和"诉讼主客场"等现象。

二是增设机构。党的十八大以来，司法改革以司法队伍正规化、专业化、职业化建设为重点，推进专业化法院和法庭的设置，发挥法院专业化审判职能，以更好地适应当下的社会发展需求。2021年以来，各地因地制宜，针对辖区内多发审判案件的性质，挂牌成立了一系列专业化法庭。2021年7月16日，江苏省苏州市中级人民法院成立了全国首家专业化劳动法庭——苏州劳动法庭，该法庭对全省、全国法院劳动审判专业化改革进行了探索。2022年1月沈阳创设首个乡村振兴专业化法庭——新民市法院乡村振兴专业化法庭；2022年6月，河北法院设立全国首家长城文化保护法庭——河北省秦皇岛市山海关区人民法院长城文化保护法庭。此外，最高人民法院还积极推动审判领域专业法官会议的设立，专业性法官会议机制在辅助办案决策、统一法律适用、强化制约监督等方面发挥了积极作用。2021年以来，合肥仲裁委自贸区仲裁中心、海南国际仲裁院先后成立，为营造法治化、国际化、便利化的营商环境，推动先行区更快更强发展提供了便捷的仲裁交流平台。

三是加强司法人员监督考核力度。2021年10月，最高人民法院印发了《关于加强和完善法官考核工作的指导意见》。该意见按照原则性与灵活性相结合的原则，一方面根据四级法院职能定位差异，分法院层级和业务条线，分层分类设置法官考核重点；另一方面，允许各地法院结合自身实际对本院考核指标内容进行细化和针对性调整。同时，该意见还督促院庭长办案制度落到实处，对院庭长的考核指标单独作出规定，发挥考核"指挥棒"的作用。2022年1月，最高人民法院还印发了《人民法院法官违纪违法退

① 《关于完善四级法院审级职能定位改革试点的实施办法》。

额管理规定（试行）》，加强对法官违法违纪行为的监督和惩戒。检察机关则通过创制推出"案—件比"司法质效评价标准来加强检察人员考核。通过设定最优"案—件比"，引导检察办案求极致、惠及群众、减少诉累。2022 年最高人民检察院工作报告透露，两年来压减 86.4 万个空转程序、内生案件①。

四是建立内部人员交流机制。2021 年 11 月出台的《关于建立健全人民法院人员内部交流机制的若干意见》，针对执法司法关键岗位、人财物重点职位等人员交流提出了具体要求，通过细化重新入额方式、规范跨地域跨院交流入额程序，明确挂职交流入额政策，明确转任定级标准，严格落实定期交流机制等措施，鼓励司法人员多岗位交流锻炼，推动人员交流常态化、制度化、规范化。

（四）深化司法公开机制建设

公开是最好的防腐剂。人民法院除了审判流程、庭审活动、裁判文书、执行信息四大公开平台外，还坚持通过人民法院的门户网站、白皮书以及 12368 诉讼服务热线以及"两微一端"等途径深化司法公开，让公平正义看得见、能评价、可监督。截至 2022 年 8 月，中国裁判文书网文书总量突破1.35 亿篇，总访问量超过 9342 亿人次；全国法院庭审累计直播数突破 2007万场，庭审累计观看量超过 515 亿人次，有的庭审累计观看量突破千万；中国执行信息公开网公布的失信被执行人 760 余万。除了旁听庭审、查阅网站和报刊等传统形式外，群众对于司法过程的参与、监督和评价，更加便捷高效。2021 年，各地检察机关以"检察建议+公开听证""公开宣告+公开回复"等方式，进一步做实检务公开，以公开促公正，赢得群众对检察工作的认可和支持。

此外，司法行政机关也开始关注公开问题，促进狱务公开、矫务公开等

---

① 张军：《最高人民检察院工作报告——2022 年 3 月 8 日在第十三届全国人民代表大会第五次会议上》。

公开工作。2021年底，湖南省监狱管理局以40万元预算金额公开采购了"刑罚执行办案平台及狱务公开系统运维服务"。该公开系统能够实现对服刑人员和家属公开信息的统一管理和发布，在公示信息采集和数据交换标准规范的基础上完成现有系统公示内容的自动公示，实现除服刑人员相关信息外，对监狱相关信息、工作动态、法律法规、监狱规定等的统一管理和发布，使得狱务公开工作更加透明高效。此外，《社区矫正法》实施以来，浙江省社区矫正机构积极推动社区矫正与基层社会治理深度融合，全面推进社区矫正"矫务公开"工作，社区矫正工作透明度和执法公信力得到有效提升。2022年以来，全省社区矫正机构公开社区矫正政策法规、执法流程、执法事项等共计7.6万余条，广泛接受有关当事人和社会各界的监督，问卷调查群众满意度达98%以上。

开放、动态、透明、便民的阳光司法机制，培育起良性互动的公共关系，主动回应了社会关切，促进了司法公平和社会公正。

（五）繁简分流试点工作初见成效

随着人民法院收结案数量的逐年攀升，法院的人案矛盾日渐突出，推动民事、行政诉讼程序繁简分流改革成为人民法院提升诉讼效率、解决人案矛盾的重要方式之一。2021年度，中国通过民事诉讼程序繁简分流改革试点，实现了诉讼效率的稳步提升。2021年，人民法院速裁快审案件871.51万件，同比增长25.7%，大量矛盾纠纷通过多元主体、多种途径、灵活方式得到高效公正化解，诉前调解成功案件610.68万件，同比增长43.86%，极大降低了群众维权成本。民事诉讼繁简分流制度改革试点使案件做到了繁简分流、快慢分道、轻重分离，相关经验做法，被2021年12月修改的《民事诉讼法》吸收。目前，民事诉讼繁简分流制度已在全国范围内推广应用。

《关于推进行政诉讼程序繁简分流改革的意见》正式实施，标志着最高人民法院正式开始推动行政诉讼领域的繁简分流。行政诉讼程序繁简分流改革，既符合《行政诉讼法》的要求，又适应了行政诉讼程序繁简分流改革的要求，充分尊重了当事人的程序选择权、诉讼知情权，切实实现"简化程序不减权利，提高效率不降质效"。

（六）推进行政复议制度改革

《法治政府建设实施纲要（2021~2025年）》提出，健全社会矛盾纠纷行政预防调处化解体系，不断促进社会公平正义，发挥行政复议化解行政争议主渠道作用，加强和规范行政应诉工作。2021年以来，地方司法行政机关按照行政复议体制改革要求，推动行政复议职责整合到政府统一行使，实现一级政府只设立一个行政复议机关。湖南常德、安徽合肥等地按照"事编匹配、优化节约、按需调剂"的原则，为政府行政复议机构合理调配编制，增强行政复议工作力量。截至2022年4月，30个省、自治区、直辖市出台了行政复议改革实施方案，优化了行政复议资源配置，畅通了行政复议申请渠道。其中，23个省份已全面完成改革，实现各级政府统一对外受理复议案件。例如，广州积极推进完善改革配套措施，为提升案件办理质效提供制度性保障。2021年全国行政复议案件数量比改革前有了大幅增长，其中约70%的案件实现"案结事了"。

二　加强司法人权保障力度

2021年以来，中国司法机关进一步加强司法人权保障力度，主要体现在准确贯彻宽严相济刑事政策，该宽则宽、当严则严，落实认罪认罚从宽制度，加大未成年人权益保障力度，推进律师辩护制度全覆盖，社区矫正和法律援助制度不断完善等方面。

（一）落实宽严相济刑事政策

2021年，司法机关将少捕慎诉慎押作为重要的刑事司法政策，落实宽严相济刑事政策。2021年，全国检察机关全年不批捕38.5万人、不起诉34.8万人，比2018年分别上升28.3%、增长1.5倍；对捕后可不继续羁押的，依法建议释放或变更强制措施 5.6 万人，诉前羁押率从 2018 年的 54.9%降至 42.7%①。2022 年 1~6 月，不捕 13.9 万人，同比下降 21.3%，不捕率为 39.2%，同比增长 10.8 个百分点。共决定起诉 68.1 万人，同比下降 14.4%；决定不起诉 20.9 万人，同比上升 55.7%，不起诉率为 23.5%，同比增加 9.1 个百分点②。

2021 年以来，认罪认罚从宽制度作为刑事司法改革的重要举措，在司法机关的推动下不断完善。"认罪认罚从宽制度被认为是中国特色社会主义刑事司法制度的重大创新，丰富了刑事司法与犯罪治理的'中国方案'"。

最高人民检察院工作报告显示，2021 年，中国刑事司法中认罪认罚从宽制度适用率超过 85%，检察机关量刑建议采纳率超过 95%，一审服判率 96.5%③。认罪认罚从宽制度不仅提高了刑事司法效率、节约了司法资源，而且从源头减少了上诉、申诉案件。适用认罪认罚从宽制度的轻罪案件，从侦查到审判的办案周期缩短，起诉后适用速裁程序、简易程序审理的占到了 74.6%。认罪认罚从宽制度的充分落实有利于化解矛盾、促进和谐、实现社会内生稳定，社会效果良好。

2021 年人民法院坚持罪刑法定、疑罪从无，确保无罪的人不受刑事追究。依法宣告 511 名公诉案件被告人和 383 名自诉案件被告人无罪，同比分别下降 22.1%和 0.3%④。

（二）加强未成年人权益保障

少年儿童是祖国的未来，是中华民族的希望，未成年人健康成长关乎亿

---

① 《最高检发布上半年全国检察机关主要办案数据 精准发力 法律监督质效全面提升》，最高人民检察院网站，https://www.spp.gov.cn/xwfbh/wsfbt/202207/t20220720_565763.shtml#1http://fzzfyjy.cupl.edu.cn/info/1022/14373.htm，最后访问日期：2022 年 10 月 26 日。

② 张军：《最高人民检察院工作报告——2022 年 3 月 8 日在第十三届全国人民代表大会第五次会议上》。

③ 张军：《最高人民检察院工作报告——2022 年 3 月 8 日在第十三届全国人民代表大会第五次会议上》。

④ 周强：《最高人民法院工作报告——2022 年 3 月 8 日在第十三届全国人民代表大会第五次会议上》。

万家庭的幸福安宁和中华民族的伟大复兴。2021 年司法机关高度重视未成年人保护，依法惩治侵害未成年人犯罪、保护未成年人合法权益。

为进一步完善中国特色社会主义少年司法制度，最高人民法院成立了少年法庭工作办公室，负责综合统筹全国未成年人审判指导工作，同时在六个巡回法庭分别设立"少年法庭巡回审判点"。截至 2022 年上半年，全国法院共设立少年法庭 2181 个，开创全国少年审判工作新局面。少年审判坚持教育感化挽救方针，对未成年人犯罪采用封存犯罪记录的方法，预防和减少重新犯罪。2022 年 5 月 30 日，"两高两部"发布《关于未成年人犯罪记录封存的实施办法》，规范刑事执行中未成年人犯罪记录封存工作，降低轻罪前科对其回归社会的影响，促使未成年人悔过自新、重回正轨。此外，少年司法还落实《家庭教育促进法》，对一些父母不正确实施家庭教育、怠于履行抚养监护义务、为孩子订"娃娃亲"等行为进行训诫，发出家庭教育令，对虐待儿童的剥夺监护权。

各地法院也从自身出发主动加强未成年人保护力度。四川法院设立涉诉未成年人家庭教育指导工作站；安徽法院落实留守儿童委托照护责任，增强留守儿童自我保护及家庭保护意识；陕西法院推出"红领巾法学院"，预防和惩治校园欺凌行为，营造保护关爱未成年人的良好环境。

2022 年 6 月 1 日，最高人民检察院发布《未成年人检察工作白皮书（2021）》（以下简称"白皮书"）。白皮书显示，"2021 年，全国检察机关共受理审查逮捕未成年犯罪嫌疑人 55379 人，受理审查起诉 73998 人，经审查，批准逮捕 27208 人，不批准逮捕 27673 人；提起公诉 35228 人（含附条件不起诉考验期满后起诉人数），不起诉 22585 人（含附条件不起诉考验期满后不起诉人数），附条件不起诉 19783 人，不捕率、不诉率、附条件不起诉率分别为 50.4%、39.1%、29.7%。2021 年，全国检察机关共批准逮捕侵害未成年人犯罪 45827 人，提起公诉 60553 人"。①

一些地方检察院积极履职，联合其他相关部门加强对监护不足儿童的权

---

① 最高人民检察院：《未成年人检察工作白皮书（2021）》。

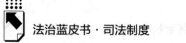

利保护。依照民政部、公安部、财政部颁布的《关于进一步做好事实无人抚养儿童保障有关工作的通知》精神，河南检察机关与三部门联合下发通知，细化事实无人抚养儿童服务保障举措，保障孤儿和事实无人抚养的儿童健康成长。

（三）推进律师辩护制度全覆盖

近年来，司法部与最高人民法院试点开展了刑事案件律师辩护全覆盖工作。截至 2021 年底，全国 80% 以上的县级行政区域开展了刑事案件律师辩护全覆盖试点工作，其中 25 个省、自治区、直辖市实现了县级行政区域试点工作全覆盖，全国刑事案件律师辩护率达到了 66%。2022 年要实现全国县级行政区域试点工作和审判阶段律师刑事辩护基本全覆盖两个目标。

2022 年 4 月，浙江检察机关会同司法行政机关和律师协会联合下发《关于积极探索开展审查起诉阶段律师辩护全覆盖工作的意见（试行）》，明确在全省 10 个市、县（市、区）开展"审查起诉阶段律师辩护全覆盖"试点工作，通过试点，探索将"法律援助律师辩护全覆盖"从审判阶段前移到审查起诉阶段。

（四）完善社区矫正制度

《社区矫正法》和《社区矫正法实施办法》颁布实施后，各地司法行政机关根据各自工作重点和特点出台了系列工作实施细则，推动社区矫正制度化和规范化。广东省司法厅积极打造"1+6"未成年人社区矫正广东模式。《广东省社区矫正实施细则》专章对完善未成年人社区矫正作出特别规定，制定完善十余项工作制度指引，对未成年社区矫正对象分类管理、个别化矫正等进一步明确和细化，做到因人施策。江苏省司法厅推行社区矫正"一三三"模式：围绕"促进融入社会、预防减少犯罪"一个目标，落实"精细管理、精准矫治、精心帮扶"三项机制，统筹"力量保障、科技支撑、阵地建设"三大要素，建章立制进一步落实社区矫正"规范化、精细化、信息化"的目标定位。江西省吉安市、湖北省孝感市孝南区等积极引导志愿者参与社区矫正工作，一批社区矫正对象接受志愿者帮教后精神面貌焕然一新，在就业创业、疫情防控等方面表现突出，取得良好社会反响。

山东、贵州等地司法行政部门举办社区矫正工作培训班，深入推进《社区矫正法》贯彻实施，提升依法履职能力，推动社区矫正工作高质量发展。

（五）加大法律援助力度

法律援助制度作为一项维护当事人合法权益、保障法律正确实施和维护社会公平正义的重要法律制度，在实现全面依法治国进程中具有重要地位和作用。

2022年1月1日起《法律援助法》正式施行，标志着我国法律援助制度和法律援助事业步入新时代。法律规定县级以上人民政府应当将法律援助相关经费列入本级政府预算，建立动态调整机制，保障法律援助工作需要。为落实《法律援助法》的规定，2021年12月30日最高人民法院、司法部联合出台了《关于为死刑复核案件被告人依法提供法律援助的规定（试行）》，确立了最高人民法院死刑复核案件被告人依申请通知辩护制度，落实了《法律援助法》第25条的相关规定，充分发挥辩护律师在死刑复核程序中的作用，切实保障死刑复核案件被告人获得辩护的权利。为死刑复核案件被告人依申请提供法律援助，有利于确保死刑案件的办理质量，保障无罪的人不受错误追究。

2021年，全国律师为人民群众提供各类公益法律服务超过了152.5万多件，同比增加超过38.6%，同时，全年律师还参与接待和处理信访案件24.8万多件，参与调解22.3万多件，参与处置城管执法事件2.2万多件。以实际行动践行了人民律师为人民的执业理念，推进了基本公共法律服务的均衡发展，促进公共法律服务多元化、专业化，增强了人民群众的获得感、幸福感和安全感。

三 提升司法社会治理能力

（一）司法防范金融风险

2021 年，司法机关积极参与社会治理，从各个司法层面保障国家金融稳定和安全。

金融安全和金融稳定成为最高人民法院工作报告的高频词之一，2021年最高人民法院工作报告提及"金融"14 次，具体包括促进金融市场健康发展、严惩金融证券犯罪、处理涉供应链金融纠纷、推动防范化解金融风险、推动京沪两家金融法院审判专业化、服务国家金融管理中心建设、建设金融审判创新试验区、建立金融纠纷法律风险防范报告年度发布机制等多项举措。

检察机关则着力积极推动防范化解经济金融风险，聚焦维护资本市场安全。最高人民检察院驻中国证监会检察室积极发挥作用，联合中国证监会、公安部持续专项惩治证券违法犯罪。最高人民检察院通报的 2022 年上半年数据显示，"全国检察机关共起诉金融诈骗、破坏金融管理秩序犯罪 1.4 万人。联合中国人民银行等部门开展打击治理洗钱违法犯罪三年行动，起诉洗钱犯罪 2 万人，同比上升 1.6 倍"①。

（二）完善公益诉讼制度

党的十八届四中全会提出，探索建立检察机关提起公益诉讼制度。随着一系列司法解释和规范性文件的出台②，检察公益诉讼取得了快速发展，检察机关提起公益诉讼制度正式建立。2021 年以来，最高人民检察院把制定公益诉讼办案规则列为重点改革任务大力推进，此举旨在系统地总结、提炼

---

① 《最高检通报今年上半年检察工作情况》，《法治日报》2022 年 7 月 14 日，第 1 版。
② 《关于修改〈中华人民共和国民事诉讼法〉和〈中华人民共和国行政诉讼法〉的决定》《关于检察公益诉讼案件适用法律若干问题的解释》《人民检察院公益诉讼办案规则》等。

公益诉讼检察实践经验，明确并细化办理公益诉讼案件的具体程序，为检察机关办案提供统一的规范依据，以更好地落实党中央有关公益诉讼的新部署、新要求，更好地回应实践中出现的新情况、新问题和人民群众的新期待，更好地规范、保障公益诉讼检察权的正确行使和公益诉讼检察制度的健康发展，更好地发挥公益诉讼在维护国家利益和社会公共利益中的作用，为完善中国特色的检察公益诉讼法律和制度体系进行有益的探索。

（三）推动多元纠纷解决机制

2021年9月，最高人民法院依照《关于加强诉源治理　推动矛盾纠纷源头化解的意见》精神，制定了《关于深化人民法院一站式多元解纷机制建设　推动矛盾纠纷源头化解的实施意见》，推动人民法院一站式多元解纷向基层、向社会、向重点行业领域延伸，并通过线上线下相结合的方式，健全预防在先、专群结合、分层递进、衔接配套、全面覆盖的一站式多元解纷机制。2021年，最高人民法院陆续出台深化一站式多元解纷机制建设等一系列规范性文件，全国法院完成党委领导下的诉源治理机制、万人起诉率考评机制、诉讼服务中心建设规范等9项机制建设任务的比例高达91%，建成法院配套出台速裁快审、窗口立案、网上申诉来信办理等6项工作规范的占96%①。全国法院通过整合解纷资源，重塑诉讼格局，不断建设完善一站式多元纠纷解决机制，满足了人民群众多元高效便捷的纠纷解决需求。

在建立完善多元纠纷解决机制过程中，司法行政部门则借鉴"枫桥经验"，积极发挥人民调解、行政调解、律师调解等的"第一道防线"作用，强调矛盾纠纷的基层和前端化解。一是完善基层人民调解组织网络，强化人民调解在化解基层矛盾纠纷中的主渠道、主力军作用。二是深入推进商事调解工作，积极服务"一带一路"、粤港澳大湾区、海南自贸港及各地自贸区建设。三是加强和规范律师调解工作，健全诉调衔接机制，完善律师参与化解信访案件工作机制，鼓励支持律师参与检察听证。四是加强行

---

① 《人民法院一站式多元纠纷解决和诉讼服务体系建设（2019~2021）》。

政复议，在社会治理中建立完善行政争议多元调处化解机制，加强行政复议调解功能，推进法治政府建设。此外，司法行政部门还积极完善仲裁机制，引导当事人通过仲裁方式解决纠纷，探索建立调解、仲裁与公证衔接联动模式。

（四）改善营商环境司法保障

良好的营商环境是一个国家和地区软实力及核心竞争力的重要体现。2021年以来，司法机关在改善法治营商环境过程中发挥了越来越大的作用。

人民法院从加强支持产权保护、维护市场公平竞争、保护小微企业发展、涉外海事商事审判、服务保障粤港澳大湾区建设等方面出发，助力企业创新发展，不断优化营商环境。一是加强知识产权保护。最高人民法院知识产权法庭2021年新收案件4335件，审结3460件，超过1/4的案件涉及新一代信息技术、生物医药、高端装备制造、节能环保等战略性新兴产业①。最高人民法院还发布相关司法解释，充分发挥司法裁判在科技创新成果保护中的规则引领和价值导向作用，促进科技创新司法保护新规则形成。2021年，人民法院新收各类知识产权案件642968件，审结601544件，比2020年分别上升22.33%和14.71%，受理、审结知识产权案件数量再创历史新高。二是维护市场公平竞争环境。最高人民法院充分发挥司法裁判在维护市场公平竞争中的规则引领作用，及时发布反垄断和反不正当竞争典型案例，强化企业公平竞争意识，促进和保护公平竞争的市场环境的形成。三是加强中小微企业司法保护。2022年1月，最高人民法院印发《最高人民法院关于充分发挥司法职能作用 助力中小微企业发展的指导意见》，积极为中小微企业发展营造公平竞争、诚信经营的市场环境，加强中小微企业产权司法保护，强力为中小微企业发展解忧纾困。同时，最高人民法院还举行新闻发布会，发布人民法院助力中小微企业发展典型案例，让中小微企业的发展更

---

① 最高人民法院知识产权庭编《中国法院知识产权司法保护状况（2021年）》，人民法院出版社，2022。

有保障。四是面对复杂多变的外部环境，充分发挥涉外商事海事审判职能作用，积极营造市场化、法治化、国际化营商环境。2021 年，人民法院共审结一审涉外民商事案件 2.1 万件、海事案件 1.4 万件①。五是发挥司法职能，服务保障粤港澳大湾区建设。最高人民法院发布《关于支持和保障横琴粤澳深度合作区建设的意见》和《关于支持和保障全面深化前海深港现代服务业合作区改革开放的意见》，对于两个合作区完善域外法查明适用机制、构建多元化纠纷解决机制、简化涉港澳案件诉讼程序、增进粤港澳司法交流与协作等方面给出具体举措，筑牢了制度保障基础。与香港特别行政区、澳门特别行政区加强司法合作，签署了《内地与香港特别行政区法院相互认可和执行婚姻家庭民事案件判决的安排》《关于内地与澳门特别行政区就仲裁程序相互协助保全的安排》等合作文件，对畅通司法法律规则衔接，健全区际司法协作体系，创新司法协作举措、增进民众福祉、保障大湾区建设，都具有重要意义。

人民检察院着力营造安商惠企法治化营商环境。2019 年 6 月至 2022 年 6 月三年间，全国检察机关积极参与市场竞争秩序综合治理，起诉假冒注册商标罪、串通投标罪、侵犯商业秘密罪等重点罪名 1.8 万余件 4.1 万余人②。2022 年 8 月，最高人民检察院发布依法惩治破坏市场竞争秩序犯罪典型案例。这些案例"能够一定程度上反映近年来破坏市场竞争秩序犯罪特点，既涵盖复杂多样的犯罪类型和不断翻新的犯罪手段，还涉及刑民交叉、行刑交叉等情况"③。此次发布，彰显了检察机关严惩破坏市场竞争秩序犯罪的态度，展现了其参与社会综合治理的决心。

此外，公证机关充分发挥公证法律服务对知识产权的保护作用，为优化营商环境提供助力。例如，在知识产权类纠纷中，多地公证机关制订方案，

---

① 相关数据来源于 2021 年最高人民法院工作报告。
② 张璁：《检察机关依法惩治破坏市场竞争秩序犯罪　三年来起诉串通投标罪 2300 余件》，《人民日报》2022 年 8 月 5 日，第 4 版。
③ 张璁：《检察机关依法惩治破坏市场竞争秩序犯罪　三年来起诉串通投标罪 2300 余件》，《人民日报》2022 年 8 月 5 日，第 4 版。

采取措施，充分发挥公证法律服务对知识产权的保护作用。南京市司法局根据当地实际情况制定出台《南京市知识产权全链条保护公证法律服务实施方案》，细化列举了涉及知识产权保护的各种形态以及各种可能的公证方式，提升了知识产权公证法律服务能力。南京公证行业还不断加强与审判机关、市场监管、海关、商务、外事等行政主管机关的工作联系，与涉外专利代理机构、律师事务所建立公证法律服务联络保障机制，为优化营商环境提供助力。

四 扩宽司法便民服务范围

（一）提升公共法律服务水平

2021年以来，各地司法机关通过建章立制、建立法律服务平台，深化"放管服"改革等全面提升了公共法律服务水平。

公共法律服务部门着力打造"互联网+政务服务"平台。公安部发布的全国各级公安机关政务服务业务办理情况显示，5.5万项业务实现"最多跑一次"，占全部事项的近八成。户籍、交管、出入境、移民管理等领域"放管服"改革全面深化，"跨域办、网上办、刷脸办"等新模式日益普及，民众获得感进一步提升。2021年底，司法部颁布《全国公共法律服务体系建设规划（2021～2025年）》，大力推进公共法律服务实体、网络、热线三大平台融合发展；印发文件调整公证机构执业区域，推进部分公证事项"跨省通办"①。

司法部确定了"十四五"时期公共法律服务的工作重点和措施，包括发挥律师、公证、法律援助、司法鉴定、仲裁等的职能作用，均衡配置城乡法律服务资源、加强欠发达地区公共法律服务建设、加强和规范村（居）

---

① 这些文件包括《关于优化公证服务 更好利企便民的意见》《关于深化公证体制机制改革 促进公证事业健康发展的意见》等。

法律顾问工作等。截至 2022 年 3 月，全国共建成省、市、县、乡、村五级公共法律服务中心（工作站、工作室）57 万个，每年提供法律咨询、法律援助等各类服务 1800 多万件次；2021 年，全国人民调解组织共开展矛盾纠纷排查 507.1 万次，调解矛盾纠纷 874.4 万件；持续推进"万所联万会"活动。截至 2021 年 12 月，全国已有 1.7 万多家律师事务所与 1.9 万多家工商联所属商会、1800 多家县级工商联建立了联系合作机制，为促进民营经济健康发展提供了高质量法律服务①。

　　针对公证领域人民群众反映强烈的公证办理"难繁慢"问题，司法部制定了《关于优化公证服务　更好利企便民的意见》，精简公证程序性繁杂事项，要求各地全面推行公证证明材料清单制度管理、落实一次性告知制度、探索实行公证证明材料告知承诺制度，坚决清理"奇葩证明""循环证明"等非法定、没有必要的证明事项，梳理高频公证事项清单并向社会公开。各地积极响应，持续深化公证领域"放管服"改革、提升公证服务水平。例如，河南省司法厅印发了《"最多跑一次"公证事项清单》，将"最多跑一次"公证事项范围从 2018 年确定的 36 项扩大至 100 项，实现让当事人办理公证"最多跑一次"，最大限度减轻群众证明负担。济南市司法局依法依规全面清理公证所需的证明材料，在各环节推进减证便民，共取消证明材料 53 项，编制 37 类 114 个事项证明材料清单，为人民群众提供了更加优质便捷的公证法律服务。在健全公共法律服务体系过程中，各地也发挥主动性，主动服务群众，让百姓便捷解决纠纷。例如，山西省首创了流动仲裁庭，将调解仲裁服务向一线延伸，将仲裁庭开到群众家门口，让百姓的矛盾纠纷切实有效化解在基层。安徽等地大胆尝试法律援助与劳动争议仲裁对接，在劳动人事争议仲裁院设立法律援助工作站，不仅给百姓提供了便利，更缩短了纠纷化解时间，提高了司法效率，也提升了百姓仲裁满意度，彰显了公共法律服务效能。

① 《司法部举行媒体通气会　2021 全面依法治国和司法行政工作亮点频出》，http://www.moj.gov.cn/pub/sfbgw/zwgkxwfbh/202203/t20220303_ 449298.html，最后访问日期：2022 年 9 月 15 日。

同时，司法部办公厅结合实际情况制定了《关于加快推进部分公证事项"跨省通办"工作的通知》。自 2021 年 12 月 16 日起，各公证机构可使用分配的账号和密码登录司法部政务服务平台"跨省通办"专区，查询或核验相关部门提供的"跨省通办"公证事项所需共享信息。此外，进一步调整纳税状况公证事项执业区域，规范和精减公证证明材料，当事人提交的"跨省通办"公证事项申请材料齐全、真实，符合法定受理条件的，全部纳入"最多跑一次"改革范围。整合利用已有移动办证端口，提高在线申办公证服务水平，实现"跨省通办"公证事项申请、受理、审核、缴费、出证、送达等全流程在线办理。这些举措都有助于打破各地区司法公证服务的数据壁垒，使公证服务机构与其他政府部门、省内各地区公证机构、各省份公证机构能够实现数据实时传输、实时共享。

（二）加强民生司法保障服务

民生无小事，枝叶总关情。2021 年以来，司法机关从为特殊群体权益提供保护，加强生态环境和食品药品安全，振兴农村农业农民出发，重点关注涉民生案件，为民做实事，提供司法服务和保障。

一是加强老年人、残疾人、妇女、劳动者等特殊群体的合法权益保护。2022 年 4 月，最高人民法院制定出台《关于为实施积极应对人口老龄化国家战略提供司法服务和保障的意见》，并配套发布老年人权益保护第二批典型案例，从严惩治欺老骗老犯罪，为加强老年人权益保障提供有力的司法服务和保障。上海检察机关建立专门办案组，为保障老年人权益提供更有力的司法保护。最高人民法院与中国残疾人联合会召开新闻发布会，共同发布残疾人权益保护十大典型案例，鼓励残疾人依法维护自身权益，引导社会公众共同塑造尊重残疾人的社会环境。针对困难妇女群体，检察机关开展司法救助专项活动，对符合司法救助条件的困难妇女，立即启动救助程序；被救助的妇女养育未成年子女的，一并开展司法救助工作。针对劳动者超时加班问题，最高人民法院联合人力资源和社会保障部发布典型案例，及时纠正用人单位违法行为，有效保障劳动者休息权及劳动报酬权。2021 年以来，检察机关开展了一系列检察为民办实事活动，支持弱势群体依法维权，支持老年人诉请支付赡养费、残疾人维权、受家暴妇女离婚、农民工讨薪等案件4.4万件，同比上升80.9%。

二是在环境保护方面积极发挥司法能动性，为"青山绿水"构建司法保护屏障。2021年，全国环境资源专门审判机构数量同比增长7.83%，各级人民法院受理环境资源一审案件297492件，审结265341件①。全国检察机关起诉破坏生态环境资源犯罪4.9万人，办理相关公益诉讼案件8.8万件②。《关于新时代加强和创新环境资源审判工作 为建设人与自然和谐共生的现代化提供司法服务和保障的意见》《最高人民法院关于生态环境侵权案件适用禁止令保全措施的若干规定》《最高人民法院关于审理生态环境侵权纠纷案件适用惩罚性赔偿的解释》《关于办理海洋自然资源与生态环境公益诉讼案件若干问题的规定》等一批与生态环境审判相关的规范性文件先后发布，助力深入打好污染防治攻坚战、促进服务构建新发展格局。2021年，最高人民法院、最高人民检察院等共计发布9批96个环境保护相关典型案例，总结审判经验、统一法律适用，重点关注流域生态保护、生物多样性保护、红色资源传承、大运河文化遗产保护等领域，服务"建设人与自然和谐共生的现代化"③。

三是严厉打击食品、药品安全刑事犯罪。2021年12月，最高人民法院、最高人民检察院（以下简称"两高"）联合发布了新修订的《关于办理危害食品安全刑事案件适用法律若干问题的解释》及典型案例，通过织严刑事法网，为打击依法惩治危害食品安全犯罪提供明确的法律依据。2022年3月，"两高"再次发布《关于办理危害药品安全刑事案件适用法律若干问题的解释》，对危害药品安全犯罪重拳出手，切实维护了药品管理秩序，保障了人民群众的生命健康。

---

① 相关数据来源于《中国环境司法发展报告（2021）》https://www.court.gov.cn/upload/file/2022/06/05/10/38/20220605103833_33041.pdf，最后访问日期：2022年10月26日。
② 徐日丹：《2021年起诉破坏生态环境资源犯罪4.9万人》，《检察日报》2022年1月18日，第2版。
③ 《中国环境司法发展报告（2021）》，https://www.court.gov.cn/upload/file/2022/06/05/10/38/20220605103833_33041.pdf，最后访问日期：2022年10月26日。

四是关注"三农"问题，促进司法服务乡村振兴、农业发展，解决涉农矛盾纠纷。2022年6月，最高人民法院编选了服务乡村产业振兴、融入基层社会治理、维护农民合法权益、守护农村生态环境等四个方面的案例，集中展示人民法院服务全面推进乡村振兴、推动落实乡村建设行动、服务新型城镇化建设的成就。为促进农村高质高效发展，最高人民法院还发布了《关于为全面推进乡村振兴　加快农业农村现代化提供司法服务和保障的意见》；为加强种业司法保护，最高人民法院发布人民法院种业知识产权司法保护典型案例和《关于进一步加强涉种子刑事审判工作的指导意见》，发挥刑事审判在打击涉种子犯罪、净化种业市场中的作用，维护国家种源安全。

2021年以来，全国各地检察机关对涉农检察采取了一系列措施。例如，涉农检察联络站的检察官与村党支部书记杨来法联合主持成功化解了河南省拨云岭村村民纠纷一案。此后，河南省检察院在全省95个基层院试点推行"杨来法"式涉农检察联络员制度，选聘以人大代表、政协委员为主体的联络员2150人，全面收集线索信息，及时化解矛盾纠纷，畅通农民诉求渠道，服务保障乡村振兴战略，打造检察工作乡村治理的"前沿岗哨"，践行了新时代的"枫桥经验"。

（三）"八五"普法正式开启

随着《中央宣传部、司法部关于开展法治宣传教育的第八个五年规划（2021~2025年）》的颁布，新一轮五年法治宣传教育工作——"八五"普法正式开启。

随着改革进入深水区，国家发展稳定任务更加繁重，矛盾风险挑战更加严峻，迫切需要进一步推动全社会尊法学法守法用法。因此，"八五"普法规划特别强调，在法治需求与普法供给之间形成高水平的动态平衡需要在实时普法、精准普法、公益普法上下功夫，提升普法工作的针对性和实效性。目前我国实行"谁执法、谁普法"普法责任制，成立落实普法责任制部际联席会议，中央16家成员单位带头落实，统一编制并公布了两批中央和国家机关普法责任清单。

该规划提出了"八五"普法的明确要求："一是到 2025 年，公民法治素养和社会治理法治化水平显著提升，全民普法工作体系更加健全。二是公民对法律法规的知晓度、法治精神的认同度、法治实践的参与度显著提高，全社会尊法学法守法用法的自觉性和主动性显著增强。三是多层次多领域依法治理深入推进，全社会办事依法、遇事找法、解决问题用法、化解矛盾靠法的法治环境显著改善。四是全民普法制度完备、实施精准、评价科学、责任落实的工作体系基本形成。"①

（四）降低法律服务收费标准

2021 年以来，司法机关坚持以人民为中心的发展思想，通过各种方式降低法律服务收费，切实增强人民群众的法治获得感。一是进一步规范律师服务收费，维护当事人权益。2021 年底，司法部、国家发展和改革委员会、国家市场监督管理总局下发《关于进一步规范律师服务收费的意见》的通知。通知要求，为促进律师行业健康有序发展，更好地满足新时代人民群众的法律服务需求，完善律师服务收费政策、严格规范律师代理行为、强化律师服务收费监管。二是调整公证服务收费标准，切实减轻企业和群众负担。为进一步优化营商环境，切实减轻企业和群众负担，完善公证服务价格管理，各地区公证机构开始调整部分公证服务收费标准。例如，湖北省司法厅进一步缩减公证服务政府定价范围，降低证明不可抗力事件等 5 项涉企公证服务事项的收费标准，切实减轻企业负担，推动营商环境优化。按照新的收费标准，2021 年为相关企业降低公证收费 2000 余万元，将有利于增强企业发展后劲，激发市场主体活力。

五　加快智慧司法转型步伐

党的十八大以来，以习近平同志为核心的党中央高度重视政法领域信息

---

① 中宣部、司法部负责人就《中央宣传部、司法部关于开展法治宣传教育的第八个五年规划（2021~2025 年）》答记者问，《光明日报》2021 年 6 月 17 日，第 3 版。

化智能化建设，强调"要遵循司法规律，把深化司法体制改革和现代科技应用结合起来，不断完善和发展中国特色社会主义司法制度"①，特别是从在线司法，借助大数据和信息化进行司法管理等方面加快司法信息化建设，提升了司法能力现代化水平。

（一）在线司法如火如荼

2021 年以来，在新冠肺炎疫情对线下诉讼造成诸多不便的背景下，线上司法开展如火如荼，从在线诉讼到在线调解，再到"互联网+公证"和互联网仲裁庭，中国已经在各个领域全面推进线上司法活动，线上司法成为线下司法不可或缺的补充。

2021 年末至 2022 年初，最高人民法院相继出台在线诉讼、在线调解、在线运行三大规则，填补在线诉讼制度空白。"三大规则"的颁布适应了在线诉讼的发展趋势，回应了当下司法体制改革与信息化建设的需求，填补了我国线上诉讼规则的程序空白。同时，也为我国进一步推动构建在线诉讼体系提供了有力的制度支持。2020 年 2 月 3 日至 2021 年 11 月 19 日，全国法院累计网上立案 1749 万件，网上缴费 1618 万次，网上开庭 192.9 万场，进行网上证据交换 383.7 万次，电子送达 5594.3 万次，网上调解 956.2 万次②，让群众"不见面""不用跑"便能完成各类诉讼事项。科技审判法庭基本实现农村之外的法庭全覆盖，能够实现网上调解、网上庭审、网上直播、电子卷宗随案生成、无纸化办公、电子签章、智能合议等功能。让人民群众即使在疫情之下，也能保障自己的诉权和相应的实体权利。

与此同时，"互联网+公证"、区块链公证模式改革不断深入，南京、杭

---

① 《习近平对司法体制改革作出重要指示　强调坚定不移推进司法体制改革　坚定不移走中国特色社会主义法治道路》，https://news.12371.cn/2017/07/10/ARTI1499679673157194.shtml，最后访问日期：2022 年 9 月 21 日。
② 《司法牵手信息技术的成功实践——人民法院智慧法院建设工作综述》，《人民法院报》2022 年 3 月 6 日，第 6 版。

州等多地公证机构探索远程视频公证模式，解决人民群众的"跨地域难"问题。杭州互联网公证处推出远程视频公证系统，为全球六大洲 60 多个国家的海外华人提供远程视频公证服务，签发逾千份公证书。山东省公证协会制定出台了《山东省"远程视频"公证服务指引（试行）》，更加便捷高效地服务广大人民群众。"互联网+公证"不仅方便了人民群众，拓宽了技术服务公证业务范围，也让公证参与到互联网社会空间治理中，重新定义公证的价值，融入社会数字治理。

仲裁机构也借助信息化平台搭建互联网仲裁庭等新型仲裁模式，更快更精解决大众纠纷，满足了我国经济社会发展的新需求。例如，广州仲裁委首创的知识产权 ODR 在线纠纷解决机制融合了谈判、调解、仲裁三种纠纷解决手段，浙江衢州、重庆等地仲裁聚焦服务互联网经济发展、推动科技+仲裁深度融合也取得阶段性成就，积极回应满足时代发展需求。

（二）大数据助力协同办案

大数据协同办案得到中共中央的高度重视，一份关于检察机关加强法律监督的文件中指出："加强检察机关信息化、智能化建设，运用大数据、区块链等技术推进公安机关、检察机关、审判机关、司法行政机关等跨部门大数据协同办案，实现案件数据和办案信息网上流转，推进涉案财物规范管理和证据、案卷电子化共享。"① 数据共享助力司法机关协同办案是近年来司法信息化建设的又一大亮点。

人民法院全面推广应用人民法院调解平台，最高人民法院与国家发展改革委、中国人民银行、银保监会、证监会、国家知识产权局等陆续建立"总对总"在线诉调对接机制。同时，最高人民法院还全面推进这一调解平台进乡村、进社区、进网格工作，8800 个人民法庭与 42999 家基层治理单位在线对接，构建基层在线解纷服务网络，促进矛盾纠纷村村可解、一网通

---

① 《中共中央关于加强新时代检察机关法律监督工作的意见》。

调。截至 2021 年 12 月 31 日，人民法院累计在线调解案件 2437 万件，调解量年均增长率达 85.6%[①]。

全国公安大数据智能应用持续推进，智慧监狱、智慧矫正、智慧戒毒建设等新生态加快形成。目前，上海社区矫正信息数据已全部接入上海"一网统管"平台和地方平安建设管理系统，提档升级了智慧社区矫正的信息共享水平。

（三）信息化参与司法管理

近年来，司法管理中信息化建设发挥着更多更重要的作用。中国法院已经建成支持全国四级法院"全业务网上办理、全流程依法公开、全方位智能服务"的智慧法院信息系统，四级法院应用率达 100%。平台之间、内外网之间做到互联互通、融合共享，数据自动汇聚。

检察业务应用系统从 1.0 升级到 2.0，全国四级检察院开始按照"一个标准"、使用"一个程序"、利用"一个平台"进行业务办案，完成了从"纸上办案"到"网上办案"的跨越，全国所有检察院在"同一张网"上完成全流程办案。

2021 年，智慧监狱建设工作进一步推进，运用人工智能等技术助力线上平台建设，着力实现监狱管理"云"端工作新模式。例如，广东省阳春监狱积极推动信息技术与监狱业务的深度融合，通过大数据综合分析监管改造数据，实现监狱管理工作一"云"计算、一"网"管理、一"平台"运维。

与此同时，"智慧矫正"信息化平台在全国各地建设，智能化管理社区矫正工作如火如荼。上海加快构建以大数据智能分析为核心的"智慧矫正"体系，逐步走出了一条适应时代发展、契合工作特点、拓展空间充足的"智慧矫正"之路。近年来，上海社区矫正对象再犯罪率不到 0.1%，低于

---

① 孙航：《最高法发布〈人民法院在线调解规则〉》，《人民法院报》2022 年 1 月 1 日，第 3 版。

全国 0.2% 的平均水平。山西省司法厅积极推进社区矫正工作规范化智能化建设，构建"1+7+1"社区矫正执行制度体系，2021 年全省社区矫正对象再犯罪率为 0.044%，远低于全国平均水平。

（四）新技术提升现代司法

《法治社会建设实施纲要（2020~2025 年）》提出，要"推动大数据、人工智能等科技创新成果同司法工作深度融合"。近年来，司法机关贯彻纲要精神，积极推动大数据、区块链等现代科技与司法应用的融合。

人民法院深化技术与司法的融合应用，广泛运用区块链技术，助力现代司法。2022 年 5 月 25 日，最高人民法院发布的《关于加强区块链司法应用的意见》明确提出了人民法院加强区块链司法应用以及平台建设的要求，等等。截至 2021 年底，司法区块链上链存证 17.1 亿条，电子证据、电子送达存验证防篡改效果明显。知识服务平台涵盖类案推送、信用评价、庭审巡查等业务场景，为全国法院提供智能服务 1.4 亿次①。

人民法院为提高司法大数据分析和运用加工能力，专门成立了司法大数据研究院。2021 年，中国司法大数据研究院发布了《涉信息网络犯罪特点和趋势专题报告》等经济社会运行大数据报告 220 份，"数助决策"服务社会治理。同时，中国司法大数据研究院与浙江法院、嘉兴法院合作，深入研究人民法院数据，以数字科技赋能社会治理。

地方的公证机关也在国家政策的大力支持下尝新"公证链"。苏州搭建了以公证业务为主导的"1+10+N"区块联盟链"苏州公证链"，截至 2021 年 12 月，已保存 116063 个区块，存证数量达 674262 条。以此为支撑，苏州公证机关还陆续推出了区块链摇号系统、行政执法全过程记录、昆山赋强公证平台、"苏城存证"App、"关证一链通"保税货物公证辅助销毁处置

---

① 周强：《最高人民法院工作报告——2022 年 3 月 8 日在第十三届全国人民代表大会第五次会议上》。

五项"区块链+公证"应用产品,涵盖了疫情防控、复工复产、行政执法、普惠金融等多个领域①。

六 司法制度的挑战与展望

2021 年,中国共产党迎来了百年华诞,中国的司法工作也在教育整顿过程中取得了新业绩,司法改革更加深化、人权更有保障、社会治理更完善、信息化水平更高,司法为民落到实处。2022 年是我国进入全面建设社会主义现代化国家、向第二个百年奋斗目标进军新征程的重要一年,在新的历史起点上,要加快推进法治中国建设,为全面建设社会主义现代化国家、实现中华民族伟大复兴的中国梦提供有力的法治保障!

第一,深化司法体制改革。十八大司法体制改革以来,本轮司法改革已走过十年历程。在这十年中,司法职权配置逐步优化,完成了以法官、检察官员额制改革为代表的司法职业化建设,全面落实司法责任制,改革审判方式,建立认罪认罚从宽制度等。但是,司法改革目前还存在一些问题和不足:改革的规划性、系统性不够,司法管理存在短板,综合配套措施落实还不到位,某些改革过于偏重司法效率而忽视了司法公正和程序严谨性,司法体制改革的经验、成果和不足缺乏系统性。一些司法机关招人难、留人难等问题尚未得到有效解决。因此,仍需进一步深化司法体制改革,优化司法职权配置,审慎修改程序法律,建立更加完善的司法人员保障、惩戒制度,深化智慧司法建设,逐步纾解司法效率与司法公正之间的张力。

第二,巩固政法队伍教育整顿成果。2021 年,全国政法队伍在教育整顿活动后整体面貌焕然一新,但是教育整顿活动不能只是一阵风,打造一支清正廉洁、刚正不阿的政法队伍不可能一蹴而就。例如,从 2021 年以来政

---

① 丁国锋:《"链"接全域打造科技公证应用新高地》,《法治日报》2021 年 11 月 29 日,第 7 版。

法系统干部沈德咏、傅政华、张本才、蒙永山等人的落马来看，政法系统的腐败问题仍然存在，顽瘴痼疾还没有彻底根除。由此可见，政法队伍教育整顿成果还需要继续巩固深化，不仅要把党对政法工作的绝对领导贯彻落实到各方面、全过程，而且要注重抓源治本，不断扎紧制度的笼子，深化案件线索查办和顽瘴痼疾整治，努力从源头预防和遏制违纪违法问题发生。通过锻造司法"铁军"，让人民群众在每一项法律制度、每一个执法决定、每一宗司法案件中都感受到公平正义。

第三，打击危害民生的严重犯罪。根据《关于公安机关执法规范化建设工作情况的报告（2020）》，为期三年的扫黑除恶专项斗争取得显著成果，打掉了一批危害一方的涉黑组织、涉恶犯罪集团，打掉的涉黑组织相当于前10年的总和。然而，就在2022年6月，唐山烧烤摊发生了震惊全国的恶性打人事件，这一法律社会热点事件的发生，表明扫黑除恶专项斗争还存在死角，常态化扫黑除恶还应当继续常抓不懈。宽严相济的刑事政策应与严厉打击严重犯罪行为相结合，对涉枪涉爆、黄赌毒、盗抢骗、食药环、性侵、涉童等严重犯罪应保持高压态势。"两高"工作报告都强调要加强妇女、儿童、老年人、残疾人权益保护，对性侵、拐卖妇女儿童和收买被拐卖妇女儿童等严重犯罪严惩不贷。《反电信网络诈骗法》的实施，将为中国反电信网络诈骗犯罪提供全方位的法律支撑。这些都将为党的二十大胜利召开创造安全稳定的政治社会环境。

第四，进一步加大服务社会大局的力度。2021年，中国司法机关设立北京金融法院、最高人民检察院驻中国证监会检察室，积极推进企业合规改革试点等，服务社会经济大局的动作频出。今后，司法机关仍然要加大服务社会经济大局的力度，从保护平台从业人员劳动权益和消费者合法权益等出发，加强民生司法保障；从严惩治非法集资、洗钱等金融犯罪出发，维护金融安全；从加强知识产权保护工作，从加大反垄断、反不正当竞争等领域的司法工作力度出发，优化营商环境；从服务和保障常态化疫情防控入手，精准服务"六稳""六保"，切实为企业纾困解难。

第五，提升司法社会治理水平，夯实平安中国建设根基。社会治理是国

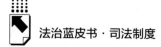

家治理的重要方面。十九届四中全会公报提出，要"坚持和完善共建共治共享的社会治理制度，保持社会稳定、维护国家安全"①。2022年，中央政法委工作会议也提出，要坚定不移推进社会治理现代化。司法机关是社会治理不可或缺的重要力量，未来，司法机关将通过网格化管理、精细化服务、信息化建设，加强大数据、云计算等现代科技应用，努力将矛盾风险发现在基层，解决在萌芽状态，不断提高司法社会治理水平。

第六，完善公共法律服务体系。完善公共法律服务体系，关键是要加强城乡欠发达地区公共法律服务建设。今后，中国司法机关将致力于完善公共法律服务体系，确保年底前基本形成覆盖城乡、便捷高效、均等普惠的现代公共法律服务体系②。一是实施《法律援助法》，鼓励和规范社会力量参与法律援助志愿服务，促进社会公平正义，发挥法治在乡村治理中的作用；二是深入推进公共法律服务三大平台融合发展，完善覆盖城乡的全国公共法律服务网络；三是推进基本公共法律服务均衡发展，努力让人民群众感受到公共法律服务更加优质、更加高效、更加便捷。

---

① 《中共中央关于坚持和完善中国特色社会主义制度　推进国家治理体系和治理能力现代化若干重大问题的决定》，人民网-人民日报，2019-11-06。
② 陈慧娟：《中央政法工作会议召开　努力建设更高水平的平安中国、法治中国》，《光明日报》2022年1月17日，第3版。

年 度 报 告
Annual Reports

B.2
2021年犯罪形势分析

高长见*

摘　要：　2021年，随着犯罪治理能力和水平的不断提升，中国犯罪形势
在保持总体稳定的情况下，延续了近年来的积极变化态势，犯罪
的轻刑化、网络化发展趋势更加明显。就各类型犯罪的总体发展
趋势而言，严重暴力犯罪仍保持下降态势；危险驾驶罪仍为刑事
犯罪中发案率最高的罪名，体现了犯罪的轻刑化大趋势；侵犯财
产类犯罪、网络电信诈骗犯罪仍处于高发、易发状态，体现了犯
罪日益网络化的趋势；职务犯罪则保持了平稳发展态势，并有微
幅增长。

关键词：　犯罪形势　危险驾驶罪　侵犯财产犯罪

---

* 高长见，中共中央党校（国家行政学院）政治和法律教研部副教授。

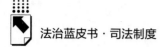

2021 年，在疫情防控进入常态化的新背景下，犯罪形势恢复了近年来的基本趋势，严重暴力犯罪发案率下降，犯罪的轻刑化、网络化趋势也更加明显。总体上，在各类犯罪中，严重暴力犯罪、危害妇女儿童权益犯罪等侵害公民人身权利的犯罪占比下降，总量也在持续下降。网络电信诈骗犯罪的快速增长势头得到了初步遏制，在 2021 年年中出现了拐点，新发案件数量开始呈现下降趋势，但帮助信息网络犯罪活动罪犯罪数量近年来增加较多。危害公共安全犯罪特别是危险驾驶罪仍在持续增长，这表明总体犯罪形势继续保持了严重犯罪减少与轻微犯罪不断增加的趋势。同时，犯罪的表现及发展形势也继续受到疫情防控的影响，但相比 2020 年已经基本回归常态。

在中国，对犯罪总体形势的判断一般依赖公安机关的刑事立案数据、破案数据，以及检察机关的起诉数据和法院的审判数据。应当说，这些统计数据能够大致描绘犯罪的实际形势，但又不是全部犯罪数据的客观展现。一般来说，受各方面因素的影响（如被害人不报案以及有关机关犯罪统计数据的偏差），公安机关的立案数会低于实际发生的犯罪数量，即存在一定的"犯罪黑数"，这是分析犯罪问题和犯罪形势时须注意的。不过，统计数据还是反映社会中各类犯罪的总体情况，并且，基于公安、检察、审判机关连续多年的统计数据，是能够比较客观地揭示犯罪总体发展形势的。这也是本文分析犯罪形势变化和展望未来发展趋势的基础。

一　犯罪的总体形势及严重暴力犯罪呈现积极变化态势

十八大以来，中国社会治理能力和治理体系现代化建设进入了新阶段，平安中国建设取得了显著成就，社会治安综合治理能力以及犯罪控制能力也迈上了新台阶，总体犯罪形势特别是严重暴力犯罪形势的好转是犯罪治理能力提升的体现。

从公安部发布的相关信息和数据分析，截至 2020 年，全国刑事案件立案总量实现连续 5 年下降，八类主要刑事案件数和查处治安案件数连续6年下降，侦查机关的数据显示近年来犯罪总体形势的积极变化。就几类主要犯罪而言，2014～2020年，全国公安机关破获网络违法犯罪40.5万起，抓获犯罪嫌疑人59万名；破获经济犯罪案件68.1万起，挽回经济损失4000多亿元；侦破破坏环境类犯罪案件19.9万起、食品类犯罪案件9万余起、药品类犯罪案件5.7万起、涉野生动物犯罪案件3.2万起①。特别是自2019年公安机关开展政治大轮训和实战大练兵以来，全国刑事案件立案总量同比分别下降了4.1%和1.8%，八类主要刑事案件数（指犯故意杀人、故意伤害致人重伤或者死亡、强奸、抢劫、贩卖毒品、放火、爆炸、投放危险物质罪的八类案件）同比下降10.3%和8.7%，查处治安案件数同比下降1.4%和10.4%，八类主要刑事案件破案率分别提高了5.6和1.9个百分点。全国群众安全感逐年上升，2012年为87.55%，2020年达到98.4%②，2021年为98.62%。刑事案件立案总量在一定时期的下降，以及以严重暴力犯罪为主体的八类主要刑事案件立案数的下降，也充分说明了犯罪形势的积极变化。

2021年人民法院审理的杀人、抢劫、绑架、放火、爆炸等几类严重暴力犯罪案件，从2013年的7.5万件9.57万人，也下降到2021年的4.9万件5.68万人。2021年被判处三年以下有期徒刑的罪犯人数占判决生效总人数的比例已经达到了84.6%，人民法院判处的刑事案件中84.6%都是三年有期徒刑以下的轻刑案件③。与2017年同期相比，2021年1月至10月，全国抢夺案件发案数下降89.8%，抢劫案件发案数下降75.5%，盗窃案件发案数下降53.3%，盗抢案件发案数持续下降、破案率明

---

① 《全国公安机关维护国家政治安全和社会大局稳定取得实效》，《人民日报》2021年4月16日，第10版。

② 《公安队伍"大练兵"效果显著　八类主要刑事案件破案率提升》，http://www.xinhuanet.com/politics/2021-05/19/c_1127464875.htm，最后访问日期：2022年9月14日。

③ 《中宣部举行发布会介绍新时代人民法院工作举措与成效　加强民生司法保障　维护群众合法权益》，《法治日报》2022年7月13日，第3版。

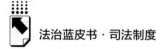

显提高①。

现行命案破案率和命案积案的破获率大幅提高。根据公安部发布的信息，在 2020 年全年，全国现行命案破案率达 99.8%；命案积案攻坚行动共破获命案积案 6270 起，抓获命案逃犯 5381 名，创历史最好成绩②。一些地方的数据也表明，严重暴力犯罪的发案率与破案率仍保持在较为理想的水平。以黑龙江省为例，2021 年 5 月 1 日至 10 月 7 日的"平安之夏"大会战期间，全省公安机关破获命案积案 22 起，现行命案破案率保持100%，八类主要刑事案件发案率同比下降 24.89%；抓获各类网上逃犯2240 名，网逃库存同比下降 20.6%，总量创历史新低；清结涉众型经济犯罪积案 2018 起，破获食品药品环境犯罪案件 2213 起、黄赌毒刑事案件 609 起③。

需要注意的是，检察机关的起诉数据在 2021 年上半年出现了增长态势，这是不同诉讼阶段统计的差异造成的。根据最高人民检察院发布的全国检察机关主要办案数据，2021 年 1 月至 6 月，全国检察机关共受理审查起诉各类犯罪 1102975 人，案件总量超过 2019 年同期水平。2021 年 1 月至 6 月，全国检察机关共受理审查逮捕案件 634924 人，同比上升了77.7%。在 2021 年前三季度，全国检察机关共批准和决定逮捕各类犯罪嫌疑人 670755 人，同比上升 20.6%，增速初步放缓；不捕 279050 人，同比上升 77%，不捕率 29.4%，同比增加 7.4 个百分点；决定起诉 1273051人，同比上升 15%；决定不起诉 229815 人，同比上升 32.6%，不起诉率15.3%，同比增加 1.8 个百分点。这些数据的变化体现了少捕慎诉慎押刑事司法政策。从起诉罪名看，排在第一位的是危险驾驶罪 263281 人，同比上升 30.6%；排在第二位的是盗窃罪 150922 人，同比上升 6.7%；排在

① 《打击"盗抢骗"这一年"两抢一盗"发案数降幅超 50%》，《人民公安报》2022 年 1 月 6日，第 1 版。

② 《公安部：2020 年破获命案积案 6270 起，抓获命案逃犯 5381 名》，https://news.cctv.com/2021/08/26/ARTIZeeXgRualgrjYT4zlxKY210826.shtml。

③ 《黑龙江：现行命案破案率 100%》，http://hlj.cnr.cn/shfz/20211119/t20211119_525665397.shtml，最后访问日期：2022 年 9 月 14 日。

第三位的是诈骗罪 82105 人，同比下降 10.9%；排在第四位的是帮助信息网络犯罪活动罪，也是增长最快的罪名，共起诉 79307 人，同比上升 21.3 倍；排在第五位的是开设赌场罪 63238 人，同比上升 40%。上述数据表明，危险驾驶罪在前三个季度仍然有较快增长，并占全部起诉人数的四分之一左右，已经成为第一大犯罪。从新罪名看，在《刑法修正案（十一）》新增的 17 个罪名中，全国检察机关已提起公诉 5568 人。其中，袭警罪 4178 人，催收非法债务罪 613 人，危险作业罪 278 人，高空抛物罪 222 人，妨害安全驾驶罪 143 人①。

总体上，中国近年来的犯罪形势不断变化，总体犯罪形势趋好，其中严重暴力犯罪持续下降，轻微犯罪和网络电信犯罪则不断增长。目前犯罪形势呈现以下两个突出特点。

首先，犯罪轻刑化的趋势明显。犯罪轻刑化是犯罪结构的重大变化，实际上是轻罪化的外在表现，它指的是总体犯罪结构中，严重暴力犯罪在比例和数量上都持续下降，而轻微犯罪在比例和数量上都大幅度增长。在犯罪轻刑化的发展趋势下，尽管犯罪总量可能仍有增长，但公众的安全感、获得感、幸福感则有较大提升，社会治理法治化、现代化水平跃上新台阶。根据学者的定量分析，2013 年后，宣告刑为 3 年以下有期徒刑的轻刑案件占比超过 80%，而重罪率均在 20% 以内，这种比例关系已经维持了十年（2017 年是例外），这标志着我国已经进入轻罪时代，并且犯罪结构的轻罪化是长期趋势②。应当说，这是符合客观实际的判断，犯罪的轻罪化的结果即为犯罪轻刑化。

根据有关统计，1999 年至 2019 年的 20 年间，我国刑事犯罪总量增加了两倍多，但是，提起公诉的严重暴力犯罪反而从 16.2 万人降至 6 万人，每年平均下降 4.8%。被判处三年有期徒刑以上刑罚的占比也从 45.4% 降至 21.3%。这些数据表明，以暴力伤害、抢劫强奸为代表的严重暴力犯罪占比

---

① 2021 年 1 月至 9 月全国检察机关主要办案数据，https://www.spp.gov.cn/spp/xwfbh/wsfbt/202110/t20211018_532387.shtml#2，最后访问日期：2022 年 9 月 14 日。
② 卢建平：《为什么说我国已经进入轻罪时代》，《中国应用法学》2022 年第 3 期。

大幅下降；与之相反，轻刑犯罪大幅攀升，占犯罪数量的绝大比例。在常见多发犯罪中，盗窃、诈骗等侵财犯罪，危险驾驶、寻衅滋事等轻刑犯罪增长较快。值得注意的是，危险驾驶罪作为典型的轻罪类型，近年来发案量持续增长，目前已经占据全部犯罪数量的四分之一左右，取代盗窃成为第一大罪名。而在 1999 年至 2019 年的 20 年间，扰乱市场秩序的犯罪案件增长 19.4 倍，生产、销售伪劣商品的犯罪案件增长 34.6 倍，侵犯知识产权的犯罪案件增长 56.6 倍。以 2019 年为例，全国法院判处三年以下有期徒刑、拘役、管制、单处附加刑及缓刑的人数占比达 83.2%。这一年，严重暴力犯罪仅占全部刑事犯罪数量的 2.5%，抢劫、强奸、故意杀人等严重暴力犯罪呈直线下降[①]。

其次，犯罪的网络化发展趋势明显，网络侵财类案件多发。犯罪的网络化主要指犯罪活动迁移到线上以及犯罪工具网络化的发展趋势。当前，在很多犯罪案件中，犯罪人与被害人并没有物理的直接接触。犯罪的网络化主要表现为网络典型诈骗犯罪近年来持续高发。2021 年，随着政法机关对网络电信诈骗犯罪治理问题的高度重视，以及综合性治理举措的实施，网络电信诈骗犯罪开始出现降低趋势。例如，诈骗罪在前三个季度的起诉人数为82105 人，下降了 10.9%。5 月 1 日至 10 月 7 日，黑龙江省电信网络诈骗犯罪案件立案同比下降 25.7%，破案数、抓人数同比上升 140.8% 和 210.3%，单月发案量实现连续 5 个月下降。与此同时，网络典型诈骗犯罪的帮助行为等日益猖獗，表现为帮助信息网络犯罪活动罪在前三个季度起诉 79307 人，同比上升 21.3 倍。这表明，有关机关加大了对网络电信诈骗上下游犯罪的打击力度，有效打击了网络电信诈骗犯罪活动。

二 "扫黑除恶"进入常态化

2021 年是"扫黑除恶"斗争进入常态化的第一年。根据 2021 年度全国

---

① 转引自张建伟《充分彰显附条件不起诉价值功能》，《检察日报》2021 年 12 月 20 日，第 3 版。

常态化扫黑除恶斗争新闻发布会发布的数据，在 2021 年常态化扫黑除恶斗争中，相关犯罪的总体情况较为平稳。

追捕涉黑涉恶犯罪的"漏网之鱼"是 2021 年扫黑除恶常态化的首要任务。根据有关机关发布的数据，截至 2021 年 12 月 26 日，680 名目标逃犯，已抓获 610 名，抓获率达到 89.7%，公安部 A 级通缉令公开通缉的 8 名重大涉黑涉恶在逃人员，已抓获 6 人①。

与此同时，2021 年全国公安机关共打掉涉黑组织 160 余个、恶势力犯罪集团 1000 余个，破获各类刑事案件 1.5 万起，抓获违法犯罪嫌疑人 1.4 万余名。同时针对黑恶势力干扰破坏县乡两级人大和村级组织基层选举的情况，公安机关共打掉农村涉黑组织 38 个、恶势力犯罪集团 180 余个。累计打掉"套路贷"犯罪团伙 360 余个，破获"裸聊"敲诈案件 8000 余起②。经过三年专项斗争的打击及常态化治理，当前，黑恶性质犯罪新发案件总量以及涉案人数都显著下降。

2022 年，全国扫黑办提出常态化扫黑十件事：认真贯彻落实《反有组织犯罪法》，分批接续深化重点行业整治，开展打击涉网黑恶犯罪专项行动，全力缉捕"漏网之鱼"，深挖一批重点线索，督办攻坚一批重大案件，持续推动重点地区整改提升，深入开展特派督导，做好刑释人员安置帮教，营造全民扫黑氛围。在高压态势下，黑恶势力的嚣张气势得到了进一步遏制，社会正气得到大力弘扬，公众安全感迅速提升。

三 职务犯罪形势总体平稳

2021 年上半年，全国纪检监察机关共运用"四种形态"③ 批评教育帮

---

① 《2021 年度全国常态化扫黑除恶斗争新闻发布会召开》，《光明日报》2021 年 12 月 28 日，第 4 版。
② 《打掉涉黑组织 160 余个》，《人民公安报》2021 年 12 月 31 日，第 1 版。
③ "四种形态"是指：党内关系正常化，经常开展批评和自我批评；党纪轻处分和组织处理；对严重违纪的重处分、作出重大职务调整；严重违纪涉嫌违法立案审查。

助和处理 95.9 万人次,这一数据基本包含了职务犯罪的情况,人数创自监督检查、审查调查数据公布以来的新高。从 2019 年上半年的 81.2 万人次,到 2020 年上半年的 84.6 万人次,再到 2021 年的 95.9 万人次,运用"四种形态"处理的总人数逐年递增,这也反映了全面从严治党不断走向深入,纪检监察机关对于"四种形态"的运用更加娴熟。其中,第三、第四种形态分别占 3.1%、3.5%,比例与前几年基本持平,但运用第四种形态的人数有所增长①。

截止到 2021 年前三个季度,统计数据也呈现相似变化趋势,2021 年 1月至 9 月,全国纪检监察机关共运用"四种形态"处理 147.4 万人次。其中,以第一种形态批评教育帮助 105.3 万人次,占 71.5%;以第二种形态处理 32.2 万人次,占 21.9%;以第三种形态处理 4.6 万人次,占 3.1%;以第四种形态处理 5.2 万人次,占 3.6%②。比较 2020 年与 2021 年前三个季度的数据可以发现,2021 年以第四种形态处理人数有一定增长。在 2020 年前三季度,以第四种形态处理的数量为 4.6 万人次,而 2021 年为 5.2 万人次,增长了约 6000 人次。由此推算,2021 年前三个季度的职务犯罪增长了 13%左右。

2022 年基本延续了这种变化趋势,上半年,全国纪检监察机关运用"四种形态"共处理 85.5 万人次,比 2021 年上半年减少约 10 万人次,回落到 2020 年的水平。其中,第一种形态批评教育帮助 57.6 万人次,占总人次的 67.4%;第二种形态处理 21.7 万人次,占 25.4%;第三种形态处理 2.9万人次,占 3.4%;第四种形态处理 3.3 万人次,占 3.8%③,这一数据表明,在 2022 年上半年,第四种形态处理人次的比例有了微幅增长。根据检察机关的相关统计数据,在 2022 年上半年,全国检察机关共受理各级监委

---

① 王卓:《始终保持严的氛围惩的力度——解读全国纪检监察机关监督检查审查调查数据半年报》,《中国纪检监察报》2021 年 7 月 16 日,第 1 版。

② 张胜军:《保持压倒性力量常在——解读前三季度全国纪检监察机关监督检查审查调查情况》,《中国纪检监察报》2021 年 10 月 29 日,第 1 版

③ 《中央纪委国家监委通报 2022 年上半年全国纪检监察机关监督检查审查调查情况》,《中国纪检监察报》2022 年 7 月 19 日,第 1 版。

移送职务犯罪 9403 人，已起诉 7319 人①，这一数据表明，职务犯罪总体上态势平稳。

2021 年，由检察机关立案侦查的司法人员相关职务犯罪数量有了一定增长。根据检察机关发布的数据，在政法队伍教育整顿期间，检察机关开展了针对司法人员职务犯罪的"百日攻坚行动"，共立案侦查司法工作人员职务犯罪案件 999 件 1285 人，同比分别上升 28.6% 和 24.5%。其中，立案侦查县处级以上人员职务犯罪 119 人，同比上升 72.5%；查处涉嫌徇私舞弊减刑、假释、暂予监外执行犯罪案件 138 件 166 人，是 2020 年同期的 4.26 倍②，这既体现了政法队伍教育整顿的积极成果，也打击了涉及减刑、假释、暂予监外执行领域的职务犯罪。比较之下，2020 年前三季度，全国检察机关共立案侦查司法工作人员相关职务犯罪 1024 人，其中，县处级以上干部 81 人③。2021 年的"百日攻坚行动"立案侦查的司法工作人员职务犯罪人数，超过了 2020 年前三个季度的总和。

在 2022 年上半年，检察机关依法规范履行查办司法工作人员相关职务犯罪职责，共立案侦查 791 人④，立案侦查人数总体态势变化不大，较为平稳。

四 涉经济社会民生等犯罪的新变化

涉枪涉爆犯罪整体仍无显著变化。截至 2021 年 11 月底，全国公安机关破获枪爆案件 2 万余起，打掉违法犯罪团伙 74 个，捣毁窝点 169 个。全面

---

① 《检察机关协同完善监察执法与刑事司法衔接机制　上半年受理各级监委移送职务犯罪 9403 人》，《中国纪检监察报》2022 年 7 月 13 日，第 1 版。

② 《司法工作人员职务犯罪侦查百日攻坚行动收官》，《检察日报》2021 年 12 月 20 日，第 1 版。

③ 《最高检发布 2020 年 1 月至 9 月全国检察机关主要办案数据》，https：//www. spp. gov. cn/ xwfbh/wsfbt/202010/t20201019_ 482434. shtml#1，最后访问日期：2022 年 9 月 14 日。

④ 《检察机关协同完善监察执法与刑事司法衔接机制　上半年受理各级监委移送职务犯罪 9403 人》，《中国纪检监察报》2022 年 7 月 13 日，第 1 版。

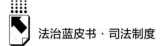

收缴流散社会的非法枪爆物品，共收缴各类枪支7.3万支、爆炸物品83吨①。

经济领域违法犯罪态势平稳。截至2021年11月，全国公安机关共破获经济犯罪案件6.6万起，挽回直接经济损失255亿元②。鉴于侵犯知识产权犯罪不断增加，公安部门近年来连续开展"昆仑行动"。2020年的"昆仑2020"期间，公安机关共侦破侵权、假冒犯罪案件2.1万余起，该数字同比上升了35%，部分反映了此类犯罪的增长态势。在"昆仑2021"专项行动中，第一季度共破案3800余起，抓获犯罪嫌疑人8200余名，破案数同比上升80%，当然，这也是因为2020年第一季度出现疫情，其基数较低。截至12月，"昆仑2021"专项行动共破获刑事案件1.8万起，行政执法部门移送涉嫌侵权、假冒犯罪案件4700余起，同比分别上升了12%和24%③。2021年全年的数据表明，公安机关加大了对侵权、假冒犯罪案件的打击力度，也说明此类犯罪较为猖獗。经济金融领域的犯罪是制约营商环境的消极因素，需要进一步加大治理力度。

食品、药品、环境领域的犯罪直接影响公众的安全感、幸福感和获得感，妨碍人民群众的美好生活需要。近年来，此类犯罪一直是犯罪治理的重点领域。截至2021年11月底，全国共侦破食品、药品、环境和知识产权领域刑事案件6.6万起，抓获犯罪嫌疑人8.8万名。其中，食品、药品安全犯罪刑事案件8100余起，抓获犯罪嫌疑人9200余名④。生产销售假劣农资和非法占用农用地等犯罪刑事案件5500余起，抓获犯罪嫌疑人4200余名。污染环境、非法采矿、盗伐滥伐林木等破坏生态环境犯罪刑事案件1.2万余起，抓获犯罪嫌疑人1.9万名。危害珍贵、濒危野生动物和非法狩猎等犯罪

---

① 《这一年，破获枪爆案件2万余起》，《人民公安报》2021年12月31日，第1版。
② 《打击经济犯罪这一年 挽回直接经济损失255亿元》，《人民公安报》2022年1月7日，第4版。
③ 《打击侵权假冒犯罪这一年破获刑事案件1.8万起》，《人民公安报》2021年1月6日，第4版。
④ 《侦破食药环知领域刑事案件6.6万起》，《人民公安报》2021年12月30日，第1版。

刑事案件9600余起，抓获犯罪嫌疑人1.1万名[1]。

近两年，因打击跨境电信网络诈骗犯罪，以及国内疫情控制较好，妨害国（边）境管理犯罪增加较快。2021年上半年，全国共起诉妨害国（边）境管理犯罪嫌疑人10707人，同比上升了3.5倍，此类犯罪分布于云南、广西、广东、四川等地。其中，起诉偷越国（边）境罪犯罪嫌疑人7789人，同比上升4.3倍，已经跃居起诉人数的第17位[2]。

毒品犯罪总量下降。近年来，毒品犯罪方面也出现了积极变化态势，毒品犯罪总量持续下降。总体上，毒品违法犯罪活动总量下降，全国破获毒品犯罪案件从2016年底的12.8万起下降到2020年的6.4万起，降幅较大；新发现吸毒人员数量下降，全国新发现吸毒人员从2016年的37.9万名下降至2020年的15.5万名，降幅接近六成；现有的吸毒人员数量也在下降，到2020年底现有吸毒人员180万名，在2021年也保持了下降态势，比2016年的降幅超过三成[3]。根据统计，截止到2021年9月，2021年净边行动中，全国共破获毒品犯罪案件3.1万起，抓获毒品犯罪嫌疑人4.3万名[4]。

近年来，随着社会治理能力和水平的提升，全国盗抢儿童犯罪大幅降低，近年来的年发案已经降至20起左右，且基本实现快侦快破。另外，从拐卖儿童犯罪的总体发展趋势分析，不仅新发拐卖儿童犯罪案件持续下降，拐卖儿童犯罪的积案也得到有效清理。自2009年起，公安部持续开展打拐专项行动，当年的立案数达6500起，此后近十年间，打击拐卖妇女儿童犯罪力度不断增强，2013年立案数一度高达20735件，仅次于2000年。经过十年时间，2019年全国拐卖妇女儿童立案总数已经降为4571起，仅占当年刑事立案数的1%，较2018年的5397起再减少15.3%[5]。

---

① 《侦破食药环知领域刑事案件6.6万起》，《人民公安报》2021年12月30日，第1版。
② 《最高检发布上半年全国检察机关主要办案数据》，《检察日报》2021年7月26日，第1版。
③ 《全国禁毒工作实现"三降三升"》，《人民公安报》2021年6月25日，第1版。
④ 《维护社会安定 保障人民安宁》，《人民日报》2021年9月18日，第5版。
⑤ 《盗抢拐卖儿童案年发案量降至两位数》，《西宁晚报》2021年6月15日，第2版。

为进一步打击拐卖儿童犯罪和化解积案，2021 年 1 月，公安部部署开展了打击和找回被拐儿童的"团圆"行动，取得了良好效果。根据公安机关发布的统计数据，截至 2021 年 11 月 30 日，全国公安机关侦破拐卖儿童积案 290 余起，抓获拐卖儿童犯罪嫌疑人 690 余名，累计找回历年失踪被拐人员 8307 名，其中失踪 20 年至 30 年的有 2074 名，失踪 30 年至 40 年的有 1428 名，失踪 40 年至 50 年的有 295 名，失踪 50 年至 60 年的有 150 名，失踪 60 年以上的有 83 名，失踪被拐人员与亲人分离时间最长达 74 年[①]。截至 12 月，累计找回 10932 名失踪被拐人员，其中，失踪 20 年至 30 年的有 2538 名，失踪 30 年至 40 年的有 1812 名，失踪 40 年至 50 年的有 371 名，失踪 50 年至 60 年的有 190 名，失踪 60 年以上的有 110 名[②]。根据上述两个数据推算，在 12 月一个月即找回历年失踪被拐儿童 2625 名，进一步消解了拐卖儿童犯罪案件的存量。

五 网络电信诈骗犯罪高发态势得以扭转

近年来，在总体犯罪率保持稳定和严重暴力犯罪持续下降的大背景下，电信网络诈骗犯罪持续高发多发，是犯罪治理与控制的一大难题。网络电信诈骗犯罪手段不断翻新，并形成复杂的黑灰产业链条，严重危害人民群众财产安全。

值得注意的是，与网络电信诈骗犯罪密切相关的帮助信息网络犯罪活动罪数量近年来增长较快，这一趋势可以从相关数据中发现。自 2020 年 10 月 "断卡"行动以来，检察机关起诉的涉嫌帮助信息网络犯罪活动罪犯罪案件数量上涨很快，目前已成为各类刑事犯罪中起诉人数排名第 3 的罪名（前两位分别是危险驾驶罪、盗窃罪）。从 2015 年《刑法修正案（九）》增设帮助信息网络犯罪活动罪，至 2020 年 10 月 "断卡"行动前，检察机关在

---

① 《公安机关侦破拐卖儿童积案 290 余起》，《人民日报》2021 年 12 月 7 日，第 10 版。
② 《"团圆"行动这一年 找回历年失踪被拐儿童 10932 名》，《人民公安报》2022 年 1 月 1 日，第 2 版。

约 5 年时间里共起诉帮助信息网络犯罪活动罪犯罪嫌疑人 6000 余人。相比之下，"断卡"行动以来，帮助信息网络犯罪活动罪起诉人数则直线增加，2021 年共起诉近 13 万人，是 2020 年的 9.5 倍，2022 年上半年起诉帮助信息网络犯罪活动罪犯罪 6.4 万人。不过，随着网络电信诈骗犯罪趋势的变化，帮助信息网络犯罪活动罪的起诉人数也出现了环比下降，2022 年第一季度比 2021 年第四季度下降 33%，第二季度比第一季度下降 6%[①]。随着对网络典型诈骗犯罪源头治理的加强，预计帮助信息网络犯罪活动罪将改变直线上涨的趋势，其快速增加的态势应当是阶段性的。

在多种举措的合力治理下，2021 年，网络电信诈骗犯罪在继续快速增长的势头得到遏制。2021 年 5 月后，公安机关立案的新发案件数量开始下降，这是近年来网络电信诈骗犯罪持续快速增长后的最新变化。根据有关统计数据，2021 年 1~5 月，全国共破获网络电信诈骗案件 11.4 万起，抓获犯罪嫌疑人 15.4 万名，同比分别上升 60.4% 和 146.5%。值得注意的是，在 2021 年 5 月，全国单月共立案电信网络诈骗案件 8.46 万件，与 4 月相比下降 14.3%，案件持续高发的势头出现了积极变化[②]。2021 年下半年，这种扭转趋势更加明显，在 2021 年前三季度，全国共破获电信网络诈骗案件 26.2 万起，抓获犯罪嫌疑人 37.3 万名，同比分别上升 41.1% 和 116.4%[③]。截至 2021 年 11 月，全国公安机关共破获电信网络诈骗案件 37 万余起，抓获违法犯罪嫌疑人 54.9 万余名；按月度数据分析，在 2021 年 6 月至 9 月，发案数连续 4 个月实现同比下降，其中，6 月至 11 月，电信网络诈骗发案数连续 6 个月同比下降[④]。在"净网 2021"专项行动中，聚焦网络违法犯罪和网

---

① 相关数据来源于《2022 年上半年检察机关起诉帮信罪 6.4 万人》，https://www.spp.gov.cn/spp/xwfbh/wsfbt/202207/t20220722_566409.shtml#1，最后访问日期：2022 年 9 月 14 日。

② 《遏制电信网络诈骗犯罪多发高发态势　切实保护人民群众合法权益》，《人民法院报》2021 年 6 月 23 日，第 2 版。

③ 《公安机关"断流"专案行动取得明显成效　破获刑事案件 4160 起　抓获犯罪嫌疑人 33860 名》，《人民公安报》2021 年 10 月 27 日，第 4 版。

④ 《打击电诈这一年　破获案件 37 万余起　发案数持续下降》，《人民公安报》2022 年 1 月 1 日，第 2 版。

络乱象，截至 12 月，共侦办案件 6.2 万起，抓获犯罪嫌疑人 10.3 万名①。

网络电信诈骗犯罪高发势头被扭转，主要是多种治理措施并举，在立法、执法、司法和宣传教育等方面形成了打击网络电信诈骗犯罪合力的结果。在立法方面，2022 年 9 月 2 日，《反电信网络诈骗法》通过，为反电信网络诈骗提供了更直接、更全面的立法依据。在司法解释和司法规范方面，最高人民法院、最高人民检察院、公安部、工信部、中国人民银行联合发布了《关于依法严厉打击惩戒治理非法买卖电话卡银行卡违法犯罪活动的通告》，最高人民法院、最高人民检察院、公安部联合发布了《关于办理电信网络诈骗等刑事案件适用法律若干问题的意见（二）》，这都进一步完善了打击网络电信诈骗犯罪的规范依据。在具体治理举措上，主要是形成坚持齐抓共管、综合治理态势，从源头上打击网络电信诈骗犯罪。公安部推出了国家反诈中心 App 和宣传手册，以国家反诈中心 App 为例，公众在手机中安装相应软件后，可收到该 App 发布的典型案例，普及防骗知识，同时还能收到涉诈短信和电话、登录的涉诈网址的识别和预警提示。

公安机关不断加强警示宣传，提高公众识骗防骗意识和能力。在 2021年，全国公安机关共开展相关主题宣传活动 1.5 万场次，发送了反诈公益短信 36.2 亿条；国家反诈中心官方政务号累计发布视频 2500 余条，国家反诈中心 App 累计向群众预警 2.3 亿次②。

六　2022～2023年犯罪形势预测

2022 年，中国犯罪形势预期将继续保持积极变化态势，在犯罪案件总数可能微幅增长的情况下，犯罪类型的分化趋势也将更加明显。比较确定的是，严重暴力犯罪将继续下降，命案破案率仍将维持在理想水平。

首先，总体犯罪形势将保持稳定，严重暴力犯罪将持续下降，中国仍将

---

① 《"净网行动"这一年侦办网络犯罪案件 6.2 万起》，《人民公安报》2022 年 1 月 6 日，第 4 版。
② 《打击电诈这一年　破获案件 37 万余起　发案数持续下降》，《人民公安报》2022 年 1 月 1日，第 2 版。

是世界上最安全的国家之一。严重暴力犯罪案件持续下降是良好社会环境的具体体现，也是平安中国的现实写照，更是法治中国的靓丽名片。根据检察机关的最新数据，在2022年上半年，全国检察机关共批准和决定逮捕各类犯罪嫌疑人22.2万人，同比下降了51.2%；不捕13.9万人，同比下降21.3%，不捕率39.2%，同比增加10.8个百分点。共决定起诉68.1万人，同比下降14.4%①。2022年上半年的办案数据表明，总体犯罪形势延续了积极变化态势。预计2022～2023年，总体犯罪数量、起诉人数将保持下降态势。

其次，以危险驾驶罪为代表的轻型犯罪仍可能保持增长。由于"酒文化"的影响无处不在，以及机动车总量、驾驶员人数的极高基数，以"醉驾"为代表的危险驾驶罪近年来增速较快，已经占全部犯罪数量的四分之一左右。由于危险驾驶罪在预防重特大交通事故领域的积极效应，其执法力度不减，在2022～2023年，危险驾驶罪的增长态势预计不会发生根本性变化。但是，由于危险驾驶罪中判处实刑的比例较高，以及附随后果较严重，如何调整危险驾驶罪的执法、司法标准也成为学术界关注的重要问题。

最后，网络电信诈骗犯罪的高发态势将进一步扭转。在综合性治理举措的有效打击下，2021年网络电信诈骗犯罪立案数量、按月份统计数量出现了下降态势。预测在2022～2023年网络电信诈骗犯罪立案数有望继续保持这种积极变化态势，但其较大的基数也决定了此类犯罪对公众安全的危害仍较为严重。同时，帮助信息网络犯罪活动罪在2022～2023年有望实现环比下降，改变近三年急剧增长的态势。此外，群众反映强烈的黄赌毒、食药环、盗抢骗等领域犯罪也将受到更严厉的打击，其总体发展态势更趋平稳。

---

① 《2022年1至6月全国检察机关主要办案数据》，《检察日报》2022年7月21日，第2版。

B.3

中国狱务透明度指数报告（2022）

——以监狱管理局网站信息公开为视角

中国社会科学院法学研究所法治指数创新工程项目组 *

摘　要： 狱务公开是监狱依法履行职责、接受监督的具体体现，也是建设中国特色社会主义法治国家的必然要求。中国社会科学院国家法治指数研究中心、法学研究所法治指数创新工程项目组第三次对省级监狱管理局及其下属监狱，开展狱务公开工作情况评估。评估显示，2022年中国的狱务透明度进一步提高，狱务透明度得分超过90分的地方监狱管理局数量再创新高，监狱管理局门户网站建设基本完成，新媒体使得狱务公开更加贴近群众，人员信息公开、法律法规公开、年报公开、预算公开更加规范有序，依申请公开渠道畅通。同时评估也发现，狱务公开的地域差异较大，细节有待进一步完善，公开信息尚不完善，甚至仍有三家省级监狱管理局尚未建立独立的门户网站。通过相关性分析发现，狱务公开与社会经济发展水平的关联性较弱，而与其他透明度、与领导的关注程度以及历年狱务公开状况的关联性较强。由此提出继续提升狱务公开重视程度等对策建议。

---

* 项目组负责人：田禾，中国社会科学院国家法治指数研究中心主任，法学研究所研究员，中国社会科学院大学法学院特聘教授；吕艳滨，中国社会科学院法学研究所研究员、法治国情调研室主任，中国社会科学院大学法学院宪法与行政法教研室主任、教授。项目组成员：王小梅、王祎茗、冯迎迎、刘烨宁、刘雁鹏、米晓敏、孙东宁、汪玉池、张玉洁、周丹、胡昌明、洪梅、栗燕杰、曹世昕、韩佳恒、雷继华（按姓氏笔画排序）。执笔人：胡昌明，中国社会科学院法学研究所副研究员；田禾。

关键词： 狱务公开　信息公开　执法信息　法律监督

《法治中国建设规划（2020～2025 年）》提出，建设严密的法治监督体系，这要求切实加强对立法、执法、司法工作的监督。加强对执法、司法工作的监督力度，应当坚持以公开为常态、不公开为例外，全面推进执法公开和司法公开，"逐步扩大公开范围，提升公开服务水平，主动接受新闻媒体舆论监督和社会监督"①。监狱作为刑罚执行的重要场所之一，能否公开透明，不仅影响刑罚的公平正义，也决定着司法人权能否得到切实保障。因此，也可以说，狱务公开发展状况是衡量一个国家监狱法治化、文明程度的重要标尺②。

为促进执法公平公正，提升执法公信力，推进狱务公开工作，2022 年，中国社会科学院国家法治指数研究中心、法学研究所法治指数创新工程项目组（以下简称"项目组"）第三次对省级监狱管理局信息公开情况进行调研和评估，本报告对此次调研和评估情况进行了总结分析。

一　狱务公开评估的对象和方法

（一）狱务公开评估对象和原则

2022 年狱务透明度的评估对象为 32 家省级监狱管理局（统一简称为"某某监狱管理局"）（包括 31 家省、自治区、直辖市及新疆生产建设兵团监狱管理局，不包括港澳台地区）。项目组根据《监狱法》《政府信息公开条例》《关于全面推进政务公开工作的意见》《〈关于全面推进政务公开工作的意见〉实施细则》《关于进一步深化狱务公开的意见》（以下简称《意

---

① 《法治中国建设规划（2020～2025 年）》。
② 姚建龙、刘昊：《论狱务公开的深化与完善》，《河南司法警官职业学院学报》2015 年第4 期。

见》）等规范性文件，遵循依规评估、客观评价、重点突出、渐进引导的原则设置指标，形成了狱务透明度评估指标体系。

（二）狱务公开的评估指标和方法

2022 年狱务公开评估共设置 4 个一级指标、17 个二级指标，其中一级指标权重为：基本信息公开占 30%、执法信息公开占 20%、监所信息公开占 30%、数据信息公开占 20%（见表 1）。2022 年狱务公开指标调整遵循与上一年度基本保持一致、个别修改的原则，基于最新的狱务公开重点对部分指标进行了调整。一级指标保持稳定，执法信息公开二级指标中将减刑建议公开和假释建议公开作为两个独立指标，并提高其权重；另外，在数据信息公开二级指标中，增设了涉狱务的负面舆情这一负向指标。

中国狱务透明度指数评估主要采用网站测评的方式，评估人员在进行网站测评时，以评估对象的官方网站为主要渠道，对于没有独立网站的监狱管理局辅以司法局或政府官方网站。在对门户网站进行评估时，凡站内搜索无法找到的内容、无法打开的网页，评估人员会利用互联网上的多个搜索引擎进行查找，采取更换计算机及上网方式、变更上网时间等方式进行多次验证。评估信息采集时间为 2022 年 7 月 1 日至 2022 年 8 月 31 日。

表 1　中国狱务透明度指标体系（2022）

一级指标	二级指标
基本信息公开（30%）	平台建设（40%）
	职能架构（30%）
	人员信息（30%）
执法信息公开（20%）	法律法规（10%）
	减刑建议公开（30%）
	假释建议公开（30%）
	监外执行公开（30%）

续表

一级指标	二级指标
监所信息公开（30%）	监所基本信息（40%）
	公开指南（10%）
	监所管理（10%）
	对外沟通（20%）
	依申请公开（20%）
数据信息公开（20%）	年报（20%）
	年度工作规划（20%）
	财务信息（50%）
	统计数据（10%）
	负面舆情（-10%）

二　评估结果总体情况

2022 年，32 家监狱管理局的狱务透明度指数平均得分为 70.60 分。25 家监狱管理局得分在 60 分以上，占 78.1%，其中 90 分及以上 4 家，比上年增加一倍，分别是江苏监狱管理局、贵州监狱管理局、浙江监狱管理局和上海监狱管理局，80~90 分 7 家，分别是四川监狱管理局、湖北监狱管理局、山西监狱管理局、广东监狱管理局、湖南监狱管理局、陕西监狱管理局和福建监狱管理局（评估结果见表 2）。其中，山西监狱管理局和湖南监狱管理局都是三年来首次进入全国狱务透明度排名前十位，特别是山西监狱管理局从 2020 年的第 22 位，跃升至 2022 年的第 7 位，排名上升 15 位。2022 年，11 家监狱管理局的排名有所提升，排名提升幅度较大的监狱管理局还有内蒙古监狱管理局、浙江监狱管理局、北京监狱管理局、贵州监狱管理局和重庆监狱管理局等。其中排名两年持续提升的有山西、内蒙古、北京、辽宁等地的监狱管理局。

表2　中国狱务透明度指数评估结果（2022）

单位：分

2022	年度排名变化	评估对象	基本信息公开	执法信息公开	监所信息公开	数据信息公开	总分
1	—	江苏监狱管理局	88.00	100.00	86.00	100.00	92.20
2	↑	贵州监狱管理局	90.00	100.00	86.00	90.00	90.80
3	↑	浙江监狱管理局	96.00	100.00	85.50	80.00	90.45
4	—	上海监狱管理局	84.00	100.00	96.00	80.00	90.00
5	—	四川监狱管理局	84.00	100.00	92.00	80.00	88.80
6	↓	湖北监狱管理局	100.00	90.00	70.00	90.00	87.00
7	↑	山西监狱管理局	92.00	100.00	86.00	60.00	85.40
8	↓	广东监狱管理局	74.00	70.00	100.00	80.00	82.20
9	↑	湖南监狱管理局	82.00	100.00	78.00	70.00	82.00
10	—	陕西监狱管理局	80.00	90.00	86.00	70.00	81.80
11	↓	福建监狱管理局	82.00	100.00	83.00	60.00	81.50
12	↓	安徽监狱管理局	96.00	60.00	74.00	80.00	79.00
13	↑	北京监狱管理局	62.00	80.00	92.00	80.00	78.20
14	↑	山东监狱管理局	80.00	80.00	83.50	60.00	77.05
15	↓	宁夏监狱管理局	68.00	60.00	96.00	70.00	75.20
16	↓	吉林监狱管理局	82.00	55.00	75.00	80.00	74.10
17	↓	黑龙江监狱管理局	80.00	60.00	86.00	60.00	73.80
18	↑	广西监狱管理局	84.00	60.00	76.00	60.00	72.00
19	↑	内蒙古监狱管理局	76.00	60.00	74.50	70.00	71.15
20	↑	辽宁监狱管理局	70.00	60.00	80.00	70.00	71.00
20	—	青海监狱管理局	82.00	60.00	68.00	70.00	71.00
22	↓	江西监狱管理局	58.00	100.00	82.00	40.00	70.00
23	↓	河南监狱管理局	70.00	100.00	66.00	40.00	68.80
24	↓	云南监狱管理局	44.00	90.00	76.00	70.00	68.00
25	↓	河北监狱管理局	48.00	90.00	78.00	30.00	61.80
26	↑	重庆监狱管理局	74.00	30.00	62.00	50.00	56.80
27	↓	新疆生产建设兵团监狱管理局	66.00	50.00	60.50	20.00	51.95
28	↑	西藏监狱管理局	68.00	80.00	25.00	0.00	43.90
29	↓	新疆监狱管理局	50.00	60.00	45.00	10.00	42.50

续表

2022	年度排名变化	评估对象	基本信息公开	执法信息公开	监所信息公开	数据信息公开	总分
30	↓	天津监狱管理局	30.00	60.00	30.50	60.00	42.15
31	—	海南监狱管理局	46.00	50.00	10.00	40.00	34.80
32	↓	甘肃监狱管理局	40.00	20.00	0.00	30.00	22.00
		平均值	72.88	75.47	71.52	60.94	70.60

从透明度指数的四项一级指标得分来看，执法信息公开指标得分最高，为75.47分；其次为基本信息公开和监所信息公开指标，平均分分别为72.88分和71.52分；数据信息公开指标得分为60.94分（见图1）。与2021年得分相比，狱务透明度总分基本持平，基本信息公开和监所信息公开得分有所上升，执法信息公开和数据信息公开因为二级指标记分规则调整，得分略有下降。

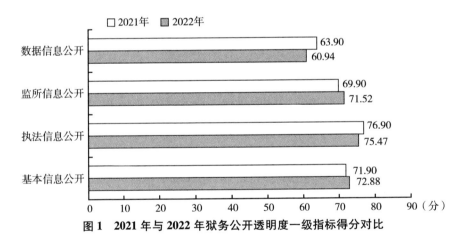

图1 2021年与2022年狱务公开透明度一级指标得分对比

三 狱务公开制度运行良好

（一）门户网站建设基本完成

狱务公开过程中，"门户网站是深化狱务公开的重要载体"。如果监狱管理局没有设立独立的门户网站，社会公众没有一个统一的了解狱务公开信息的平台，狱务公开信息只能在地方司法厅甚至地方政府的政务公开专栏分散公开，必然是碎片化的、不全面的。此外，各省（自治区、直辖市）监狱管理局应当设立门户网站也是《意见》的明确要求。经过两年的努力，全国设独立网站的省级监狱管理局已经从 27 家增至 29 家，一些欠发达地区、民族自治地方的监狱管理局都建立了自己的门户网站，全国监狱管理局门户网站基本建成。

此外，全国 32 家监狱管理局中，除海南监狱管理局外，31 家都建立了狱务公开专门栏目，占 96.9%。这些狱务公开栏目，有的在独立网站中，有的在司法厅或者政府信息公开网中。专门的狱务公开专栏提高了狱务公开信息的集中度，更便于公众查询相关狱务公开信息。而且，所有监狱管理局都及时更新了狱务公开信息，没有完全停止更新的"僵尸"网站。

（二）新媒体公开有创新

近年来，新媒体的蓬勃发展为狱务公开拓展了崭新的平台，很多监狱管理局善于利用"两微一端"等新媒体展示狱务信息，取得了良好的社会反响。评估显示，有 26 家监狱管理局在门户网站首页提供了官方微信、微博、客户端、微信小程序等移动终端平台的链接，占 81.2%，比上一年度增加一家。一些地方的监狱管理局及其所属监狱开通了微信公众号等，使得公众获取狱务公开信息更加方便快捷。例如，"上海监狱"微信公众号中设置了阳光狱务等公开栏目，不仅提供了查询服刑人员信息服务，还公布了帮教指南、政策法规，公示了最新的减刑假释建议书和暂予监外执行决定书。人们通过微信公众号提供的链接，还可以直接跳转到全国监狱管理局和上海市各监狱的门户网站。

（三）人员信息公开全面

评估显示，全国监狱管理局重视人员信息公开。多数监狱管理局能及时公开干部招录、任免等人事信息，2022 年，公开人事信息的监狱管理局有 27 家，占 84.4%，比上一年度增加 1 家。其中，安徽监狱管理局不仅建立了人事信息公开专栏，保持更新人事任免信息，还在网页中公开了人事任免的文件，十分规范严谨。此外，在领导信息公开方面，公开局领导的姓名和职务的监狱管理局越来越多，2022 年达 30 家，占93.8%。公开的信息也越来越全面和丰富，有的监狱管理局提供的局领导简历信息全面，正装照片清晰，分管工作内容明晰，且在简介中留下了办公电话，方便群众知晓相关分工信息并与其联系。西藏监狱管理局在领导信息下方设置了"领导信箱"和"我要留言"按钮，点击注册后就可以给相关的局领导信箱留言或者反映情况。吉林省监狱管理局则建立了政务公开工作领导机制，成立政务公开（政府信息公开）领导小组，下设办公室在局法制处，负责推进、指导、协调、监督政务公开（政府信息公开）工作，并指定专门班子成员管理本局的政务公开（政府信息公开）工作。

（四）执法信息公开到位

评估发现，在执行信息公开方面，2022 年，监狱管理局的法律法规公开工作比较到位。29 家监狱管理局公开了与监狱管理、狱务公开相关的法律法规，其中 28 家设立了法律法规公开专栏，分别占 90.6% 和87.5%。此外，所有监狱管理局都公开了暂予监外执行决定书，且有93.8% 的监狱管理局能够比较及时地公开监外执行决定书。陕西省监狱管理局在公开暂予监外执行决定书的同时，将罪犯暂予监外执行公示予以公开。此外，在公开暂予监外执行决定书的时候，还通过隐藏罪犯出生日期、居住地以及患病情况等涉及个人身份的信息方式，保护罪犯的个人隐私（见图 2）。

（五）公众沟通渠道畅通

评估显示，在监所信息公开方面，2022 年，各个监狱管理局十分注重

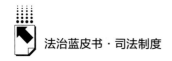

陕西省监狱管理局

罪犯暂予监外执行决定书

陕狱刑执〔2021〕 2 号

      罪犯刘秀贞，女，▊▊▊▊▊▊▊▊▊▊。因诈骗罪经乾县人民法院判处有期徒刑五年六个月，服刑期间执行刑期未变动，现余刑至2022年4月15日。目前在陕西省女子监狱服刑。
      该犯在服刑期间经诊断患有：▊▊▊▊▊▊▊▊▊▊▊女子监狱提请对其暂予监外执行。经审核，根据《中华人民共和国刑事诉讼法》第二百六十五条、《监狱法》第二十五条、《暂予监外执行规定》（司发通〔2014〕112号）第五条第一款和《保外就医严重疾病范围》第十四条之规定，批准罪犯刘秀贞于2021年4月19日起暂予监外执行。

2021年04月19日

发：女子监狱

抄送：同级人民检察院、原判人民法院、人民检察院驻监检察室、罪犯居住地县级司法行政机关、罪犯本人

图2　陕西监狱管理局暂予监外执行决定书

加强与社会公众的沟通联络，90.6%的监狱管理局建立了监督投诉渠道、咨询服务渠道以及沟通平台。广东监狱管理局不仅在官网首页设立了"局长信箱""网上咨询""网上信访""投诉建议"四个栏目，而且对留言受理答复情况进行统计，按月统计"互动交流"收到的留言及答复情况。湖北监狱管理局网站"互动交流"栏目下，除了常规的局长信箱、投诉咨询外，还设置了"来信公示""纪检监察"等新栏目。此外，湖北监狱管理局还通过"调查征集"了解民意，2022年度的调查征集问题包括："对于监狱的减

刑、假释、暂予监外执行工作，您最关心哪些方面？""你最希望了解狱务公开哪些内容？""服刑人员职业技能培训在线调查"，在线回答后，还可以查看调查结果。

（六）依申请公开较健全

《政府信息公开条例》第 13 条规定，除行政机关主动公开的政府信息外，公民、法人或者其他组织还可以根据自身生产、生活、科研等特殊需要，向国务院部门、地方各级人民政府及县级以上地方人民政府部门申请获取相关政府信息。虽然依申请公开政府信息只对特定的公民、法人和其他组织公开，但对其从事生产、安排生活、开展科研等活动具有特殊的作用。依申请公开方式和渠道公开有利于公民、法人或者其他组织获取所需要的政府信息。评估显示，2022 年，多数地方监狱管理局公开了依申请公开方式、依申请公开渠道，占比均为 90.6%，比上一年度分别提高了 9.3 个百分点和6.4 个百分点。部分监狱管理局依申请公开工作比较有特色，值得学习借鉴。例如，在网页上设有专门的依申请公开系统，对申请人依申请公开持一种积极开放和欢迎的态度。申请人进入该系统后，可以直接在网上申请公开信息，并能够查看处理状态，便于申请人了解申请进程，对申请人十分友好。

（七）公开年报发布及时

"政府信息公开工作年度报告是全面反映政府信息公开工作情况、加强政府信息管理、展现政府施政过程及结果的重要方式，对于加强政府自身建设、推进国家治理体系和治理能力现代化具有重要意义。"① 近年来，各地监狱管理部门发布政府信息公开年报的完整性、及时性有所提升。2022 年，共有 26 家监狱管理局能够及时公开信息公开年报，比 2021 年增加 4 家。多

---

① 《国务院办公厅政府信息与政务公开办公室关于印发〈中华人民共和国政府信息公开工作年度报告格式〉的通知》。

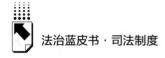

数监狱管理局的政府信息公开工作年度报告内容丰富、数据翔实，阅读量大，比较充分地展现了本单位一年来政府信息公开工作的情况。辽宁监狱管理局的政府信息公开工作年度报告有 3000 多字，并且图文并茂；广东监狱管理局的政府信息公开工作年度报告可读性强、阅读量大，截至评估结束，已经有 3570 余人次浏览。

（八）预决算公开比例高

政府财政预决算公开是民主财政改革的重要目标之一，是促进政府提供更好的公共服务的必然要求，将财政资金置于公众监控之下，把财政资金的来源和用途向人民代表交代清楚，对于保障群众对财政预算的知情权、参与权和监督权，促进基层预决算管理法治化、民主化、科学化具有重要意义。评估显示，2022 年，监狱管理局包括财政预算、决算信息在内的财务公开工作更上一层楼。开设财务信息专栏的监狱管理局有 28 家，占 87.5%；公开财政预算信息的监狱管理局有 29 家，占 90.6%；公开财政决算信息的监狱管理局有 28 家，占 87.5%；公开采购信息的监狱管理局有 29 家，占 90.6%；公开"三公"经费的监狱管理局有 24 家，占 75%；全部公开这五项财务信息的监狱管理局有 22 家，占 68.8%。

四 狱务公开细节仍需优化

评估显示，2022 年各地狱务公开取得了一定进步，但是狱务公开的细节还有待优化，服务公众的意识有待进一步提升，各地的重视程度也存在较大差异。

（一）狱务公开地域差异亟待缩小

《中国狱务透明度指数报告（2021）——以监狱管理局网站信息公开为

视角》指出，狱务公开存在地域差异较大的问题，经过一年时间，狱务公开地域差异较大的状况非但没有得到改善，甚至差异还在进一步加大。得分最高的江苏监狱管理局（92.2 分）与得分最低的甘肃监狱管理局（22.0 分）的最大分差从 2021 年的 62.8 分增加到 70.2 分。统计学中有一个衡量数据离散程度①的指标——标准差②，标准差是反映一组数据离散程度最常用的一种量化形式，标准差越大说明分布越不均匀，也就是高分地域与低分地域之间的差距越大。统计显示，2022 年，各地狱务透明度得分的标准差为 17.64，比 2021 年的 17.46 增加了 0.18。这说明，狱务公开工作仍然没有得到普遍重视，仍然有部分监狱管理局没有重视狱务公开工作，缺乏主动公开、依法公开的意识。

（二）门户网站建设水平有待提升

《意见》第 16 条明确提出："各省（区、市）监狱管理局应当设立门户网站，凡属向社会公开的信息都应当在门户网站上公开发布，逐步开发网上咨询和自助查询功能，将门户网站打造成深化狱务公开的重要载体。"但是，迄今仍有天津、海南和甘肃三个地方的监狱管理局没有建立自己的门户网站。2022 年，这三个地方监狱管理局的透明度得分也居全国后三位，分别是第 30 位、31 位和 32 位，其中基本信息公开、执法信息公开、监所信息公开和数据信息公开四项一级指标的得分平均只有 38.7 分、43.3 分、13.5 分和 43.3 分，只占这四项一级指标全国狱务公开平均得分的 53.1%、57.4%、18.9%和 71.1%（见图 3）。

---

① 离散程度（Measures of Dispersion），是指通过随机观测变量各个取值之间的差异程度，可以反映各观测个体之间的差异大小，从而可以反映分布中心指标对各个观测变量值代表性的高低。

② 标准差（Standard Deviation），又称均方差，就是样本平均数方差的开平方，标准差通常是相对于样本数据的平均值而定的，通常用 M±SD 来表示，表示样本某个数据观察值相距平均值有多远。从这里可以看到，标准差受到极值的影响。标准差越小，表明数据越聚集；标准差越大，表明数据越离散。

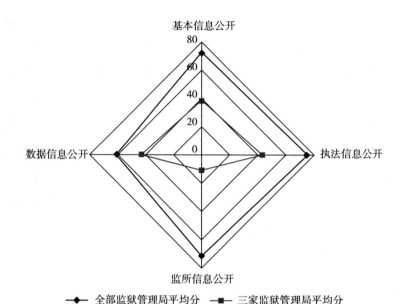

图3 三家监狱管理局与所有监狱管理局透明度得分对比雷达图

（三）公开细节有待进一步完善

评估显示，狱务公开的细节还有提升空间。一是无障碍阅读开通较少。虽然部分监狱管理局门户网站在首页开通了无障碍阅读功能，但是仍有16家监狱管理局的门户网站没有无障碍阅读功能，占所有监狱管理局的50%。二是机构职能公开不统一。虽然大部分监狱管理局都公开了机构职能，但是每个监狱管理局公开的职能差异非常大，有的监狱管理局公开的职能比较简单，只有短短几句话。例如，贵州监狱管理局网站公开的职能为："负责全省监狱管理工作并承担相应责任。贯彻执行《中华人民共和国监狱法》等相关法律、法规和政策。监督管理全省监狱刑罚执行、狱政管理、教育改造、劳动改造工作。领导贵州黔新企业集团公司。承办省委、省政府和上级部门交办的其他任务。"有的监狱管理局公开的职能非常详尽，有十几项内容，如重庆市监狱管理局、浙江监狱管理局等等。同样是省级监狱管理局，机构职能应当大体一致，但是实际公开的职能却千差万别，有待司法部进行统一。三是公开的及时性要进一步提升。特别是暂予监外执行决定书、减刑假释建议书，都是狱务公开的重要内容，也是影响在押人员切身利益的重要内容，应当及时公开。例如，新疆生产建设兵团网站公开的暂予监外执行决定书只更新到 2018 年，近四年的相关文书都无从查找，公开严重滞后。

（四）部分狱务信息公开不完整

信息公开不完整也是狱务公开存在的顽疾之一，主要表现在以下几个方面。一是监狱管理局内部架构公开缺失。2022 年，虽然有 19 家监狱管理局公开了内设机构职能，但是公布联系人和联系电话的只有 5 家和 7 家，分别占 15.6% 和 21.9%。二是减刑假释建议书公开不够充分。虽然多数监狱管理局公开了暂予监外执行的决定书，但是公开减刑建议书和假释建议书的监狱管理局却刚过半数，分别只有 18 家和 17 家。三是罪犯服刑情况公开不足。罪犯服刑情况是服刑人员及其家属十分关注的事项，但是这些事项公开的比例都比较低。公开罪犯分级处遇的条件和程序、罪犯奖惩的条件和程序，罪犯劳动项目、岗位技能培训、劳动时间、劳动保护和劳动报酬有关情况，罪犯伙食、被服实物量标准，食品安全、疾病预防控制有关情况的监狱管理局分别只有 15 家、20 家、14 家和 14 家。四是监所基本信息公开不全面。提供监所链接的监狱管理局有 20 家，占 62.5%；提供监所完整交通指引和行车或者公交线路的只有 13 家，仅提供了交通指引的有 9 家；提供监狱会见指南的有 22 家；公开监狱会见日的监狱管理局有 21 家，但是提供了网上预约功能的只有 4 家，占 12.5%。五是监狱的年度规划、总结等较少公开。在所有监狱管理局中只有安徽监狱管理局、北京监狱管理局、广东监狱管理局、吉林监狱管理局、江苏监狱管理局、湖北监狱管理局 6 家公开了年度工作总结，占 18.8%，只有贵州监狱管理局、江苏监狱管理局、湖北监狱管理局 3 家公开了年度工作规划，仅占 9.4%。六是监狱统计数据公开不足。只有贵州监狱管理局、湖北监狱管理局、江苏监狱管理局、上海监狱管理局、四川监狱管理局、云南监狱管理局、浙江监狱管理局 7 家公开了监狱统计数据，占 21.9%。

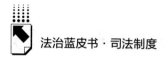

五 狱务公开的影响因素

从 2022 年的评估结果看，各地狱务透明度差异较大，到底有哪些因素决定了狱务透明度的高低，狱务透明度跟地域经济发展程度、当地政务公开、司法公开的状况或者领导重视程度等一系列要素的关系如何，有待进一步分析研究。

（一）公开影响因素的研究方法

《政府信息公开条例》的颁布和实施，标志着我国进入了政府信息公开时代[①]。近年来，随着政务公开、司法公开的推进，狱务公开受到一些地方的高度重视。但是，经过三年的评估，项目组也发现，各地狱务公开的差异非常大。探究哪些因素促进/制约了狱务公开工作，对提出针对性的对策建议，特别是对推动狱务公开工作比较落后的地区，加大狱务公开力度具有重大意义。

统计学中，有一种分析数据间关系强弱的概念，这就是"相关性"。相关是反映两个随机变量关系强度的指标。相关系数的绝对值越大，相关性越强：相关系数越接近 1 或 -1，相关度越强，相关系数越接近 0，相关度越弱。通常情况下，依据以下取值范围判断变量的相关强度：相关系数 0.8~1.0 为极强相关，0.6~0.8 为强相关，0.4~0.6 为中等程度相关，0.2~0.4 为弱相关，0.0~0.2 为极弱相关或无相关[②]。

项目组拟通过统计与狱务透明度高低可能相关的相关指数（包括社会经济发展、其他政务及司法透明度以及领导、执法、财务信息等的公开情况等）的相关系数，来发现与狱务透明度有较高相关性的因素，从而确定影响狱务公开好坏的主要因素。

---

① 白清礼：《政务公开与政府信息公开之辨析》，《图书馆工作与研究》2012 年第 8 期。
② 武松编著《SPSS 实战与统计思维》，清华大学出版社，2019，第 239 页。

（二）与社会经济发展水平的关系

"法治是最好的营商环境。"健全完善的法治，是依法高效保护企业合法权益的利器，也是妥善处理企业发展中出现的矛盾、纠纷的武器[1]。政务和狱务工作的公开透明也是依法治国的基本要求之一，有学者也认为，"政务公开做得好的往往是那些经济社会发展较好或具有较大潜力的地区"[2]。此外，经济发达地域推进狱务公开理应具备更多的物质基础保障。项目组主要根据人均国内生产总值、人均可支配收入和中国发展指数三个指标来衡量各地的经济发展状况。其中，人均国内生产总值[3]是体现一个地区经济发展水平的重要指标，人均可支配收入[4]是衡量一个地区人民生活水平高低的重要指标，而中国发展指数[5]则是综合衡量一个地区社会经济发展状况的指标。

通过 SPSS 统计发现，各省、自治区、直辖市狱务透明度与人均国内生产总值的相关系数为 0.132、与中国发展指数的相关系数为 0.166，相关性不显著；而与人均可支配收入的相关系数为 0.220，为弱相关关系（见表 3）。可见，狱务透明度与这三个指标的相关性均不显著。由此可知，狱务透明度与社会经济发展的关系不大，可以验证狱务公开程度与地方经济、社会发展没有直接联系，有的监狱管理局地处东中部地区或者经济发达地区，但其狱务公开工作存在滞后，在法治建设方面还有较大的提升空间。

---

[1] 李国才：《法治是最好的营商环境》，http：//www. northnews. cn/2022/0317/2079076. html，最后访问日期：2022 年 10 月 28 日。

[2] 中国社会科学院法学研究所法治指数创新工程项目组：《中国政府透明度指数报告（2021）——以政府网站信息公开为视角》，莫纪宏、田禾主编《中国法治发展报告 No. 20（2022）》，社会科学文献出版社，2022，第 264 页。

[3] 人均国内生产总值（Real GDP per capita）是人们了解和把握一个国家或地区的宏观经济运行状况的有效工具，即"人均 GDP"，常作为发展经济学衡量经济发展状况的指标，是最重要的宏观经济指标之一。

[4] 人均可支配收入，是居民可以用来自由支配的收入，标志着居民的购买力，是反映居民收入水平的核心指标，可以用来衡量人民的生活水平，为制定重要政策提供参考依据。

[5] 中国发展指数（RCDI）由中国人民大学中国调查与数据中心编制，是综合衡量一个地区社会经济发展状况的指标。中国发展总指数由健康、教育、经济、社会环境四个分指数、15个指标构成。

表3　狱务透明度与社会经济发展指标的相关度

		人均国内生产总值	人均可支配收入	中国发展指数
狱务透明度	相关系数	0.132	0.220	0.166
	显著性	0.478	0.234	0.372
	个数*	31	31	31

＊不包括新疆生产建设兵团监狱管理局，故为31个。

（三）与政务、司法公开的关系

中国社会科学院法学研究所法治指数创新工程项目组除了研究狱务公开工作外，还长期跟踪关注政务公开和司法公开工作，并在年度出版的《中国法治发展报告》中公布每年的中国政府透明度、司法透明度、检务透明度、警务透明度报告。由于各透明度报告聚焦政府、司法机关向社会公众公开政务信息或者司法信息的水平，不同透明度可能存在一定关联性。经过计算发现，各省份狱务透明度与其他透明度的关联性从强到弱分别是：政府透明度＞警务透明度＞司法透明度＞检务透明度。其中，与政府透明度的相关系数为0.445，为中等程度相关，与警务透明度、司法透明度的相关系数为0.359和0.244，为弱相关关系，与检务透明度的相关关系为0.100，无相关关系。狱务透明度与政府透明度、警务透明度相关性显著（见表4），也就是说政府透明度、警务透明度较高的地区，狱务透明度往往也相应较高。这一现象也从一定程度上说明，狱务工作作为司法行政部门的职责之一，其工作性质更接近行政权而不是司法权。

表4　狱务透明度与其他透明度指数的相关度

		政府透明度	司法透明度	检务透明度	警务透明度
狱务透明度	相关系数	0.445*	0.244	0.100	0.359*
	显著性	0.012	0.186	0.59	0.047
	个数**	31	31	31	31

＊相关性在0.05水平上显著（双尾）。
＊＊不包括新疆生产建设兵团监狱管理局，故为31个。

（四）总分与二三级指标的关系

2022 年狱务公开指标由 4 个一级指标、17 个二级指标和 59 项三级指标组成。项目组通过统计分析找出与狱务透明度关联性较强的指标。

一是狱务透明度与四项一级指标的关系。统计显示，狱务透明度与四项一级指标基本信息公开、执法信息公开、监所信息公开、数据信息公开的得分都显著相关，其中与基本信息公开、监所信息公开、数据信息公开相关系数分别为 0.856、0.832 和 0.853，具有极强的相关性。狱务透明度与执法信息公开的相关系数为 0.622，也具有强关联性（见表 5）。狱务透明度与透明度一级指标的关联性从强到弱分别是基本信息公开>数据信息公开>监所信息公开>执法信息公开。

表 5　狱务透明度与一级指标的相关度

		基本信息公开	执法信息公开	监所信息公开	数据信息公开
狱务透明度	相关系数	0.856*	0.622*	0.832*	0.853*
	显著性	0.000	0.000	0.000	0.000
	个数	32	32	32	32

* 相关性在 0.01 水平上显著（双尾）。

二是狱务透明度与二三级指标的关系。关注的具体得分指标包括网站建设、领导信息、执法信息、对外沟通、年度信息、财务信息、舆情等。统计显示，狱务透明度与领导信息的相关系数达到了 0.490，且显著相关；与年度信息的得分呈现弱相关，与其他指标的相关性均极弱（见表 6）。在狱务公开的诸多指标中，领导信息这一指标能够比较准确地体现领导对狱务公开工作的重视程度。如果监狱管理局领导重视狱务公开工作，其首先会注意网站中领导干部信息的公开情况。因此，领导信息公开较好的监狱管理局，狱务透明度整体上得分也较高。

表6 狱务透明度与其他具体得分指标的相关度

		网站建设	领导信息	执法信息	对外沟通	年度信息	财务信息	舆情
狱务透明度	相关系数	0.085	0.490**	-0.145	0.085	0.254	0.197	0.170
	显著性	0.648	0.005	0.435	0.648	0.167	0.288	0.361
	个数	31	31	31	31	31	31	31

* 相关性在 0.05 水平上显著（双尾）。

** 相关性在 0.01 水平上显著（双尾）。

（五）狱务透明度的年度相关性

为研究狱务透明度是否具有延续性和发展性，项目组还对 2022 年狱务透明度与 2020 年、2021 年的狱务透明度得分进行了关联性分析。研究发现，各地监狱管理局 2022 年狱务透明度的得分与 2021 年、2020 年狱务透明度得分具有非常强烈的关联性。其中与 2021 年狱务透明度相关系数为 0.935，与 2021 年狱务透明度相关系数为 0.882，都具有极强的相关性（见表7）。也就是说，在这三年中，各地的狱务公开程度整体上保持了稳定，前些年公开工作较好的监狱管理局，2022 年仍然得分较高，前些年公开水平较低的监狱管理局，公开仍然有待进一步提升。

表7 2022 年狱务透明度与 2021 年、2020 年狱务透明度的相关度

		狱务透明度（2021）	狱务透明度（2020）
狱务透明度（2022）	相关系数	0.935**	0.882**
	显著性	0.000	0.000
	个案	32	32

** 相关性在 0.01 水平上显著（双尾）。

六 结论及建议

刑罚执行是指国家刑罚执行机关根据人民法院发生法律效力的刑事判决

或裁定，依照法律规定的程序，将已经确定的刑罚付诸实施的刑事司法活动。刑罚执行是刑事司法的最后一个环节，刑罚执行工作能否落实到位，不仅关系到整个刑事诉讼活动是否完整，关系到刑事司法的公平正义和权威公信，而且直接关系到刑事司法制度目的能否最终实现。狱务公开对于构建公平的司法环境、建设完善的刑罚执行制度具有重要价值。

通过统计学方法分析，项目组发现狱务公开与社会经济发展水平的关联性较弱，而与其他透明度、与领导的关注程度以及与历年狱务公开状况的关联性较强。

由此，将来应当从以下几个方面继续加大狱务公开力度。

一是提高狱务公开的重视程度。在"应公开尽公开"已经成为共识的当下，仍有个别监狱及管理部门的领导对狱务公开工作重视程度不够，导致网站建设落后，狱务信息公开不足、滞后。领导的重视对狱务透明度有重要影响。政务公开的推进首先需要转变观念，特别是需要转变作为"关键少数"的领导干部的观念①。其实任何一项公开制度的推行和落实都离不开领导干部的重视，今后应当加大对领导干部狱务公开的教育和培训。

二是提升狱务公开工作的连续性。狱务公开工作具有连续性，不能一蹴而就，也不能"三天打鱼两天晒网"。因此，应当加强狱务公开制度建设。将狱务公开工作作为考核一个地区监狱管理局工作的重要指标，提升各地监狱管理局狱务公开工作的规范性。

三是缩小狱务公开地域差异。评估发现，狱务公开地域差异巨大，这与各地狱务公开交流不足有密切关系。因此，狱务公开先进地区应当及时总结狱务公开的先进经验，加大总结分析力度，优化提升现有工作成效，向其他地域推广好的经验做法，实现狱务公开的跨越式发展。

---

① 姜明安：《论政务公开》，《湖南社会科学》2016年第2期。

B.4
2021年度中国确认仲裁协议
效力制度实践观察

朱华芳　郭佑宁　陈芯宇*

摘　要： 中国现行确认仲裁协议效力制度总体上已趋成熟完备，为维护当事人意思自治、保障仲裁庭依法行使纠纷管辖权，提供了有力的司法支撑。同时，在确认仲裁协议效力案件的审查范围、格式条款效力审查、仲裁协议约定仲裁机构的认定等方面，裁判标准还有待进一步统一。

关键词： 确认仲裁协议效力　审查范围　格式仲裁条款　仲裁机构选定　裁判思路

　　确认仲裁协议效力本质上是判断法院与仲裁庭谁对特定案件有管辖权。在仲裁司法审查实践中，确认仲裁协议效力案件是最常见的案件类型之一。近年来，在司法支持仲裁的导向下，确认仲裁协议效力制度的规则不断完善，各地法院普遍形成了尽量使仲裁协议有效的审查思路。同时，司法实践对于部分疑难问题仍存分歧，亟须进一步统一裁判标准。本文以2021年度中国法院审查确认仲裁协议效力案件的司法实践情况为视角，梳理提炼若干具有典型意义的实务难点问题，研究提出针对具体问题和裁判思路的完善建议。

---

* 朱华芳，北京市天同律师事务所合伙人、国内仲裁业务负责人；郭佑宁、陈芯宇，北京市天同律师事务所律师。

一 2021年度各地法院审查确认仲裁协议效力案件概况

（一）法院确认仲裁协议效力案件审查总体情况

1. 2021年度全国法院审查确认仲裁协议效力案件总体情况

截至 2022 年 2 月 28 日，共检索到 2021 年全国法院公开的确认仲裁协议效力案件838 件①。其中，法院对仲裁协议作出否定性评价的案件（包括法院认定仲裁协议无效、不存在、不成立等，以下合称"否定性评价案件"）为 94 件，在全国确认仲裁协议效力案件总数中占比11.22%。

统计显示，2021 年度法院审查确认仲裁协议效力案件总数最多的省份是广东、北京。继 2020 年之后②，法院审查确认仲裁协议效力案件总数再次进入全国前十的省份有：广东、北京、山东、上海、湖北、江苏、福建。从否定性评价案件占比看，湖北法院的否定性评价案件占比最高（46.15%）③；北京、上海、广西法院的否定性评价案件比例较低，均低于当地确认仲裁协议效力案件数量的5%（见表1）。

---

① 考虑到各地裁判文书公开节奏不一，先后进行了两次案例检索。具体检索方式如下：2022年 2 月 8 日，在"威科先行"数据库中，以"确认仲裁协议效力"为关键词，将案件类型限定为"民事"，裁判时间限定为"2021 年 1 月 1 日至 2021 年 11 月 30 日"，共得到 1775条检索结果；2022 年 2 月 28 日，以前述相同关键词及案件类型在"威科先行"数据库中检索，并将裁判时间限定为"2021 年 12 月 1 日至 2021 年 12 月 31 日"，共得到 141 条检索结果。剔除无关案由、当事人撤回申请、裁判文书因法定原因不公开全文等案例，共得到有效样本案例838 件。需要说明的是，为更准确地反映裁判趋势，若无特别说明，本文案件数据均将串案计为 1 件。

② 2020 年全国法院确认仲裁协议效力案件审查情况可参见《2020 年度中国仲裁司法审查实践观察报告：大数据分析》，"天同诉讼圈"微信公众号，https://mp.weixin.qq.com/s/ynF2y0UVV6BisO4p7i_ QCA. 最后访问日期：2022 年 4 月 30 日。

③ 其中，湖北省武汉市中级人民法院作出的否定性评价案件共17 件，占该法院审查确认仲裁协议效力案件总数（26 件）的比例高达65.38%。

表1 法院审查确认仲裁协议效力案件数量排名前十省份

单位：件，%

排名	省份	确认仲裁协议 效力案件总数	当地法院对仲裁协议作出 否定性评价的案件数量	当地否定性评价案件占 确认仲裁协议效力案件比例
1	广东	209	15	7.18
2	北京	184	4	2.17
3	山东	81	17	20.99
4	上海	52	2	3.85
5	湖北	39	18	46.15
6	湖南	27	7	25.93
7	江苏	25	2	8.00
8	福建	24	5	20.83
9	广西	23	1	4.35
10	内蒙古	23	2	8.70

2. 2021年度北上深广地区法院审查确认仲裁协议效力案件整体情况

考虑到目前国内主要仲裁机构分布等客观情况，本文重点关注和梳理了北京、上海、深圳、广州四地法院的确认仲裁协议效力案件审查情况。经统计，2021年四地法院共审查确认仲裁协议效力案件399件。整体来看，四地法院否定性评价案件占比均较低，北京、上海、深圳三地法院的否定性案件评价比例均低于4%，尽量认定仲裁协议有效的审查原则在四地法院得到充分体现。相关情况详见表2。

表2 北上深广四地法院2021年度确认仲裁协议效力案件审查情况

单位：件，%

法院审查结果		北京	上海	深圳	广州
确认仲裁协议效力案件总数		184*	52**	66***	97****
否定性评价案件总数		4	2	1	7
否定性评价案件比例		2.17	3.85	1.52	7.22
法院确认仲裁协议 有效	总数	153	40	63	73
	驳回当事人确认无效申请	138	35	60	71
	依当事人申请确认有效	15	5	3	2

法院审查结果		北京	上海	深圳	广州
法院确认仲裁协议无效	总数	3	2	1	6
	驳回当事人确认有效申请	3	1	0	0
	依当事人申请确认无效	0	1	1	6
法院确认仲裁协议存在或成立*****	总数	21	10	2	16
	驳回当事人确认不存在或不成立申请	20	10	2	16
	依当事人申请确认存在或成立	1	0	0	0
法院确认仲裁协议不存在或不成立******	总数	1	0	0	1
	驳回当事人确认存在或成立申请	1	0	0	1
	依当事人申请确认不存在或不成立	0	0	0	0
法院因其他事由(如不符合确认仲裁协议效力案件受理条件等)驳回当事人申请		6	0	0	0

* 北京市的确认仲裁协议效力案件分别由北京市第四中级人民法院（以下简称"北京四中院"）、北京金融法院管辖。北京四中院 2021 年审结并公开的确认仲裁协议效力案件有效样本数量（含当事人在一审裁定作出后上诉至北京市高级人民法院的案件，同一案的一审、二审计为 1 件）为 179 件，北京金融法院 2021 年审结并公开的确认仲裁协议效力案件有效样本数量为 5 件。

** 上海市的确认仲裁协议效力案件分别由上海市第一中级人民法院（以下简称"上海一中院"）、上海市第二中级人民法院（以下简称"上海二中院"）、上海金融法院管辖。上海一中院 2021 年审结并公开的确认仲裁协议效力案件有效样本数量为 38 件，上海二中院 2021 年审结并公开的确认仲裁协议效力案件有效样本数量为 10 件，上海金融法院 2021 年审结并公开的确认仲裁协议效力案件有效样本数量为 4 件。

*** 深圳市的确认仲裁协议效力案件由广东省深圳市中级人民法院管辖。

**** 广州市的确认仲裁协议效力案件由广东省广州市中级人民法院（以下简称"广东广州中院"）管辖。

***** 含确认仲裁协议对特定主体或事项有约束力。

****** 含确认仲裁协议对特定主体或事项无约束力。

（二）法院对仲裁协议效力作出否定性评价的主要事由

在全国范围内，法院对仲裁协议作出否定性评价的案件为 94 件，作出否定性评价的前三大事由分别是：第一，当事人对仲裁机构约定不明；第二，仲裁协议约定"或裁或诉"或"先裁后诉"；第三，当事人没有仲裁合意或当事人意思表示存在瑕疵。根据现行《仲裁法》第16条①，仲裁协议应包含请求仲裁的意思表示、仲裁事项、选定的仲裁委员会。整体来看，仲裁协议内容不符合《仲裁法》第16条之规定，是实践中法院对当事人仲裁协议效力作出否定性评价的主要原因。相关情况详见表3。

表3　全国法院对仲裁协议效力作出否定性评价的主要事由

单位：件，%

排名	法院否认仲裁协议效力的事由	案件数量	占全国否定性评价案件比例
1	仲裁机构约定不明	42	44.68
2	约定"或裁或诉"或"先裁后诉"	20	21.28
3	当事人之间没有仲裁合意或意思表示存在瑕疵（含欺诈、胁迫、格式条款、伪造签章等）	11	11.70
4	当事人并非仲裁协议签订主体	7	7.45
5	多份合同（先后两份合同、主从合同等）约定不明或冲突（后订立协议变更管辖约定、前合同仲裁协议不能约束后合同）	4	4.26
6	超出法律规定的可仲裁范围	3	3.19
7	仲裁事项不明或超出约定仲裁事项	2	2.13
7	主合同未成立	2	2.13
7	无涉外/涉港澳台因素约定境外/港澳台地区仲裁机构仲裁	2*	2.13
8	无民事行为能力人或者限制民事行为能力人订立仲裁协议	1	1.06

说明：部分案例同时涉及多个事由，该等案例同时计入多个事由下的案件数量。

*上海二中院（2021）沪02民特358号、天津一中院（2021）津01民特11号。

① 《仲裁法》第16条规定，仲裁协议包括合同中订立的仲裁条款和以其他书面方式在纠纷发生前或者纠纷发生后达成的请求仲裁的协议。
仲裁协议应当具有下列内容：（一）请求仲裁的意思表示；（二）仲裁事项；（三）选定的仲裁委员会。

从统计情况来看，各地法院总体上能够贯彻尽量使仲裁协议有效的审查理念，对若干常见仲裁协议效力争议的裁判标准日趋统一，为维护当事人意思自治、保障仲裁庭依法行使纠纷管辖权，提供有力的司法支撑。同时，确认仲裁协议效力案件司法实践仍存在一些需要澄清和明确的问题，为此，下文通过案例梳理提出若干具体问题并展开分析。

二 确认仲裁协议效力案件的审查范围需进一步明确

关于确认仲裁协议效力案件的审查范围，最为常见的情形是法院受理和审查当事人确认仲裁协议无效的申请，除此之外，近年来一些法院也受理和审查当事人确认仲裁协议有效的申请。目前司法实践中存在分歧的主要问题是：第一，仲裁协议成立问题是否属于确认仲裁协议效力案件的审查范围；第二，仲裁协议对特定争议事项的效力是否属于确认仲裁协议效力案件的审查范围。

（一）仲裁协议成立问题是否属于确认仲裁协议效力案件的审查范围

在以往的司法实践中，有案例认为当事人间是否存在仲裁协议不属于确认仲裁协议效力案件的审查范围[1]。2019 年，最高人民法院作出的（2019）最高法民特 1 号、2 号、3 号裁定明确指出，"当事人以仲裁条款未成立为由要求确认仲裁协议不存在的，属于申请确认仲裁协议效力案件，法院应予立案审查"。2022 年 1 月，最高人民法院发布的《全国法院涉外商事海事审判工作座谈会会议纪要》（以下简称《涉外商事海事会议纪要》）第 90 条再次明确，"当事人之间就仲裁协议是否成立、生效、失效以及是否约束特定当事人等产生争议"，法院应作为确认仲裁协议效力案件予以受理。前述文件发布后，当事人间是否存在仲裁协议、仲裁协议是否对特定当事人有效，属于确认仲裁协议效力案件的审查范围，有望成为司法实践共识。

---

[1]　如重庆市高级人民法院（2019）渝民终 77 号。

（二）仲裁协议对特定争议事项的效力是否属于确认仲裁协议效力案件的审查范围

实践中有案例认为，仲裁争议是否超出当事人约定的仲裁事项，属于《仲裁法》第 58 条第 1 款第 2 项、《民事诉讼法》第 244 条第 2 款第 2 项规定的撤销/不予执行仲裁裁决的法定事由，该问题不属于确认仲裁协议效力案件的审查范围①。在部分案件中，法院还以涉及实体争议或不涉及对仲裁协议本身效力的认定为由，认定案涉争议是否超出当事人约定的仲裁事项不应作为确认仲裁协议效力案件审查②。相反，裁判观点则认为，判断协议是否有效必然涉及对协议履行范围，即当事人达成合意范围的认定；根据《仲裁法》第 16 条，仲裁事项代表着仲裁协议的约束力范围，仲裁条款对特定协议是否有约束力，系仲裁协议效力审查的题中应有之义③。

本文认为，仲裁协议是当事人同意就仲裁事项提交仲裁的协议，仲裁协议的效力包括对人效力、对事效力两个层面。仲裁协议的对事效力意味着，当事人仅同意就特定事项所生争议提交仲裁，而非同意将所有争议均提交仲裁，因此，只有审查确定当事人同意提交仲裁的争议事项范围，才能准确把握仲裁协议的效力范围。若仲裁协议对特定事项是否有效成为争议焦点，该仲裁协议的对事效力是评价仲裁协议效力的关键，法院在确认仲裁协议效力案件中对此予以审查为妥。同时，确认仲裁协议效力制度的目的是通过审查仲裁协议效力判断特定纠纷的管辖权归属，但管辖权之内涵亦包含对人、对事两个层面，若确认仲裁协议效力案件不处理仲裁协议的对事效力范围，不利于确认仲裁协议效力的制度目的实现。

---

① 北京四中院（2021）京 04 民特 799 号、重庆市高级人民法院（2018）渝民终 568 号。

② 上海一中院（2020）沪 01 民特 741 号、湖南省长沙市中级人民法院（以下简称"湖南长沙中院"）（2021）湘 01 民特 24 号、山东省淄博市中级人民法院（2021）鲁 03 民特 15 号、广西壮族自治区钦州市中级人民法院（2020）桂 07 民特 38 号、内蒙古自治区呼和浩特市中级人民法院（2021）内 01 民特 114 号。

③ 北京四中院（2021）京 04 民特 175 号、山东省威海市中级人民法院（2021）鲁 10 民特 78 号。

当然，允许确认仲裁协议效力案件审查仲裁协议对特定事项的效力，也可能引发一些顾虑。例如，审查仲裁协议是否约束特定事项往往涉及法律关系性质等案件实体问题，可能造成法院对仲裁庭实体审理的不当干预。再如，现行法已将超出约定仲裁事项作为撤销、不予执行仲裁裁决的法定事由，若将该事项再纳入确认仲裁协议效力案件审查范围，可能导致不同仲裁司法审查制度功能重合，不利于各制度的功能发挥。为缓和上述矛盾，本文建议确认仲裁协议效力阶段仅依据表面证据对仲裁协议的对事效力进行审查：若仅依表面证据即可判断特定争议是否属于当事人约定的仲裁事项，法院可在确认仲裁协议效力案件中直接作出认定；若仲裁协议的对事效力涉及案件实体问题，法院可依表面证据认定仲裁协议对特定事项有效，并同时释明该裁定不影响仲裁庭在实体审理后就该问题作出其他判断。

三　格式仲裁条款效力的审查思路及审查标准亟须统一

《民法典》对《合同法》及相关司法解释规定的格式条款审查规则作出重大修改。一方面，《民法典》第 496 条第 2 款将格式条款使用人应提示说明的范围由"免除或者限制其责任的条款"扩大为"免除或者减轻其责任等与对方有重大利害关系的条款"。另一方面，《民法典》第 496 条第 2 款新增格式条款订入规则，规定若格式条款使用人未履行提示说明义务，相对人可主张该格式条款不成为合同内容。上述修改对格式仲裁条款效力的审查具有重大影响。在商业交往中，格式仲裁条款的使用日益普遍。2022 年 4 月，北京市朝阳区市场监督管理局对某汽车销售公司作出行政处罚①，认定该公司格式合同文本中关于"北京购车，广州仲裁"的约定违反《侵害消

---

① 北京市朝阳区人民政府官网，http：//www. bjchy. gov. cn/robot/shuanggongshi. xz＿ cf. do? m＝showCfView&id＝8a24dabe7f25eb9e018017af374020b1&page＝3；《因北京购车仲裁地却在广州被罚？ 小鹏汽车最新回应来了》，新京报贝壳财经，http：//www. bkeconomy. com/ detail-1649756818168357. html，最后访问日期：2022 年 4 月 14 日。

费者权益行为处罚办法》第 12 条第 3 项①，引发关注。《民法典》施行后，如何准确审查格式仲裁条款的效力，值得观察讨论。

目前，司法实践对格式仲裁条款主要存在以下三种审查思路。第一种思路是，基于《合同法》的格式条款规则，一些法院认为仲裁条款不属于《合同法》第 39 条规定的"免除或者限制其责任的条款"。依此思路，法院基本不关注格式条款使用人是否就格式仲裁条款履行提示说明义务，亦不会因仲裁协议以格式条款订立而否定其效力②。第二种思路是，部分案件中法院关注到《民法典》对格式条款使用人的提示说明对象有所扩张，但认定仲裁条款不属于"与对方有重大利害关系的条款"③。第三种思路是，按照《民法典》关于提示说明义务的规定，认定提供格式条款的一方应就格式仲裁条款履行提示说明义务④。一些法院认为，诉讼与仲裁在性质、审理程序、救济途径及维权成本等方面均有显著差异，关于仲裁或诉讼的程序性事项选择将不可避免地对当事人的实体权利义务产生重要影响，故仲裁条款系与合同相对方有重大利害关系的条款，若格式条款使用人确未尽提示说明义务，则不能认定当事人达成仲裁合意⑤。

---

① 《侵害消费者权益行为处罚办法》第 12 条规定，经营者向消费者提供商品或者服务使用格式条款、通知、声明、店堂告示等的，应当以显著方式提请消费者注意与消费者有重大利害关系的内容，并按照消费者的要求予以说明，不得作出含有下列内容的规定：（一）免除或者部分免除经营者对其所提供的商品或者服务应当承担的修理、重作、更换、退货、补足商品数量、退还货款和服务费用、赔偿损失等责任；（二）排除或者限制消费者提出修理、更换、退货、赔偿损失以及获得违约金和其他合理赔偿的权利；（三）排除或者限制消费者依法投诉、举报、提起诉讼的权利……

② 北京四中院（2021）京 04 民特 557 号、上海一中院（2021）沪 01 民特 418 号、广东广州中院（2021）粤 01 民特 1613 号、河南省郑州市中级人民法院（以下简称"河南郑州中院"）（2021）豫 01 民特 24 号、湖南长沙中院（2021）湘 01 民特 385 号、新疆维吾尔自治区乌鲁木齐市中级人民法院（2021）新 01 民特 172 号、河北省张家口市中级人民法院（2021）冀 07 民特 124 号。

③ 如广东广州中院（2021）粤 01 民特 543 号。

④ 四川省德阳市中级人民法院（2021）川 06 民特 3 号、福建省福州市中级人民法院（2021）闽 01 民特 170 号。

⑤ 上海二中院（2020）沪 02 民终 4718 号、北京四中院（2021）京 04 民辖终 5 号、广东省阳江市中级人民法院（2019）粤 17 民终 193 号、辽宁省阜新市中级人民法院（2021）辽 09 民辖终 42 号等。

正确适用《民法典》，统一裁判标准，亟须在《民法典》规则背景下重新审视审查格式仲裁条款效力的思路与标准。实务中，主要涉及以下三个问题。

第一，格式条款规则是否适用于商事合同。对此问题，理论上存在不同观点①。有观点认为，格式条款控制规则原则上仅适用于消费者合同，商事合同主体无须此种特殊保护②。相反的观点则认为，从立法体例来看，格式条款规则规定于《合同法》总则部分，故消费者合同和商事合同均应适用格式条款规则③。司法实践中，法院虽然通常不排除商事合同适用格式条款规则，但总体呈现谨慎克制的态度④。不过，如果个案中格式条款使用人相较相对人具有行业优势，有裁判观点认为在审查格式仲裁条款效力时须考虑对弱势缔约方的保护⑤。本文认为，《民法典》本身并未将格式条款规则的适用范围限定在消费者合同领域，而格式条款控制规则系当事人缔约地位不平等下合同自由滥用控制机制⑥，商事合同中亦有此制度需求，故商事合同亦可纳入格式条款规则的调整对象范围。

通说认为，订立合同时未与对方协商是格式条款的核心特征。因此，是否经过个别协商是判断某一条款是否构成格式条款的根本标准。其中，"未与对方协商"不应理解为能够协商而不协商或主动放弃协商，而是指相对方无影响合同内容的机会、实质上不能协商的条款⑦。原则上，提供仲裁条款的一方如欲否认该条款为格式条款，应举证证明该仲裁条款经过个别协商。

① 参见王天凡《〈民法典〉第 496 条（格式条款的定义及使用人义务）评注》，《南京大学学报》（人文社会科学版）2020 年第 6 期，第 51~52 页。

② 参见崔建远主编《合同法》（第五版），法律出版社，2010，第 65 页。

③ 参见朱岩《格式条款的基本特征》，《法学杂志》2005 年第 6 期，第 130 页。

④ 参见王天凡《民法典》第 496 条（格式条款的定义及使用人义务）评注，《南京大学学报》（人文社会科学版）2020 年第 6 期，第 51~52 页。

⑤ 参见何云、及小同《格式仲裁条款的司法审查路径》，"至正研究"微信公众号，https：//mp. weixin. qq. com/s/I-pYghALtzYpHIy-cyondQ. 最后访问日期：2022 年 4 月 13 日。

⑥ 参见王剑一《合同条款控制的正当性基础与适用范围——欧洲与德国的模式及其借鉴意义》，《比较法研究》2014 年第 11 期，第 171~181 页。

⑦ 参见王天凡《〈民法典〉第 496 条（格式条款的定义及使用人义务）评注》，《南京大学学报》（人文社会科学版）2020 年第 6 期，第 55 页。

第二，格式仲裁条款是否以及如何适用格式条款订入规则。如前所述，实践中对仲裁条款是否属于《民法典》第 496 条第 2 款项下需提示说明的"与对方有重大利害关系的条款"，存在争议。本文认为，从仲裁与诉讼两种争议解决方式的区别、《民法典》及相关司法解释的规定来看，应采肯定说。一方面，诉讼与仲裁在案件审理程序、审理方式、救济路径、争议解决周期、争议解决成本等方面存在重大区别。尤其是仲裁实行一裁终局，裁决作出后，当事人仅能基于有限的程序性事由申请撤销或不予执行仲裁裁决，而难以对裁决在事实认定或法律适用方面的错误寻求救济。因此，选择诉讼或者仲裁，对当事人的权益影响重大。《民法典》第 470 条第 1 款①、第 488 条②等规定也表明，争议解决方式系与合同标的、合同履行方式等同等重要的条款，涉及当事人的重大利益。最高人民法院在对《民法典》第 496 条的释义中亦明确指出："解决争议的方法等条款属于与对方有重大利害关系的条款。"③ 另一方面，根据《最高人民法院关于适用〈中华人民共和国民事诉讼法〉的解释》第 31 条④、《最高人民法院关于互联网法院审理案件若干问题的规定》第 3 条第 2 款⑤，经营者以格式条款订立管辖协议的，应以合理方式提请消费者注意。作为争议解决方式，仲裁协议与诉讼管辖协议并

---

① 《民法典》第 470 条第 1 款规定，合同的内容由当事人约定，一般包括下列条款：（一）当事人的姓名或者名称和住所；（二）标的；（三）数量；（四）质量；（五）价款或者报酬；（六）履行期限、地点和方式；（七）违约责任；（八）解决争议的方法。当事人可以参照各类合同的示范文本订立合同。

② 《民法典》第 488 条规定，承诺的内容应当与要约的内容一致。受要约人对要约的内容作出实质性变更的，为新要约。有关合同标的、数量、质量、价款或者报酬、履行期限、履行地点和方式、违约责任和解决争议方法等的变更，是对要约内容的实质性变更。

③ 参见最高人民法院民法典贯彻实施工作领导小组主编《中华人民共和国民法典合同编理解与适用（一）》，人民法院出版社，2020，第 246 页。

④ 《最高人民法院关于适用〈中华人民共和国民事诉讼法〉的解释》第 31 条规定，经营者使用格式条款与消费者订立管辖协议，未采取合理方式提请消费者注意，消费者主张管辖协议无效的，人民法院应予支持。

⑤ 《最高人民法院关于互联网法院审理案件若干问题的规定》第 3 条规定，当事人可以在本规定第二条确定的合同及其他财产权益纠纷范围内，依法协议约定与争议有实际联系地点的互联网法院管辖。电子商务经营者、网络服务提供商等采取格式条款形式与用户订立管辖协议的，应当符合法律及司法解释关于格式条款的规定。

无实质区别。参照上述规定，格式仲裁条款亦应适用格式条款订入规则。

第三，格式仲裁条款是否排除或不合理限制对方主要权利。在格式仲裁条款经由订入规则检验确定成立后，还需审查该仲裁条款是否存在法定无效事由。依《民法典》第 497 条①等规定，此时的主要问题是，格式仲裁条款是否排除或不合理限制对方主要权利。最高人民法院有裁判观点认为，诉讼与仲裁均为争议解决方式，选择仲裁作为争议解决方式，不构成对当事人主要权利的排除②。本文认为，上述问题需兼顾司法支持仲裁与保护弱者的理念，结合个案具体判断。在一般情形下，可原则性地认为格式仲裁条款并未排除或不合理限制对方主要权利，但在消费者合同等涉及保护弱者利益的场景下，若格式仲裁条款的内容明显增加对方当事人寻求救济的难度以至于实质上限制或排除对方当事人寻求救济的权利，且格式条款使用人不能对格式仲裁条款内容作出合理解释，则存在法官经裁量否定相关格式仲裁条款效力的空间。

四　是否明确约定仲裁机构裁判尺度有待统一

根据《仲裁法》第 16 条第 2 款，《最高人民法院关于适用〈中华人民共和国仲裁法〉若干问题的解释》第 5 条③、第 6 条④，仲裁协议需包含选定的仲裁机构；若当事人不能确定唯一仲裁机构，仲裁协议无效。《涉外商

---

① 《民法典》第 497 条规定，有下列情形之一的，该格式条款无效：（一）具有本法第一编第六章第三节和本法第 506 条规定的无效情形；（二）提供格式条款一方不合理地免除或者减轻其责任、加重对方责任、限制对方主要权利；（三）提供格式条款一方排除对方主要权利。

② 最高人民法院（2017）最高法民终 91 号。

③ 《最高人民法院关于适用〈中华人民共和国仲裁法〉若干问题的解释》第 5 条规定，仲裁协议约定两个以上仲裁机构的，当事人可以协议选择其中的一个仲裁机构申请仲裁；当事人不能就仲裁机构选择达成一致的，仲裁协议无效。

④ 《最高人民法院关于适用〈中华人民共和国仲裁法〉若干问题的解释》第 6 条规定，仲裁协议约定由某地的仲裁机构仲裁且该地仅有一个仲裁机构的，该仲裁机构视为约定的仲裁机构。该地有两个以上仲裁机构的，当事人可以协议选择其中的一个仲裁机构申请仲裁；当事人不能就仲裁机构选择达成一致的，仲裁协议无效。

事海事会议纪要》第 93 条指出，法院在审查仲裁协议对仲裁机构是否有明确约定时，"应当按照有利于仲裁协议有效的原则予以认定"。根据这一审查原则，如何在确认仲裁协议效力案件中把握当事人是否选定仲裁机构，值得关注。整体来看，以下问题的裁判尺度尚待统一。

（一）应在何种行政区划层级上判断仲裁机构是否确定

《仲裁法》第 6 条第 2 款规定，仲裁不实行级别管辖与地域管辖。就应在哪一行政区划层级上判断当事人是否选定仲裁机构，各地法院存在不同认识。例如，仲裁协议约定由"某区（县）仲裁委员会"仲裁，但该县级行政区内并未设立仲裁机构，司法实践中存在两种处理方式。少数法院对仲裁协议文义进行严格解释，认为仲裁协议约定的某县（区）内并无仲裁机构，仲裁协议无效①。更多法院的处理方式是，通过上提行政区划层级来扩张解释仲裁协议：若当事人约定县（区）隶属的地级行政区设有唯一仲裁机构，则认定当事人选定的是该地级行政区内的仲裁机构②；但若该地级行政区内也未设立仲裁机构，则认定仲裁协议无效③。还有个别案例扩大至省级区划范围来认定当事人选定了仲裁机构④。

本文认为，把握仲裁机构确定的行政区划层级，应兼顾尽量认定仲裁协议有效的政策导向与仲裁自愿原则。便捷高效是仲裁制度的优势，亦系当事人选择仲裁的重要考量。根据《仲裁法》第 10 条第 1 款⑤，仲裁机构在地级行政区设立，原则上可在地级行政区内认定当事人是否选定仲裁机构。至

---

① 湖南长沙中院（2021）湘 01 民特 225 号、广东省惠州市中级人民法院（2020）粤 13 民特 102 号。

② 甘肃省高级人民法院（2021）甘民终 273 号、河南郑州中院（2021）豫 01 民特 40 号、江苏省无锡市中级人民法院（2021）苏 02 民特 50 号、江苏省南通市中级人民法院（2021）苏 06 民特 2 号、江苏省常州市中级人民法院（2021）苏 04 民特 28 号、山东省德州市（地区）中级人民法院（2021）鲁 14 民特 29 号之一。

③ 湖北省鄂州市中级人民法院（2021）鄂 07 民特 2 号、四川省广安市中级人民法院（2021）川 16 民特 1 号。

④ 海南省第一中级人民法院（2019）琼 96 民特 43 号。

⑤ 《仲裁法》第 10 条第 1 款规定，仲裁委员会可以在直辖市和省、自治区人民政府所在地的市设立，也可以根据需要在其他设区的市设立，不按行政区划层层设立。

于能否在省级行政区层面确定仲裁机构,应结合争议产生前后的当事人意思表示,谨慎把握,避免为使仲裁协议有效而向当事人强加意志。此外,为避免过度增加当事人争议解决成本,依解释确定的仲裁机构,原则上不应与当事人预期的争议解决地相差过远。

(二)以连接点指示仲裁机构的约定是否有效

不少案件中的仲裁条款并未明确仲裁机构的名称,而是以连接点的方式指示仲裁机构。由于连接点本身可能随合同履行或争议解决情况变动,此类仲裁条款的效力应如何把握,司法实践存在分歧,具体包括以下两种类型。

一类情形是以特定仲裁地位的当事人所在地作为连接点,如仲裁条款约定的仲裁机构为"争议发起方所在地仲裁机构""申请人所在地仲裁机构"。较多法院认为,若争议发生后该等约定指向的仲裁机构能够明确,仲裁协议有效[①]。但也有法院认为,若仲裁机构唯一性的认定将因当事人地位不同而有不同结果,则难以认定仲裁协议有效[②]。本文认为,为更大程度尊重当事人的仲裁合意,对于依仲裁地位指示仲裁机构的仲裁协议,可认为当事人在不同情形下达成了若干独立的仲裁协议。根据《民法典》第 156 条[③],不同情形下的仲裁协议效力可单独认定:若某一情形下的仲裁机构无法确定,可对该情形下的仲裁协议效力作出否定性评价,但法院仍可对其他情形下的仲裁协议效力作出不同评价。

另一类情形是以案件本身的连接点指示仲裁机构,如"合同签订地仲裁机构""合同履行地仲裁机构",此类连接点通常可以查实确定,相关仲裁条款的效力应予肯定。较为复杂的是约定"当地仲裁机构"的情况,"当地"可能被理解为当事人所在地、合同签订地、合同履行地,若不同连接

---

① 辽宁省营口市中级人民法院(2021)辽 08 民特 1 号、陕西省西安市中级人民法院(2021)陕 01 民特 382 号、湖南省湘潭市中级人民法院(2021)湘 03 民特 4 号。

② 北京四中院(2021)京 04 民特 102 号。

③ 《民法典》第 156 条规定,民事法律行为部分无效,不影响其他部分效力的,其他部分仍然有效。

点指向不同地点，应如何认定仲裁协议的效力，司法实践存在不同认识。一些法院以"当地"所指不明直接认定仲裁协议无效①。有的法院则进一步结合合同签订背景、合同性质、仲裁条款上下文等，将"当地"解释为与争议事项关联最为密切的某一地点，并在该地仅设立一家仲裁机构的情形下，肯定仲裁协议效力②。

本文认为，"当地仲裁机构"并非均系当事人因未能选定仲裁机构而作出的模糊表述。在仲裁协议签订时，当事人可能已结合交易背景、交易事项、特定磋商语境等对仲裁机构进行了明确选定，只是因对相关法律概念不够了解而使用了"当地仲裁机构"此类生活用语。当事人约定仲裁，表明其已就争议解决方式的选择达成一致，为更大程度尊重当事人意思自治，可优先通过合同解释规则明确"当地"指向的具体地点，进而确定仲裁机构。但是，对"当地"的解释可能出现两种以上合理结果，为避免实质上剥夺当事人对仲裁机构的选择权，法院不宜将"当地"强行固定为某一地点。如当事人事后未能就仲裁机构选定达成补充协议，此时存在否定仲裁协议效力的空间。

五　结语

经过二十余年的发展，中国确认仲裁协议效力制度日益成熟完备，司法实践逐步形成了以支持仲裁、尽量使仲裁协议有效为基本导向的审查思路和标准，为保障仲裁制度的高效运行发挥了重要作用。但也应看到，当前确认仲裁协议效力案件实践在审查思路和标准上仍有一些待完善的地方。从上文探讨的三个具体问题申发，本文认为可从以下方面加以总结完善。

一是法院在确认仲裁协议效力案件中的审查程度与仲裁庭对实体争议管

---

① 山东省济南市中级人民法院（2021）鲁01民特95号、山东省枣庄市中级人民法院（2021）鲁04民特12号、福建省漳州市中级人民法院（2021）闽06民特4号。

② 陕西省渭南市中级人民法院（2020）陕05民特20号、河南郑州中院（2020）豫01民特123号。

辖权之间的关系。在判断仲裁协议是否成立、仲裁协议对特定争议事项是否有效等问题时，法院往往需要了解案件实体争议的具体情况，由此引发两种审查倾向：一种是为准确判断仲裁协议的效力而对案件实体争议进行全面、深入的审查，从而在相当程度上干涉仲裁庭的管辖权；另一种是为避免干预仲裁庭的管辖权，而在确认仲裁协议效力案件中一概不触及案件实体争议事实。本文认为，上述两种倾向都值得商榷，前者违背了仲裁司法审查的有限审查原则，后者实质上未能履行法院判定纠纷管辖的法定职责。确认仲裁协议效力案件应当兼顾法院行使管辖判断权和避免干涉仲裁庭的管辖权，为此，本文建议确认仲裁协议效力案件应当确立依表面证据进行审查的原则，同时明确法院基于表面证据作出的仲裁协议成立、有效的认定不影响仲裁庭基于实体审理作出其他认定。

二是《仲裁法》与其他法律的互动。一般认为，确认仲裁协议效力是一种程序性的仲裁司法审查制度。在这种制度定位下，不少案件仅依据仲裁法体系内的规则处理确认仲裁协议效力案件，而忽视其他法律对仲裁协议效力的影响，或者忽视仲裁法规则与其他法律规则之间的协调。例如，在前文所述的格式仲裁条款审查实践中，一些法院未能正确把握《民法典》有关格式条款规则在仲裁条款领域的适用，也未能注意与《民事诉讼法》关于格式管辖条款的规则相协调。本文认为，确认仲裁协议效力案件的审查实践要打破部门法的藩篱，遵循由特别法到一般法的法律适用方法，树立融贯协调不同法律规则的体系思维，在法律体系层面准确认定仲裁协议的效力。

三是鼓励仲裁与尊重当事人意思自治之间的平衡。意思自治是仲裁的基石，当前司法实践倡导的"尽量使仲裁协议有效"的理念，其根基与正当性也在于尊重当事人的意思自治。应当看到的是，当事人选择仲裁的合意包含了多个侧面，最基础的层面是选择仲裁作为争议解决方式（以区别于诉讼），在此基础上还有若干次级层面，如选定哪家仲裁机构、适用何种仲裁程序、仲裁地如何确定等。尊重当事人意思自治应当指完整地尊重当事人达成的各个层面的仲裁合意，当前一些案例只注意仲裁与诉讼的区分，而忽视了当事人对如何进行仲裁的合意情况。如在前述关于约定仲裁机构是否明确

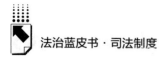
的实践中，一些法院对仲裁机构选择作出的解释和认定，可能实质上背离了当事人关于如何进行仲裁的合意。

2021年7月30日，司法部公布《仲裁法（修订草案）》，其中有关修改仲裁协议效力审查程序、放宽仲裁协议成立与有效条件等内容，拟对现行确认仲裁协议效力制度进行重构性改革①。我们期待，通过本次修法，我国确认仲裁协议效力制度实践能够迈上新台阶，在尊重当事人意思自治的基础上，更加有力地保障仲裁程序的高效开展。

---

① 《2021年度中国仲裁司法审查实践观察报告——主题一：确认仲裁协议效力制度实践观察（上）》，"天同诉讼圈"微信公众号，https：//mp. weixin. qq. com/s？＿＿biz＝MjM5NjA3NDc5 MA ＝ ＝ &mid ＝ 2654724318&idx ＝ 1&sn ＝ f664f920cb524282c695a72eda2c79b3&chksm ＝ bd2184978a560d81f9a30302d23265f375536f1841e984686ec492d21f3de869c9884f750d84&scene ＝ 21 # wechat＿ redirect。最后访问日期：2022年6月30日。

司法体制改革
Judicial System Reform

B.5

从试点到落地：民事诉讼二审独任制的
完善之路

龚　成　黄　迪　杜玉兰*

摘　要： 2022年《民事诉讼法》修改前，审判实践中大部分二审案件实际采用"形合实独"方式进行审理。由于司法实践对制度架构的背离，独任制的效率价值与合议制的民主决策价值在二审中都无法充分发挥。鉴于此，最高人民法院启动民事诉讼繁简分流改革试点，开创了二审适用独任制的先河。本文以成都市中级人民法院2020年二审独任制改革试点运行情况为研究对象，发现二审独任制改革在优化司法资源配置方面具有显著优势，但正式施行后尚有适用案件范围亟须明确、保障监管体系亟须健全等问题。因此，提出通过构建三轮识别机制厘清二审独任制案件的适用范围，通过创新审理方式、赋予当事人异议权、

* 龚成，四川省成都市中级人民法院党组成员、副院长；黄迪，四川省成都市中级人民法院民三庭法官助理；杜玉兰，四川省成都市中级人民法院研究室副主任。

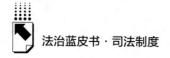

畅通监管机制确保二审独任制的公平与效率，以期对推动改革落地有所助益。

关键词： 民事诉讼 二审独任制 繁简分流

2022 年《民事诉讼法》修改前，二审民事案件一律适用合议制进行审理。但从实践需求来看，法院审级、审判组织、审判程序应当与案件特点进行匹配。疑难复杂案件需要更多的审判力量和更谨慎的决策过程，简单案件则可以压缩审判力量的投入。而且在简单民事案件中，多数当事人期望能够快速解决纠纷，以最小成本维护自身权益。二审民事案件适用独任制可以最大限度提高诉讼效益，以既定的成本和资源消耗，使当事人权益和法院效益都得到有效保障①。针对这些实践需求，本次《民事诉讼法》修改首次提出在二审中适用独任制，打破了审判组织、审判程序和法院审级的一一对应关系，是对二审审判组织形式的根本性变革。为此，最高人民法院在《民事诉讼法》修改前开展了为期 2 年的改革试点，并在最高人民法院印发的《民事诉讼程序繁简分流改革试点方案》（以下简称《试点方案》）和《民事诉讼程序繁简分流改革试点实施办法》（以下简称《实施办法》）中，对二审独任制进行了专门规定。本文通过对成都市法院实践中的问题进行梳理、剖析、总结，在可行性、操作性和保障性层面，对二审独任制改革提出完善建议，以实现效率与公平的有机平衡。

一 二审独任制改革的现实梗阻

为推动司法资源与案件特点精准匹配②，最高人民法院提出在二审中进

---

① 赵雪静：《论我国民事诉讼独任制的适用范围》，广东商学院硕士学位论文，2012，第 43 页。

② 何帆：《完善民事诉讼独任制适用范围应当把握的六个问题》，《人民法院报》2020 年 3 月 12 日，第 5 版。

行独任制改革试点。本文结合成都市中院 2020 年至 2021 年的改革试点运行情况，对 2020 年审结的 20391[①] 件二审民事案件进行实证分析，深入剖析二审独任制改革亟须解决的疑难问题。

（一）缺乏操作标准：二审独任制案件如何识别？

二审独任制的价值在于优化资源配置、提升审判效率，但制约其发挥实效的最大障碍就是二审独任制适用案件范围不明。《民事诉讼法》第 41 条仅规定二审独任审理的案件范围为"事实清楚、权利义务关系明确"，缺乏可操作性。案件范围不明不仅会导致独任制与合议制的界限不明，而且独任制向合议制的随意转换，还会影响当事人对二审审判组织的合理预期，进而对二审适用独任制产生疑虑。试点法院就案件识别进行了诸多尝试，但或多或少都存在问题。

第一，"程序分流员"识别缺乏经济性。最高人民法院提出"设置程序分流员"，由其综合考虑案件性质、案由、标的额、当事人数量、疑难复杂程度、社会关注程度等因素，判断案件繁简难易程度[②]，确定审判组织类型。这种方式需要程序分流员在立案或分案阶段对海量案件的难易程度进行迅速准确的评估、判断和分类，因此需由具备较强审判业务能力的资深法官担任程序分流员。但面对人案矛盾如此剧烈的现实，将资深法官调离一线审判岗位显然缺乏经济性。

第二，承办法官自行识别缺乏主观积极性。二审独任制虽有利于法院整体的审判资源配置，但就个案而言，承办法官本身的工作量并无减轻，反而要承担更大的责任。承办法官作为案件的最终责任人，应当掌握案件审判组织的决定权，但完全由承办法官阅卷后决定审判组织，既会加重工作量，还会加重责任，该模式难以被承办法官主动接受和认可。

---

① 使用关键词"民终"在办案系统中搜索所得，不含立案一庭办理的管辖权异议上诉案件，故文中所称民事裁定类上诉案件，不包含管辖异议上诉案件。

② 最高人民法院在《民事诉讼程序繁简分流改革试点问答口径（一）》第三点中提到设置程序分流员，完善"繁简分流"机制。

第三，具体案件清单识别缺乏现实可行性。在试点中，成都市中院曾由各业务庭根据专业审判经验，提炼形成了包含94种案件具体情况的二审独任制清单，用该清单来识别二审简单案件有其科学性和准确性。但在推行过程中，由于立案数量过于庞大、立案人员不足、审判经验薄弱等，仅靠人工对比清单来进行识别因不具有现实可行性而被迫"流产"。

第四，依靠外部建议识别缺乏可控性。试点中还探索通过当事人建议、一审法院建议等方式确定二审审判组织形式，但该种方法因当事人不愿填写或应付填写，一审上诉事务的办理多由书记员或统一的诉讼保障中心人员填写等原因，并未达到制度设计初衷充分利用当事人、一审法官对案件的了解来确定二审审判组织的效果。

（二）缺乏配套机制：二审独任制案件效果何以保障？

二审独任制的配套措施应当围绕优化资源配置、提升审判效率展开，同时保障审判过程、审判结果、审判监管的高效性与公正性。

第一，二审独任制审理方式的顶层设计与实务操作难以统一。依据《实施办法》第20条（适用于试点期内）以及《民事诉讼法》第176条（适用于试点结束后）的规定，二审独任制均应以开庭为原则，但实践数据的结果恰恰相反。成都市中院2020年审理的4699件二审独任制案件中，有3427件是采取承办人独自调查或书面审理的方式进行，占比72.93%，开庭率仅为27.07%。在司法实践中，囿于案件压力大、法庭数量少、速录员配备不足及法官助理协助办案等因素，承办人一人调查方式较之合议庭开庭具有天然优势，故以开庭为原则在实务中并不受法官青睐。

第二，二审独任制保障监管方式难以自成体系。《实施办法》及《民事诉讼法》均未提及二审独任制案件的结果保障及监督管理。就结果保障机制而言，有38%的案件得到专业审判团队的智力支持，仅有4%的案件进入专业法官会议，没有案件进入审委会。就审判管理监督机制而言，纳入院庭长监管的案件较少，占全部独任制案件的0.38%，仅占全部二审民事案件的0.09%。庭长对独任制案件的监管方式也仅是：指定期限汇报案件进度、要求转为合议制审理、要求提供类案检索报告、要求提交专业法官会议讨论等，与合议制案件的监管并无本质区别。

（三）缺乏制度衡平：何以保障审判组织选择权不被滥用？

《实施办法》未规定当事人对二审案件适用独任制的异议权，《民事诉讼法》修改后也沿用了该观点，但《民事诉讼法》第41条第2款又引入"经双方当事人同意"后适用二审独任制这一规定。虽未赋予当事人对审判组织的异议权，但赋予了当事人对审判组织的选择权。对此问题，实践中也一直存在三种意见：第一种认为，应当赋予当事人对审判组织的异议权，加强当事人在民事诉讼程序中的参与，保障当事人程序权利；第二种意见认为，应当赋予当事人对审判组织的选择权，且该种选择权不应采取推定同意、默示同意的方式予以确定，且应最迟于二审庭审前作出并不允许事后追认，以保障当事人的诉讼处分权；第三种意见认为，审判组织的选择应由人民法院确定，既不应赋予当事人异议权，也不应赋予当事人选择权，恐审判组织的异议权或成为下一个被滥用的管辖异议权，以用来达到拖延诉讼的目的。是否设置审判组织异议权、如何行使审判组织选择权，应在保护权利与防范权利滥用中找到最佳平衡点。

二　二审独任制改革的可行路径

改革试点的价值在于发现问题，并为解决问题提供实证参考和实证支撑。本文通过对改革试点实践数据的总结，希望能够回答二审独任制是否推行、如何推行以及如何保障的问题。

（一）宏观描摹：二审独任制改革试点的审判质效分析

本文首先通过对二审独任制案件的审判质效进行对比分析，回答二审独任制是否应当推行的问题。

第一，从案件数量看，形成"合议制为主，独任制为辅"的二审审判组织新格局。为维系自身的超负荷运作，法院不得不在审判中降低司法的职业化水平和司法程序的技术含量①，采用独任制审理实为迫于无奈的变通之策。成都市中院 2020 年共审结二审民事案件 20391 件（民事裁定类 930 件，民事判决类 19461 件），其中适用独任制审理的案件为 4699 件（民事裁定类 292 件，民事判决类 4407 件），约占全部案件的 23%。

第二，从平均审理时长看，二审独任制案件耗时较短。成都市中院二审合议审理的案件平均审理时长为 106.29 天，而二审独任审理的案件平均审理时长为 62.01 天，较合议制短 44.28 天。二审独任审理的案件中，裁定上诉的案件平均审理时长为 22.62 天，较合议制短 0.69 天；判决上诉的案件平均审理时长为 63.25 天，较合议制短 43.47 天（见图 1）。

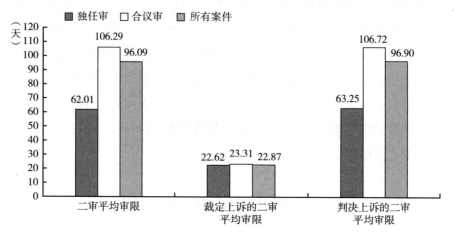

图 1　二审案件平均审限对比

第三，从审判结果看，二审独任制案件的维持率和调撤率较高，发改率较低。二审独任审理案件的维持率为 58.42%，高出平均维持率 3.15 个百分点，高出合议制维持率 4.09 个百分点。二审调撤率数独任制案件最高，二审改发率又数独任制案件最低，仅有 15.13% 的二审独任制案件对一审进行了改判或发回重审（见图 2）。

---

①　蔡彦敏：《断裂与修正：我国民事审判组织之嬗变》，《政法论坛》2014 年第 2 期。

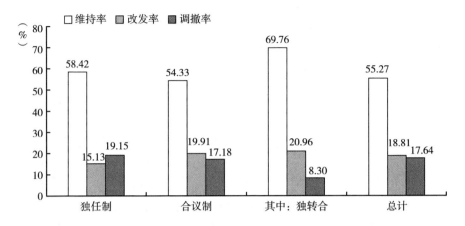

图 2　二审案件结案方式示意

二审简单民事案件独任审理格局初步搭建，在审理时长和审理效果上较之合议制具有较大优势，充分发挥了提升审判效率、优化资源配置的作用。

（二）微观画像：二审独任制改革试点的案件要素分析

其次，本文从微观层面对二审独任制的案件要素进行总结分析，识别具备哪些特点的案件适合独任制，以回答二审独任制案件如何识别的问题。

第一，二审独任制适用率高低与案件难度呈反相关。婚姻家事、劳动争议和买卖合同纠纷等类型化案件，因权利义务关系较为明确或案情相对简单，二审独任制适用率明显较高，分别为 70.83%、53.14%、61.45%；而建设工程施工合同纠纷、装饰装修合同纠纷、商品房预售合同纠纷等案件，因涉及标的额较大或案情较为复杂，适用率均低于 20%，分别为 10.18%、16.55%、19.02%（见图 3）。

第二，诉讼标的额超过 300 万元，二审独任制适用率显著下降。以诉讼标的额为口径对独任制适用率及独转合率进行统计发现，当标的额达到 300 万元以上时，独任制的适用率急剧下滑，低于等于 300 万元的适用率为 29.53%，而高于 300 万元的适用率陡降为 18.28%。同样，当标的额为 300 万元以上时，独转合率也显著攀升，低于等于 300 万元的适用率为 9.37%，而高于 300 万元的陡升为 50.43%（见表 1）。

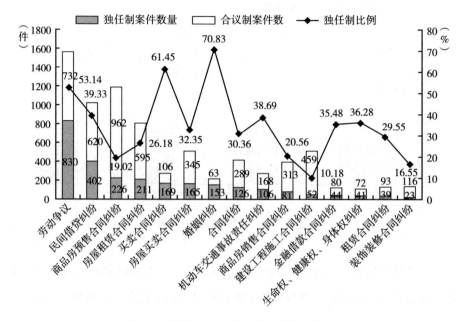

图3　不同案由二审案件的审判组织情况

表1　不同标的额独任制适用情况

标的额 （万元）	独任制案件数 （件）	合议制案件数 （件）	其中:独转合案件数 （件）	独任制适用率 （%）	独转合率 （%）
≤5	943	2217	94	29.85	9.02
>5	3464	8712	543	28.45	13.56
≤10	1431	3615	190	28.36	11.75
>10	2976	7314	447	28.92	13.05
≤50	2952	7311	341	28.76	10.37
>50	1455	3618	296	28.68	16.88
≤100	3610	8821	386	29.04	9.66
>100	797	2108	251	27.45	23.96
≤200	4025	9637	415	29.46	9.35
>200	382	1292	222	22.84	36.70
≤300	4208	10041	435	29.53	9.37
>300	199	888	202	18.28	50.43
≤500	4268	10394	481	29.11	10.13

续表

标的额（万元）	独任制案件数（件）	合议制案件数（件）	其中:独转合案件数（件）	独任制适用率（％）	独转合率（％）
>500	139	535	156	20.68	52.79
≤1000	4353	10671	621	28.97	12.48
>1000	54	258	16	17.33	23.27
≤2000	4394	10845	630	28.83	12.55
>2000	13	84	7	13.45	13.35
总计	4407	10929	637	28.74	12.63

第三，当事人人数与二审独任制适用率呈反相关。当事人为2~3人（或单位）的独任制案件共3994件，占全部独任制案件的85.00%。随着当事人数量的增加，独任制的适用比例显著下降，当数量为4~5人（或单位）时，独任制案件为579件，占比12.32%；当数量达到5人（或单位）及以上时，独任制案件仅为126件，占比仅为2.68%（见表2）。

表2　不同案件的当事人人数情况

	独任制(件)	合议制(件)	其中:独转合(件)
2~3人(或单位)	3994	12511	598
占比(%)	85.00	79.73	84.11
4~5人(或单位)	579	2292	92
占比(%)	12.32	14.61	12.94
5人及以上(或单位)	126	889	21
占比(%)	2.68	5.67	2.95
合计(件)	4699	15692	711

第四，新证据与二审独任制适用未呈明显相关关系。二审独任制与合议制中出现新证据的比例基本持平，独任制案件为1004件，占比21.37%，合议制案件为3719件，占比23.7%。

第五，证人是否出庭与二审独任制适用未呈明显相关关系。从判决类上诉案件数据来看，独任制案件中二审证人出庭的比例为1.75%，虽然略低于一审简易程序上诉的二审合议制案件的 2.33%，但整体差别不大。

第六，当事人诉讼请求与二审独任制适用未呈明显相关关系。一审简易程序判决后上诉的案件中，有 4407 件二审适用了独任制，另外 10929 件适用了合议制。对上诉人的四类上诉请求进行分析发现，无论是发回重审、驳回起诉、全部改判还是部分改判，二审独任制案件与合议制案件的适用占比差别甚微。

案由、标的额、当事人人数等案件要素与二审审判组织的选择密切相关，可作为二审适用独任制的考量因素，而新证据、证人出庭、当事人诉讼请求等案件要素则影响不大。

（三）保障解构：二审独任制改革试点的配套举措分析

最后，本文对二审独任制的配套举措进行概括分析，以回答二审独任制如何有效保障政治效果、社会效果、法律效果三个效果的问题。

第一，审判方式要兼顾程序正义与经济效益。《宪法》第 125 规定："人民法院审理案件，除法律规定的特别情况外，一律公开进行。"而开庭程序正是包含了"公开原则、对席原则、直接原则、口头辩论原则"等的程序场景①。开庭审理能从形式上保证当事人诉讼权利的充分行使，也是司法权威与公正的具象化体现。但国家投入司法资源的目的在于维护法律秩序和社会公正，以保障社会经济生活和政治生活能够顺利进行，国家需要为司法制度运行投入设施成本和人力成本，但不可能无限度地将资源投入司法活动中，司法效率所追求的目标应当是效益最大化，即在投入既定的情况下获得最大的效益，使社会秩序和社会正义得到维持或改善②。因此，在案件量激增、法庭数量不足、员额法官有限的现实语境下，以开庭为原则未能充分体现司法的高效便捷性。

第二，异议权设置要兼顾权利保护与防范滥用。如试点数据所示，一方

---

① 王亚新、陈杭平、刘君博：《中国民事诉讼法重点讲义》，高等教育出版社，2017，第 214 页。
② 姚莉：《司法效率：理论分析与制度构建》，《法商研究》2006 年第 3 期。

面，在未明确赋予当事人异议权的前提下，依然有当事人对审判组织提出异议且存在异议成立的情形，若一律不赋予当事人异议权则难以保障其合法权益。另一方面，当事人提出异议的占极少数，仅有 20 件案件当事人提出了异议，占全部独任制案件的 0.43%，占全部二审案件的 0.1%，若合理设置异议权提出时间节点及适用、排除范围，可有效防范当事人滥用异议权。

第三，保障监管体系要兼顾个性化与融合性。确保案件质量不下滑，是独任制改革必须高度关注的问题。二审适用独任制将增大法官独裁擅断风险，若防范不慎会对司法公正和司法公信力形成另一种威胁，因此亟须采取有效措施来保证案件审理结果并强化监督管理。要在融入传统专业法官会议、审判委员会等结果保障体系及静默化监管、案件质量评查等监管体系基础上，研发适合独任制的个性化保障监管机制，双管齐下打消各方疑虑。

二审独任制案件的配套举措制订应当针对独任审理特点和可能出现的风险点，兼顾可行性与操作性，以确保二审独任制改革的公平性与效率性。

三　二审独任制的保障制度构建

民事司法制度不能满足社会需求已超越国家的疆界成为一种普遍现象，诉讼的高成本、低效能，难以为民众提供及时充分的司法救济①，严重影响司法公信与权威。在案件量激增和司法资源相对紧缺的前提下，二审独任制改革不仅能够满足人民群众多元、高效、便捷的解纷需求，还能全面提升程序效能。为确保二审独任制改革全面推开，有必要设计一套科学、严谨、完备的制度。

（一）准入保障：构建以正负面清单为依托的三轮案件识别机制

设定科学合理的案件识别机制，是发挥二审独任制优势的基本前提，应当审慎把握。一是符合《民事诉讼法》的规定，严格限定在"事实清楚、

---

① 蔡彦敏：《断裂与修正：我国民事审判组织之嬗变》，《政法论坛》2014 年第 2 期。

权利义务关系明确"的一审适用简易程序判决结案的案件及不服一审裁定上诉的案件。二是清单范围明确。采取正负面清单相结合的方式明确二审独任制案件适用范围，便于快速识别。三是可操作性强。由立案或分案人员依据系统提取的案件信息、简单的案件要素识别，有效推进独任与合议的分道。四是严格适用。禁止任意扩大或无限制滥用。基于此，可以构建以正负面清单为依托的"立案初筛—分案复审—审中监管"三轮识别机制。

第一，立案初筛机制。一方面，按照立案系统中可直接获取的"案件标的额+案由"客观标准确定独任制适用正面清单：①不服民事裁定提起上诉的；②一审适用简易程序判决结案的，且诉讼标的额在300万元以下的婚姻家事纠纷、劳动争议纠纷、买卖合同纠纷、机动车交通事故责任纠纷、借贷合同纠纷、车辆租赁合同纠纷。另一方面，将纳入重大立案信息报告范围的二审案件列入独任制案件负面清单，如涉及国家利益、公共利益的；涉及群体性纠纷，可能影响社会稳定的；新类型或疑难复杂的；产生较大社会影响、人民群众广泛关注的等，在二审立案环节作为独任制的排除适用。

第二，分案复审机制。明确几类比较容易识别的案件因素，由分案人员在分案环节进行二次识别，增强精准性。在立案环节被确认为合议制的一审适用简易程序判决结案的上诉案件，存在以下几种情形的，在分案环节应调整为独任制审理：①因未缴纳上诉费，拟按照撤回上诉处理的案件；②对一审认定事实、法律关系无异议，仅对裁判数额、期间提出上诉的；③仅对一审程序问题提起上诉的；④仅对诉讼时效问题提起上诉的；⑤受理时已有示范诉讼裁判结果在先的集团案件。同时，构建分案负面清单，被确定为独任制的案件存在以下几种情形的，在分案环节应调整为合议制审理：①本反诉案件被一审裁定驳回起诉后上诉的；②当事人在二审申请鉴定的；③个案当事人人数达到5人（或单位）及以上的；④适用示范诉讼机制审理的集团首案。

第三，审中监管机制。独任法官、团队负责人、院庭长在案件审理过程中，发现独任案件存在下列情形的，应当及时提起独任制向合议制的转换流程：①涉嫌犯罪，拟移送公安、检察、监察机关的；②缺乏直接证据，拟以间接证据形成证据链、高度盖然性标准认定案件主要事实的；③须适用法律原则作出裁判的；④对主要书证文义解释有重大分歧，足以对当事人权利义务认定有重大影响的；⑤适用自由裁量权过大的；⑥拟提交审判委员会讨论的；⑦拟就法律适用问题向上级人民法院请示的；⑧因一审查明事实不清，拟发回重审的；⑨院庭长在履行审判监督管理职责中认为有必要组成合议庭审理的（见图4）。

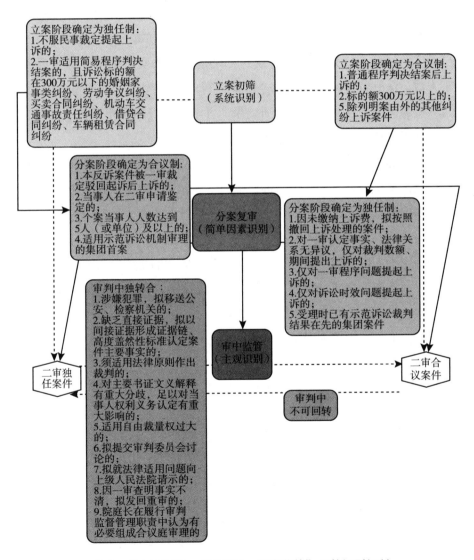

图4　"立案初筛—分案复审—审中监管"三轮识别机制

（二）程序保障：构建兼顾公平与高效的审理机制

第一，确立以调查方式审理为原则。调查方式审理是指由承办法官提前通知各方当事人，在规定时间到达法院调查室，通过公开面见各方当事人，现场审查、质证新证据，结合案件事实进行询问，听取各方当事人的陈述，并在此基础上通过全面审查案件事实作出裁判的审理方式。调查方式较之开庭审理并无实质差别，除时间、地点更为灵活外，亦能达到开庭审理"公开、对席、直接、口头辩论"之目的，仅是在司法实践中囿于案件数量、法官人数、法庭数量、审理效率等因素进行的有益变通。从当事人层面来看，其更为关心的也是案件的实质结果，并非审理场所及审理流程的具化，二审案件以调查方式审理具备现实土壤。

第二，尊重当事人的审判组织选择权。随着二审独任制改革的全面推行，应当高度重视当事人在民事诉讼中的主体地位，有条件的赋予当事人对审判组织的异议权。在适用二审独任审理时，应向当事人及时告知审判组织及其适用依据，询问当事人是否同意适用二审独任制。为保障当事人诉权，防止征询当事人同意流于形式，首先应明确，同意的主体应为诉讼的各方当事人，仅一方当事人同意的，不在《民事诉讼法》第41条第2款规定之列。其次，当事人的同意应以明示的方式作出，不可采用类推同意、默示同意等方式。最后，当事人同意的时间节点应最晚于二审审理前作出，不可通过事后补正的方式作出。

第三，防止当事人滥用审判组织异议权。为防止当事人滥用诉讼权利拖延诉讼，应对当事人对审判组织的异议权进行限制。首先，当事人同意适用二审独任制后，除非案件情况发生特别重大及不可预期的变化，不允许反言。其次，当事人不同意适用二审独任制的，应当说明理由，即该案不符合独任制适用条件的情形。最后，当事人对审判组织形式表示同意后，若主审法官通过审理或院庭长通过审判监督程序发现案件属于《民事诉讼法》第42条规定的不应当适用独任制的情形时，应由法院主动启动审判组织转换程序，出具裁定书并送达当事人。

（三）结果保障：建立多维度的二审独任制保障监管机制

二审独任制的适用并不是"断线风筝"，反而需要牢牢抓住风筝线，将优化审判资源配置的改革目标与"提升司法质量、司法效率"的总体价值追求相结合，关于"放权法官、服务法官、管理法官"的各项司法责任制改革要求，要在独任制改革中一以贯之地执行和落实①。

就结果保障机制而言，紧密结合民事案件繁简分流团队设置，建立"1+1+X 型"独任审判团队，即 1 个独任审判团队内至少配备 1 名资深法官和 1 名中青年法官，既保证团队研讨时的必要智力支持，也有利于优化审判团队层级。对于独任审判团队不能达成一致意见，或涉及裁判尺度统一，但又无须转为合议制的案件，应当提交专业法官会议，充分听取专业法官会议的专业咨询意见。对于专业法官会议仍无法解决的疑难复杂案件等，及时提交审委会研究，充分借助审委会的智慧。

就审判管理监督机制而言，将二审独任制案件纳入案件静默化监管流程、案件质量评查体系、庭长个案监督、廉政风险监督等行之有效的监管模式。此外，畅通独任制向合议制的转换通道，明确独转合的案件清单，独任法官提出转换申请的，庭长原则上应当同意，并根据案件情况，由庭长或团队负责人决定合议庭组成人员的调配，同时在案件系统中进行转换留痕操作。

结　语

二审民事案件适用独任制，是在"诉讼爆炸"与司法资源整体有限的大背景下，从民事诉讼制度层面作出的有益探索。当法律赖以生长的社会基础无法继续维持它的健康时，就应当科学地予以改造。本文在秉持创新性与

---

① 龚成、张引千：《独任制改革试点的发展路径与思路探索》，《法律适用》2021 年第6 期。

稳妥性的前提下，提出二审独任制改革的路径：构建科学的案件识别机制，寻求高效的审理机制，建立完善的保障监管机制，以期为二审独任制全面施行提供操作指南，最终达到独任制与合议制在二审中并驾齐驱、各司其职，并充分发挥独任制在司法效率上的绝对优势。

B.6
经济和职务犯罪案件认罪认罚从宽
实施情况调研报告

福州市中级人民法院刑二庭课题组*

摘　要： 认罪认罚从宽制度整体上给刑事诉讼带来显著成效。但是，福州市两级法院的调研数据表明，在案情相对复杂的经济、职务犯罪中，认罪认罚的诉讼效益受到了限制。本次调研从庭前告知、庭审保障、庭后裁判、判后上诉入手，归纳认罪认罚审判实践中产生的问题。对于当前法律制度框架内能够解决的问题，如完善侦诉阶段全面告知认罪认罚法律后果的告知程序，明确辩护人与被告人分歧意见的程序规则，重申认罪认罚制度在事实查明中的底线，提出对策建议。对于无法解决的问题，"分离式刑事裁判文书"的设计，以及被告人认罪认罚后无正当理由反悔上诉的二审裁判思路，进一步提出构想，并详细阐明理由。

关键词： 经济职务犯罪　认罪认罚　量刑建议　反悔上诉

2018 年 10 月，修订后的《刑事诉讼法》将认罪认罚从宽制度上升为法律规范并在全国推行。随后《关于适用认罪认罚从宽制度的指导意见》（以下简称《指导意见》）、《人民检察院办理认罪认罚案件监督管理办法》（以下简称《监督管理办法》）等规定相继出台。福州市中级人民法院刑事

---

　* 课题组主持人：杨春珊，福建省福州市中级人民法院刑二庭庭长。课题组成员：杨春珊、王奇峰、董昆、吴刚。执笔人：吴刚，福建省福州市中级人民法院刑二庭，法官助理。

审判第二庭就辖区内经济犯罪和职务犯罪的认罪认罚从宽制度运行情况进行调研和剖析，并提出对策或建议。

一 认罪认罚从宽制度运行情况

本次调研对象为福州地区 2018 年 1 月 1 日至 2021 年 12 月 31 日审结的认罪认罚案件，案由限于经济、职务犯罪，即《刑法》第三章"破坏社会主义市场经济秩序罪"（不含侵犯知识产权罪），第五章中的职务侵占、挪用资金、挪用特定款物、破坏生产经营罪，第八章"贪污贿赂罪"及第九章"渎职罪"。数据来源于福州地区各基层法院上报材料，另外通过福建法院审判信息系统、福建法院大数据管理与服务平台，对外围数据进行修正和补充。

（一）基本概况

2021 年福州两级法院共计审结一审认罪认罚的经济、职务犯罪案件 355 件，占一审对应案由总数的 70.16%，同比分别上升 14.15% 和 5.77 个百分点，在 2019~2020 年度出现显著增幅后稳定增长。2021 年基层法院适用速裁程序 10 件，占基层法院认罪认罚案件数的 3.19%，同比分别下降 47.37% 和 3.45 个百分点（见表 1）。

需要注意的是，即使 2021 年认罪认罚从宽制度适用率达到 70.16%，与全国法院同期 85% 以上的适用率①相比仍存在一定差距；就速裁程序适用率而言，仅在福清法院适用普遍，鼓楼、台江、仓山、长乐、马尾、闽清法院偶有适用，其他地区法院四年内均无适用。该现象和经济、职务犯罪疑难复杂的属性有密切联系，但相关法院仍可适时会商公诉机关，对符合法定条件的案件，积极适用认罪认罚从宽制度、启动速裁程序，发挥该制度应有的效率价值。

---

① 最高人民检察院检察长张军在 2022 年 3 月 8 日第十三届全国人民代表大会第五次会议上所作的最高人民检察院工作报告。最高人民检察院官方网站，https：//www.spp.gov.cn/spp/gzbg/202203/t20220315_ 549267. shtml，最后访问日期：2022 年 5 月 9 日。

表1 福州法院经济、职务犯罪一审审结情况概览

单位：件

法院	一审刑事案件数				认罪认罚案件数				速裁程序案件数			
	2021	2020	2019	2018	2021	2020	2019	2018	2021	2020	2019	2018
鼓楼	37	41	83	96	26	31	58	76	0	1	3	12
台江	64	39	38	69	23	12	17	25	0	0	1	4
仓山	51	43	50	84	37	14	7	13	0	1	0	2
马尾	9	8	11	8	7	2	1	0	1	0	0	0
晋安	45	41	51	33	23	30	0	0	0	0	0	0
福清	96	87	68	105	90	55	44	34	7	17	24	16
闽侯	34	35	36	39	28	29	3	7	0	0	0	0
连江	1	36	30	55	1	31	24	35	0	0	0	0
罗源	19	15	28	23	15	13	18	10	0	0	0	0
闽清	26	9	21	26	17	7	2	1	2	0	0	0
永泰	13	9	10	13	11	7	2	2	0	0	0	0
长乐	57	75	59	64	35	55	4	5	0	0	0	5
基层合计	452	438	485	615	313	286	180	208	10	19	28	39
中院	54	45	36	39	42	25	11	5				
两级合计	506	483	521	654	355	311	191	213				

（二）量刑建议运行情况

2021年福州两级法院审结一审认罪认罚的经济、职务犯罪案件中，公诉机关提出幅度量刑建议110件，精准量刑建议248件，同比分别上升5.77%、10.71%，在2019~2020年度出现显著增幅后稳定增长。其中，2021年两级法院认为公诉机关量刑建议不当，建议调整55件，占当年认罪认罚案件数的15.49%，同比分别上升61.76%和4.56个百分点。2021年公诉机关接到建议后，重新调整量刑建议的比例为96.36%，2018年和2019年个别法院向公诉机关发出调整量刑的建议后，公诉机关均未予调整，整体比重偏低的局面彻底被改变。法检两家在认罪认罚量刑沟通程序中不断磨合，逐渐达成量刑共识，成效显著（见表2）。

表 2 福州法院经济、职务犯罪量刑建议情况

单位：件

法院	幅度量刑建议提出数				精准量刑建议提出数				法院建议调整量刑建议数				公诉机关接受建议调整数			
	2021	2020	2019	2018	2021	2020	2019	2018	2021	2020	2019	2018	2021	2020	2019	2018
鼓楼	5	8	32	57	21	22	26	19	10	6	9	12	10	6	3	0
台江	0	3	9	16	23	9	5	5	6	1	3	4	6	1	3	4
仓山	0	0	0	0	37	14	4	12	7	9	2	1	7	9	0	0
马尾	2	2	0	0	5	0	1	0	0	0	0	0	0	0	0	0
晋安	3	4	0	0	20	28	0	0	2	2	0	0	2	2	0	0
福清	71	29	36	27	25	26	8	4	1	0	1	1	1	0	1	1
闽侯	2	12	2	5	26	23	1	1	1	2	0	1	0	2	0	0
连江	0	6	2	3	1	31	20	14	1	0	2	18	0	0	0	0
罗源	1	0	2	2	14	14	16	2	1	4	0	6	1	3	0	0
闽清	1	0	1	1	14	6	1	1	2	0	0	0	2	0	0	0
永泰	4	1	0	1	7	6	2	1	2	1	0	0	2	1	0	0
长乐	15	35	0	0	20	28	3	5	9	5	0	0	9	5	0	5
基层合计	104	100	84	112	213	207	87	64	42	30	17	43	40	29	7	5
中院	6	4	4	2	35	17	2	3	13	4	0	0	13	4	0	0
两级合计	110	104	88	114	248	224	89	67	55	34	17	43	53	33	7	5

（三）审判质效情况

2021 年福州基层法院审结认罪认罚的经济、职务犯罪案件中，被告人提出上诉的有 28 件，认罪认罚上诉率 8.95%，同比下降 1.54 个百分点，比一审刑事案件 25.22% 的上诉率低 16.27 个百分点，息诉服判效果明显[1]，但和全国认罪认罚超过 96.5% 的息诉服判率[2]还存在较大差距（见表 3）。

表 3　福州基层法院经济、职务犯罪上诉情况

单位：件

法院	提出上诉案件数				认罪认罚后提出上诉案件数			
	2021	2020	2019	2018	2021	2020	2019	2018
鼓楼	24	10	26	23	4	3	7	8
台江	24	14	17	30	4	1	2	4
仓山	10	9	18	19	3	1	2	2
马尾	4	0	1	2	1	0	0	0
晋安	19	10	0	0	1	2	0	0
福清	1	24	25	31	1	10	2	3
闽侯	4	8	2	3	3	6	2	1
连江	0	7	5	13	0	2	5	2
罗源	3	1	3	8	0	0	0	1
闽清	3	1	0	1	1	0	0	0
永泰	4	3	6	10	1	2	1	1
长乐	18	10	2	1	9	3	0	0
基层合计	114	97	105	141	28	30	21	22

[1] 2018~2021 年度认罪认罚上诉率均低于一审刑事案件上诉率 10 个百分点左右。其中，2020 年提出上诉的有 30 件，认罪认罚上诉率 10.49%，一审刑事案件上诉率 22.15%；2019 年提出上诉的有 21 件，认罪认罚上诉率 11.67%，一审刑事案件上诉率 21.65%；2018 年提出上诉的有 22 件，认罪认罚上诉率 10.58%，一审刑事案件上诉率 22.93%。

[2] 最高人民检察院检察长张军在 2022 年 3 月 8 日第十三届全国人民代表大会第五次会议上所作《最高人民检察院工作报告》，最高人民检察院官方网站，https://www.spp.gov.cn/spp/gzbg/202203/t20220315_ 549267.shtml，最后访问日期：2022 年 5 月 9 日。

2018~2021年福州中院对下发改认罪认罚的经济、职务犯罪二审案件共计45件，发改率31.03%。其中，2021年对下发改31件，发改率43.06%，较2018~2020年三个年度的总和分别上升121.43%和23.88个百分点，且比2021年全部经济、职务犯罪二审案件发改率高8.79个百分点。近年发改的认罪认罚相关案件中，因事实不清、证据不足发回重审21件，犯罪金额认定有误3件，法律适用有误5件，量刑不当4件，涉案财物处置有误11件；53.33%的被发改认罪认罚案件存在证据和事实方面的问题。此类案件审判质量不升反降，暴露了认罪认罚制度对审判人员产生麻痹大意、疏于细致审理等主观影响，造成潜在错案风险。

二 认罪认罚从宽制度在审判实践中遭遇的难题

（一）侦诉机关认罪认罚的法律后果告知不尽全面

《刑事诉讼法》和《指导意见》关于人民法院建议公诉机关重新调整，甚至不予采纳量刑建议等不利于被追诉人的情形，侦诉机关均未告知。侦查机关向犯罪嫌疑人送达的"认罪认罚从宽制度告知书"中，对于犯罪嫌疑人接受公诉机关所提量刑建议的效力，仅表述为"人民法院一般应予采纳"；公诉机关同被告人签署的"认罪认罚具结书"，亦未明示量刑建议不被法院采纳的情形。前述情况可能导致大部分不具备专业法律知识的被追诉人，产生公诉机关所指控的事实、罪名和量刑，法院必须"照单全收"的错误认识。

在绝大部分简易轻刑案件中，法院对量刑建议的采纳率相对较高，控辩审三方均皆大欢喜，但对于部分案件事实相对复杂的认罪认罚案件，如果审前未全面告知量刑建议不被采纳的不利风险，便与被告人达成精确的量刑合意，无疑将审判阶段补充侦查、开庭审理、庭后合议乃至审委会研究等环节存在的动态因素，转化为审辩双方的矛盾，给案件的正常审理和息诉服判工作带来阻碍。

（二）辩护意见与认罪认罚的被告人存在分歧

实践中，个别被告人已同公诉机关签署认罪认罚具结书，并同意判处实刑的量刑建议；但庭审过程中，辩护人发表判处缓刑的辩护意见。此时对于被告人"认罚"效力的认定，以及是否继续适用认罪认罚制度，产生了不同的看法。

（三）证明标准有所降低，证据体系不扎实

相较于普通刑事案件，经济、职务犯罪的案件事实更为复杂，往往被告人人数多、卷宗册数多、指控笔数多、涉案财物处置难，基于被告人认罪认罚而放松对被告人供述及其他客观证据的审查，极易埋下错案隐患，被告人二审翻供或出现新的证据极易冲击原有的证据体系，致使证据链条无法闭合。

（四）社区矫正评估挤占速裁程序审限

据基层法院反馈，审判阶段委托社区矫正机构进行调查评估，一般耗时两周左右，而《刑事诉讼法》第225条规定速裁程序审限为10日或15日以内，由此导致相关案件审限紧张，尤以侦查、审查起诉阶段均未委托调查评估的案件为甚。

（五）量刑程序不尽完善

福州地区的量刑建议与量刑裁判同样存在不统一的情况。具体表现为：①被告人未被羁押，公诉机关量刑建议为实刑且未明确是否适用缓刑，给法院适用缓刑带来顾虑；②同案多名被告人的案件，公诉机关分别提出精准的幅度量刑建议，合议庭对于全案的量刑平衡更难掌握；③数罪并罚的量刑建议中，公诉机关对决定执行刑期所减少幅度，突破省法院出台的量刑指导性文件，未提供依据和说明；④法院认为量刑建议明显不当，建议公诉机关调整的，偶有既不调整又不回应的情况，径行下判势必徒增遭到抗诉的风险；⑤不同辖区公诉机关，或同一公诉机关内部对于相同情节的量刑建议并不统

一。福州基层法院就认罪认罚案件的量刑建议同公诉机关产生分歧时，偶有径行作出判决的情形。

（六）裁判文书从简程度难以把握

现行法律规范对裁判文书的简化程度语焉不详。《指导意见》第44、46、47条规定，对于适用速裁、简易程序的认罪认罚案件，裁判文书"可以简化"；普通程序认罪认罚的案件，裁判文书"可以适当简化"。在具体操作中，"简化"的底线在哪里，"简化"与"适当简化"的界限又在哪里，证据情况何时可以省略，裁判说理怎样才算精简等一系列问题，因缺少明确指引，使得福州两级法院均无所适从。

（七）对被告人无端上诉反悔的处理存在争议

一审判决作出后，认罪认罚被告人上诉的情形分为两大类：一是有正当理由上诉的，包括认罪认罚不真实、不自愿、不合法，一审判决定罪量刑超出"认罪认罚具结书"合意范畴且明显不当，一审宣判后出现新的事实或证据等情形；二是无正当理由反悔的，即一审定性准确，量刑适当，认罪认罚程序合法，上诉理由无新的事实或证据支持，上诉动机亦不正当。后者为本文着重研讨的情形，并在论证过程中将两者予以区分。

2018~2021年度，福州两级法院1070件经济、职务犯罪认罪认罚一审案件中，被告人提出上诉的共计138件，上诉率12.90%。被告人多以量刑过重为由上诉反悔。截至2022年4月，相关法律法规尚未给此类案件二审程序的启动与开展，作出区别化裁判指引。实践中存在基层公诉机关提出抗诉，二审法院直接加重刑罚[①]，或发回重审后按照普通程序审理加重刑罚的

---

① 例如，微信公众号"淄博检察"2020年8月14日《认罪认罚从宽后上诉又撤诉？法律岂是儿戏》；"岩检在线"2020年5月19日《认罪认罚又反悔？怎样的"神"操作加重了他的刑罚？》；"进贤检察"2022年4月20日《南昌首例！认罪认罚后又反悔上诉？检察机关抗诉二审改判！》。

情况①。福州地区暂无被告人无端上诉反悔而被加重刑罚的发改案件。各级法检机关对此问题未达成共识。经调研,对于认罪认罚的被告人无端上诉反悔的权利是否应予支持,存在以下两种意见。

一种意见认为,《指导意见》第50条对第二审程序的认罪认罚案件作出了相关规定,相关被告人享有完全上诉权。尽管认罪认罚制度的核心要旨在于提高诉讼效率,但在法的价值层面,"效率"需让位于"公正"。认罪认罚制度无法消弭刑事诉讼中事实认定或法律适用错误导致的错案风险,福州基层法院经济、职务犯罪案件存在事实认定确有错误而被发改的认罪认罚案件,故为认罪认罚被告人保留上诉的救济途径仍大有必要,不能顾此失彼。

另一种意见认为,认罪认罚被告人的上诉权应当受到限制。认罪认罚制度初衷在于提高司法效率,被告人在判决前已就案件的定罪量刑与公诉机关达成深度合意,上诉反悔既浪费司法资源,亦是对法律的蔑视。在实践中,存在适用速裁程序的简易案件,当庭宣判之日被告人已符合留所服刑条件,但仍以量刑过重为由提出上诉,在二审提审中经释法说理后拒不认罚撤诉,明显表达滥用上诉权的恶意。受上诉不加刑的限制,除公诉机关抗诉外,既有法律规范无技术性方案可以解决此问题。

三　困境分析及解决路径

(一)完善侦诉机关认罪认罚从宽的告知内容

受律师辩护有效性、量刑事实动态性、量刑规则统一性等因素的影响,被告人的量刑预期、公诉机关提出的量刑建议偏离庭审结果本是正常的诉讼规律。在认罪认罚制度背景下,借由全面告知程序,让被告人对量刑结果形

---

① 例如,微信公众号"浙江检察"2019年2月26日《先认罪认罚博从宽,再不服判决上诉不加刑?有这好事?》。

成理性的心理预期,才能够实现程序正当,避免审判阶段产生无谓的矛盾。

为此建议,在审前阶段,侦诉机关应当完善认罪认罚制度告知书的内容,列明并告知被追诉人量刑建议不被法院采纳的情形;人民法院在送达起诉书副本及开庭审理时,亦应全面告知被告人认罪认罚可能导致的法律后果,释明人民法院建议公诉机关重新调整量刑建议,或不予采纳的情形,并记录在案,以此确认被告人明确认识到量刑建议可能不被法院采纳的风险,确保认罪认罚意思自愿、内容真实、程序合法,否则需适时转换审理程序或庭审模式。

(二)明确被告人、辩护人产生分歧的程序规则

《刑事诉讼法》第37条和《律师法》第31条均规定辩护人根据事实和法律为被告人进行辩护,其立场虽和被告人一致,但二者分别行使的辩护权具有相对独立性,未经被告人确认的辩护意见无法完全代表被告人的意思表示;《指导意见》第7条亦规定,"认罚"是指被追诉人本人是否真诚悔罪、愿意接受处罚。故辩护人所提辩护意见虽应尊重,但一概将辩护人在庭上争取从宽量刑的辩护策略,作为认定被告人"不认罚"的事实依据,有失偏颇。

为此建议:一方面,法庭需要当庭确认被告人是否继续同意"认罪认罚具结书"上的量刑建议,告知其反悔后可能导致的法律后果,并记录在案;另一方面,在量刑评议时,辩护人关于量刑的辩护意见确有事实和法律依据,需要调整量刑或刑罚适用方式的,启动《刑事诉讼法》第201条的量刑建议沟通调整程序。

(三)恪守证据裁判标准的底线

《指导意见》第3条明确规定,证据裁判原则仍然是认罪认罚制度中的基本原则。办理认罪认罚案件,应当以事实为根据,以法律为准绳,严格按照证据裁判要求,全面审查和认定证据。坚持法定证明标准,做到认定犯罪事实清楚,证据确实、充分,防止因被告人认罪认罚而降低证据要求和证明标准。为此提出以下建议。

在证明标准方面，认罪认罚案件的审理仍应遵循证据裁判规则，证据之间需达到确实、充分的程度。基层法院在审理经济、职务犯罪案件时，即使被告人认罪认罚，其有罪供述仍应当有其他证据印证补强，证据之间形成完整、严密的证据链。承办法官在庭审及阅卷过程中发现在卷证据无法达到法定证明标准的，应当及时建议公诉机关补充侦查，排除合理怀疑，以免存疑下判酿成错案。

在事实认定方面，应着重审查关键事实和犯罪金额。一方面，严格审查审计报告的统计思路、指控数额的认定思路，剔除存疑数额；另一方面，充分利用 Excel 办公软件的函数功能进行制表、计算、汇总，留痕计算过程以备复查，从而高效准确认定犯罪金额。此外，应当同等重视涉案财物处置，对随案移送款物的性质、来源、权属展开法庭调查和法庭辩论，听取控辩双方意见，准确予以处置。

（四）完善公检法司衔接程序

为避免缓刑调查程序过分影响简易轻缓案件的审判效率，一是建议加强同侦查、公诉机关的沟通，贯彻落实《指导意见》第 35~36 条关于侦查和审查起诉阶段即可进行社会调查评估的前置性规定。对于拟适用社区矫正的案件，侦诉机关提前委托评估，以便执行机关在审前阶段预先介入了解情况，增强矫正措施的针对性和时效性，缓解调查评估程序给审限带来的压力。对此，2020 年 9 月 28 日福建省公检法司四部门发布的《福建省贯彻〈中华人民共和国社区矫正法〉实施细则》（闽司规〔2020〕2 号）亦作出了详尽的程序规定。若法院在判决前没有收到评估意见，一方面，经审理认为被告人符合法定条件的，可以根据《指导意见》第 37 条的规定直接判处管制、宣告缓刑；另一方面，若没有评估意见难以下判，可以依照《刑事诉讼法》第 227 条的规定转为普通程序或简易程序进行审理。

二是建议多部门协同推进《指导意见》第 25 条关于执法办案管理中心建设的规定。公检法司四部门共同进驻"一体化"办案中心或线上平台，做到速裁案件侦查、审查起诉、社会调查评估、刑事审判"一站式"办理，

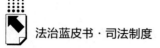

简化工作流程，减少流转环节，推进无缝衔接，实现法律共同体的互通，从工作机制上有效提升诉讼效率。

（五）优化量刑建议的提出方式与制度设计

1. 当前对策

福州地区量刑建议与量刑裁判存在断层，问题源于法检两家量刑逻辑不同步，量刑建议的调整程序不完善。在目前的制度框架内，可以完善公诉机关量刑建议的提出程序及考核方式。

第一，细分精准、幅度刑量刑建议提出的情形。虽然《指导意见》第33条规定公诉机关对于认罪认罚案件一般应当提出确定的量刑建议，但是在认罪认罚推广前期，公诉机关缺乏足够的量刑实践积累，故而对于法官独任审理的认罪认罚案件，量刑建议可以为精准刑；组成合议庭审理的案件，量刑建议应当为幅度刑，避免"一人建议对多人合议"的不对等局面，尊重合议庭的自由裁量权。

第二，增强量刑建议的灵活性。考虑到审判阶段可能出现被告人预缴罚金、退赃退赔等动态量刑事实，公诉机关可以提出附条件的量刑建议，激励被告人进一步认罪悔罪，盘活法院在量刑建议框架内的裁量空间，减少程序沟通所耗费的时间，提高审判效率。

第三，强化量刑建议的说理和统筹指导。一方面，公诉机关依照《指导意见》第33条和《监督管理办法》第6条的规定，严格贯彻落实量刑建议说理工作，在简易程序、普通程序中充分叙明量刑建议。另一方面，还需要上级检察机关落实《监督管理办法》第19条的规定，定期汇总、监督基层公诉机关量刑建议的开展情况，强化内部指导，做到量刑建议尺度在地区内的统一。

第四，完善检察机关内部的量刑建议采纳率考核方式。公诉机关尽到客观中立的审查义务，提出的量刑建议经向法庭充分说理却未被采纳的，不以此作为考核的负向指标，以避免检察人员功利化追求采纳率而致使量刑建议具程序失范、内容失当。

2. 长远建议

更为重要的，是通过立法或规范性文件的形式完善量刑程序，实现求刑权和量刑权的平衡。

一是建立量刑建议会商机制。上级检法两家以会商形式统一量刑建议和量刑裁判的尺度，细化认罪认罚案件的量刑标准，形成专门的量刑指导意见。虽然最高人民法院、最高人民检察院研究制定的《常见犯罪量刑指导意见（试行）》于 2021 年 7 月 1 日施行，此后多家省级法检两院陆续联合出台了相应的实施细则，但针对认罪认罚的量刑规则的制定、落实仍有进一步完善的空间。一方面，在量刑指导意见及实施细则的制定过程中，建议以法院的审判实践为中心，重点明确认罪、认罚和同意适用程序是否作为独立的量刑情节，凸显是否认罪、是否认罚、是否同意适用程序的量刑梯度，统一法检两家的量刑步调。另一方面，在细则的贯彻实施中，量刑程序的启动和推进由公诉机关主导，法院一般应当尊重依照量刑规范所提出的量刑建议。如此既符合法检两家互相配合、互相制约的刑事诉讼基本原则，又可以避免陷入"权力纷争"的僵化局面。

二是畅通量刑建议调整机制。对于法院建议公诉机关调整量刑建议却未获得正式回应的情形，2021 年 12 月施行的《人民检察院办理认罪认罚案件开展量刑建议工作的指导意见》对此进行了一定程度的完善，规定"认为人民法院建议不当的，应当说明理由和依据"；但结合该文件的上下文，理由和依据的说明对象是检察机关内部办案组织，还是法院审判组织，存在歧义。因而建议补充规定，"公诉机关不接受法院调整量刑建议的，应当及时向法院回应并说明理由"，填补法律规范的空白，顺畅法检两家的量刑沟通。法院最终依法不采纳量刑建议的，应在裁判文书中体现量刑心证的过程并充分叙明，包括但不限于被告人量刑情节在个案中所具有的特殊性、全案量刑平衡、近期发生法律效力的同类案件参照情况、量刑建议的调整沟通情况等，避免量刑说理的情节罗列与笼统估堆。

（六）创设"分离式刑事裁判文书"

当前，多省法院司法实践已陆续出现表格式刑事判决书，该种文书只换形式、未简行文，内容和传统文书无异，课题组不认为这能从本质上提升文书的制发效率。传统的速裁程序刑事判决书，包括被告人基本身份信息、公诉机关指控情况、量刑建议、辩方意见、判决理由、法律依据、判决结果、权利告知等要素，据部分法院官方微信发布的图文报道，表格式判决书亦不外乎上述内容①。将传统的文字段落转换成表格，其核心优势仅为阅读便捷，对于文书制作效率并没有实质提升，甚至在文字处理量较大时，如被告人前科劣迹较多、被告人人数较多、指控事实节数较多等简易案件，对表格内容的填充、排版和布局调整，反倒更费时费力。提升文书制发效率的关键乃在内容和行文简化，而非单纯的形式转换。只要坚守司法公正和司法公开的底线，在当前繁简分流的制度背景下，深度探索刑事领域的精简文书做法，不存在理论和制度障碍。

为此建议，不妨对适用速裁、简易程序的认罪认罚案件文书进行极度精简，形成以庭审笔录代替部分文书内容的"分离式裁判文书"，以区分速裁、简易程序的"简化"与普通程序的"适当简化"。

就速裁程序而言，以庭审公开直播为前提，分离式裁判文书包括如下必备要素：被告人基本身份信息，合并公诉机关指控事实和法院查明事实，简要点明被告人认罪认罚情况，概括回应公诉机关的指控罪名和量刑建议，载明判决结果。其余的辩方意见、法律依据、上诉时限等内容，以口头形式当庭阐明并记入庭审笔录。

就认罪认罚的简易程序而言，仍可直接参照前述体例，但针对案件的争议事项、法庭对证据的采纳、认证情况，需要法官当庭说理回应，载入庭审笔录，再由被告人、辩护人签字确认。

---

① 辽宁省鞍山市中级人民法院微信公众号 2020 年 7 月 14 日推文《首发！岫岩法院推行表格式形式判决书》；南阳高新区法院 2020 年 4 月 13 日推文《高新法院首发表格式刑事判决书》。

简言之，文书形式的极度精简，应以庭审笔录对法官当庭采信和释法说理的详细记录为补强，这既能够防止简案庭审沦为"走过场"的形式，也符合庭审实质化的诉讼制度改革要求。另外，极简文书的制发，应以在卷证据达到法定证明标准为前提，如若证据链条无法闭合，合理怀疑无法排除，应及时转为普通程序查明事实，依法裁判。

（七）秉承制度初衷优化反悔上诉的程序构造

1. 基本立场与理由

针对认罪认罚被告人无端反悔上诉的争议，综合既有的刑事诉讼权利保障机制、认罪认罚制度背景、案件审理的社会效果以及全国法院的司法实践，课题组认为，认罪认罚被告人无端反悔上诉的行为单方否定控辩审三方达成的量刑合意，违背诉讼诚信，应受到法律的程序性制裁，其上诉权应当受到一定程度的限制：一方面，在当前法治框架内，认罪认罚被告人无端上诉反悔，且检察机关提出抗诉加重刑罚的，一般支持检察机关的抗诉立场，以制衡被告人的诉权滥用；另一方面，从制度设计的长远考量，应当逐渐直至完全限制相关被告人的上诉权。

第一，目前的一审程序已充分赋予被告人反悔的机会。不认罪、不认罚是其天然享有的辩护权，其在审前阶段有权不签署"认罪认罚具结书"，签署后亦有权要求撤回；认罪认罚的自愿性、真实性、合法性均是审查起诉、审判阶段的重点调查内容。其在刑事程序中享有案件知悉权（告知）、程序选择权（决定是否启动认罪认罚）、实体处断权（量刑协商），并可以主张适用普通程序以证明自己无罪或罪轻，无须待一审判决后再行反悔。

第二，限制认罪认罚无端反悔被告人的上诉权，是公平分配权利义务的必然要求。法谚有云："没有无义务的权利，也没有无权利的义务。"没有义务的权利即为"特权"。当前法律鼓励被告人认罪认罚，赋予其从宽处罚的权利，其便有义务参与司法资源的合理配置，推动刑事诉讼高效平稳运行，在认罪认罚具结的合意范围内进行有限的辩护；而上诉权作为辩护权的内涵之一，受到限制乃是顺理成章。倘若被告人一方面享受认罪认罚从宽处罚带来的量刑优惠，另一方面又在司法机关的默许下恣意上诉反悔，那么认罪认罚制度将沦为别有用心之徒的工具与特权，这对其他认罪但不认罚，或者如实供述但不同意适用认罪认罚程序的被告人而言，有失公允。这并非制度设计者所期待的结果。

换言之，基于传统诉讼模式，不折不扣地维护被告人无端反悔的上诉权，在个案中看似绝对公正、彰显刑事司法的宽容，却经不起横向推敲，类案比较发现反倒突破了法律公正的底线。究其原因在于，"公正"和"效率"作为一对矛盾本就无法调和，而认罪认罚制度又以"效率"为核心价值，势必导致"公正"与"效率"在权利和义务、国家和个人、个案和类案之间的分配产生波澜。

第三，无端上诉反悔的行为缺乏对刑事程序的敬畏，应受到程序性制裁。经过正当程序签署"认罪认罚具结书"，不仅意味着被告人深度参与审前程序，其权利更是借助量刑建议的形式对法院的量刑权产生了预决效力；当法院以判决的形式作出确认，便成为控辩审三方对案件处理达成的合意，该判决一经作出理应立即生效。此后被告人恣意反悔上诉，无异于单方全盘否认一审诉讼的实体和程序效力，造成的程序拖延有违提高诉讼效率、优化司法资源配置的制度宗旨；其滥用权利戏耍司法机关、贬损制度设计的善意、冲击刑事司法权威的行为，且不说是否应受道德谴责，但最起码应当为法律所约束。具体而言，无端反悔上诉的行为，导致上诉人不再具备适用认罪认罚制度的事实基础，法院应作出否定性的价值评判，予以程序性制裁；连带实体方面，因其不再具备认罪认罚从宽处罚的量刑情节，故视实际程序情况对二审个案量刑作出相应调整。

第四，从人性博弈角度考量，限制认罪认罚无端反悔被告人的上诉权，其经过利益权衡才能对认罪认罚作出最真实的意思表示，排除后续不必要的程序耽延。当前，个别被告人为享受量刑从宽待遇而作技术性认罪认罚，上演着口服心不服的"精致表演"，但凡判决结果不符其真实的心理预期，便钻上诉不加刑的"空子"，进一步博取轻判的可能，甚至在二审阶段才提出新的事实和证据，导致诉讼程序回转、拖延。趋利避害是人性本能，如果被告人在作出是否认罪认罚的决定前，知晓被限制上诉的后果，便会在诉讼程序中把握住任何对其有利的机会：要么及早和盘托出，少受程序煎熬，从宽从快一审终审；要么"藏着掖着"，走普通程序接受精密审理，寻求二审救济。

第五，将时间往后推到极致，从制度上限制认罪认罚无端反悔被告人的上诉权，不等于剥夺有正当理由上诉反悔被告人获得救济的权利。被告人有正当理由反悔的，即便其被限制了上诉权，仍可通过再审程序寻求救济。法官亦非圣贤，从不回避案件错判的可能，判决生效后，被告人有权提出申诉，法院在《刑事诉讼法》第253条框架内进行审查，如果导致定罪量刑错误或程序违法的，可以启动再审程序。

2. 当前对策

二审法院需要与检察机关协同配合，以司法裁判的形式对认罪认罚制度的效率价值进行正向引导。

（1）完善认罪认罚具结程序

在认罪认罚制度推广前期，法律并没有对认罪认罚被告人无端反悔上诉的权利进行限制，建议公诉机关在"认罪认罚具结书"中列明没有认罪认罚从宽情节的原始量刑建议，为被告人的利益平衡提供有效参照，具结程序依照《人民检察院办理认罪认罚案件听取意见同步录音录像规定》全程同录，以此有效减少无端上诉反悔的情形。

（2）有正当上诉理由的审理思路

建议着重审查上诉人一审认罪认罚是否真实、自愿、合法，原判定罪量刑是否超出协商合意、明显不当，二审期间有无出现新的事实或证据。正当上诉理由能够成立的，予以采纳，依法改判或发回重审。

（3）无端上诉反悔的审理思路

经审查，相关被告人无正当理由上诉反悔，即一审量刑适当，认罪认罚程序合法，上诉理由无新的事实或证据支持，上诉动机亦不正当的案件，分情况讨论。

第一，检察机关没有提出抗诉的情况。建议在二审裁判文书说理中彰显价值取向，对上诉人无端反悔的行为进行否定性评价，认定其不再适用认罪认罚程序，以此作为程序性制裁；由于其不再具备从宽处罚的量刑情节，鉴于上诉不加刑原则驳回上诉、维持原判。

第二，检察机关以无端上诉反悔为由，提出加重刑罚的抗诉。建议支持检察机关的抗诉立场，剔除上诉人原先认罪认罚从宽处罚的量刑情节，视个案情况全部或部分采纳加重刑罚的抗诉意见。

第三，检察机关以无端上诉反悔为由，提出加重刑罚的抗诉。建议在二审审理期间，向上诉人释明抗诉对一审量刑可能产生的不利后果，上诉人申请撤回上诉的，经审查二审阶段认罪认罚程序正当，申请撤诉亦系上诉人真实意思表示的，经沟通协调，检察机关可以撤回抗诉，全案作撤诉处理。

3. 长远建议

认罪认罚被告人无端反悔的上诉权应当受到限制，在制度设计方面具体建议有二。

一方面，填补上诉不加刑的制度漏洞。将无正当理由上诉而被发回重审的认罪认罚案件，视为《刑事诉讼法》第 237 条第 1 款"发回重审不加刑"的例外情况，贯彻罪责刑相适应原则。该做法在立法成本方面较为经济便捷。

另一方面，根据一审认罪认罚案件所适用的程序划分是否有权上诉。速裁程序的被告人无权上诉；简易程序的相关被告人限制上诉，二审法院仅对认罪认罚的自愿性、真实性、合法性进行审查，审核过滤无端反悔的二审案件，不予立案；普通程序的相关被告人有权上诉。循序渐进，待制度成熟后完全限制认罪认罚被告人的上诉权。

四 结语

法律本是多种价值调和的产物，"公正"作为首要价值，固然需要守护，但法律内部的价值结构随着时代的发展而动态调整，在特定时代的特定案件中，侧重"效率"价值亦无可指摘。从试点探索到立法推广，从《指导意见》的深度指引到《监督管理办法》的自我警醒，近年认罪认罚从宽制度浩荡推进、蓬勃发展，究其原因在于，该制度为刑事司法产生的诉讼效益，已远超对部分案件客观真实和绝对公正的极致追求。这是诉讼爆炸、案多人少背景下的时代选择。可以预见，认罪认罚制度的发展不会就此戛然而止。

法律虽有极限，但人的理性思考无限，法律的极限正是人理性的起点。通过此次调研，课题组试图在既定框架内探索出路，呼吁相关法律规定落实见地；个别长远建议突破了当前制度框架，看似激进，实则为每一位法院人乃至法律人，追求更完善、更周全、更妥当的制度愿景。当然，这需要以顶层设计为指导，统筹全局，根据认罪认罚制度发展的实际需求，进行动态的调整和完善。

B.7
监狱信息公开的法理界定与模式重塑

四川省监狱管理局课题组*

摘　要： 监狱信息公开是现代国家信息公开制度不可或缺的重要内容。由于在功能定位上价值失衡，在法律制度上规制乏力，与政府信息公开混淆不清，以致监狱信息在主动公开上驳杂多端，在依申请公开上无所适从，既损害监狱执法严肃性，也降低刑事司法公信力。有必要对监狱信息公开的价值内涵与法律定位进行法理界定，以监狱信息公开内在的功能价值和法律属性为指引，通过监狱信息公开的法治体系建构、实务结构优化、动力机制革新，主动回应监狱信息公开的法治需求，有效治理监狱信息公开之弊，更好发挥监狱信息公开之用。

关键词： 监狱　狱务公开　司法制度

十八届三中全会作出的《中共中央关于全面深化改革若干重大问题的决定》指出，要"完善人权司法保障制度"，监狱信息公开作为人权司法保障的重要推力，面对公众在工作、生活、科研中涉及监狱信息时产生的日益增长需求，如何消除认知理解误区，如何依法有序供给监狱信息成为亟待回应的现实课题。

---

* 课题组组长：陈志林，四川省司法厅党委委员、四川省监狱管理局党委书记、局长。课题组成员：陈波，四川省监狱管理局党委委员、副局长；屈直俊，四川省监狱管理局政策法规处处长、公职律师；何俊芳，四川省监狱管理局政策法规处四级调研员、公职律师。

一 监狱信息公开的价值内涵

狱务公开作为司法改革的重要内容，是从原则、内容、方法等角度体现的完整制度体系，蕴含了多元的价值导向，应从不同法治视角解构剖析，方能正确认识其内在价值，矫正制度建构方向，纠正外在行为偏差，在信息公开上做到司法的归司法、行政的归行政。

（一）知情权保障视角下的正义价值指引

监狱刑罚执行是现代国家实现矫正正义的重要内容。"司法公正是根据人的感觉为公正和公道的。"[1] 正义并不是空泛的概念，它可以让人全过程感知感觉。"正义的要求，除了包括其他东西以外，还包括了防止不合理的歧视待遇、禁止伤害他人、承认基本人权、提供在职业上自我实现的机会、设定义务以确保普遍安全和有效履行必要的政府职责、确立一个公正的奖惩制度等。"[2] 监狱信息公开在三个方面展现正义价值：首先是制度正义，对罪犯相关的法律制度，如《刑法》《刑事诉讼法》《监狱法》等法律法规应予公布，对涉及罪犯刑罚执行相关制度如罪犯收监、释放的法定条件，罪犯减刑、假释、暂予监外执行的法定条件，罪犯刑事奖惩条件等应予以公布，通过制度的完整公开，让制度可视可见，展现制度正义的魅力；其次是程序正义，如罪犯又犯罪问题的处理程序，罪犯重大立功的奖励程序等，通过公开让过程透明起来，才能让民警执法更有权威性，才能向罪犯及其亲属以至社会有效传递正义理念；最后是结果正义，即对具体适用的结果要及时予以公开，"让人民群众在每一个司法案件中都感受到公平正义"[3]，即以结果的

① 〔德〕黑格尔：《法哲学原理》，邓安庆译，人民出版社，2016，第363页。
② 〔美〕E. 博登海默：《法理学：法律哲学与法律方法》，邓正来译，中国政法大学出版社，2017，第289页。
③ 习近平：《坚持法治国家、法治政府、法治社会一体建设》，《习近平谈治国理政》，外文出版社，2014，第145页。

正义促进公众对个案正义的认同，让阳光狱务助推监狱公正文明，让监狱严格规范公平公正的执法理念积极向社会传递，塑造理性的法治思维和观念。

（二）监督权制约视角下的效率价值增进

监狱信息公开的效率观念表现为惩罚与改造罪犯过程中个人利益保障和社会效益的最大化。监狱信息公开可以打通执行的"肠梗阻"，促进执行效率。司法部于2001年10月12日发布了《关于在监狱系统推行狱务公开的实施意见》（以下简称《实施意见》），提出了狱务公开"注重实效"的原则，于2015年4月1日发布了《司法部关于进一步深化狱务公开的意见》（以下简称《深化意见》），确定了"及时准确"的原则，体现了效率价值。大量事实证明，准确及时发布信息能够提高监狱机关的工作效率。监狱信息公开实施包括两个端口，即信息生成端和信息发布端，两者相辅相成。信息生成端为前置环节，没有信息的生成就没有信息的发布，而信息发布端又对信息生成端形成反压，促使信息生成端及时履职履责，在规定时间内完成事项办理，不能以拖拉不作为来应对信息发布，如此信息生成端事项办理流程运转才会流畅。及时发布信息，监狱执法才能达成政治效果、社会效果与法治效果最大化，广泛获得社会及公众的支持与认同。

（三）行刑权规范视角下的安全价值实现

十八届四中全会将狱务公开历史性地写入决定内容。无论是使用狱务公开语词还是使用监狱信息公开语词，公开已成为新时代监狱文明的重要内容与基本要求。刑罚执行作为刑事司法的重要内容，其本身所具有的惩罚属性与人的权益保障特别是自由之间存在紧张关系，而通过必要合理和依法规范的监狱信息公开，可以维护刑事执行的安全品性，如不得公开国家秘密、工作秘密和个人隐私信息，以及可能妨害正常执法活动或者影响社会稳定的执法信息。从信息公开端来讲，客观上存在公开的范围与限度问题，由此蕴含着选择性公开失当的风险；而从信息生成端来讲，更是执法风险的集中地，信息安全叠加执法安全，信息公开的安全性尤为重要，特别是信息时代，信息公开在信息采集、整理、发布一系列过程中都会不可避免地产生安全问题。监狱信息公开的价值不仅体现个案安全，更会将安全价值向整个社会传递辐射，监狱信息不安全会影响社会安全。特别是"以公开为常态，以不公开为例外"原则的确立，如果符合条件公开的信息未公开，或者该公开事项变成一个不可选择事项，或者不该公开的事项选择予以公开，均有可能引发公众对监狱机关的误读，造成对监狱机关不信任，进一步撕裂监狱形象，造成社会信任危机。因此，慎重选择公开事项，涉及监狱安全问题，无论是不公开还是误公开，即使一起案件给监狱带来负面影响，也可能十起百起司法公开案件都难以修复补救。因此，监狱信息公开要求对信息公开具备更强的认识论证能力，有较强的风险驾驭能力，打好安全的"提前量"，有效维护监狱安全稳定，从而维护个人信息安全与国家社会信息安全，维护和实现行刑权的安全价值。

二　监狱信息公开的现状考察

监狱信息公开的价值准则为重构规则提供了客观考察的不同视角。监狱信息公开要达至价值的平衡状态，需要全面审视监狱信息公开工作涉诉类状况与信息公开实况，有必要比对政府信息公开以发现监狱信息公开存在的问题，并分析厘清相关争议及原因，为监狱信息公开更宏阔、更深入的模式重塑提供解决之道。

（一）主体属性存在不当认识

在中国裁判文书网上检索以监狱及监狱上级管理机关为政府信息公开被告的法律裁判文书，剔除同一原告以相同事由重复起诉、重复文书、乱码等无效信息，统计得出全国法院 2014 年到 2020 年共有涉狱政府信息公开案件27 件①，无年度突破两位数（见图 1）。同一时期以"政府信息公开"为关

---

① 数据来源：中国裁判文书网，https：//wenshu.court.gov.cn/，最后访问日期：2021 年 10 月 10 日。

键词在中国裁判文书网上作主题检索，共检索到 215008 篇文书①，监狱政府信息公开之诉颇为"小众化"。

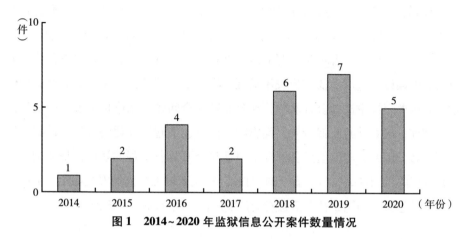

图1　2014~2020年监狱信息公开案件数量情况

全国已有 12 个省（自治区、直辖市）的监狱及监狱管理局出现涉及政府信息公开的诉讼（见图2）。从地域上虽看不出与监狱押犯状况、执法状况、公开状况存在内在关联，其"小众化"形态已说明监狱信息公开存在与政府信息公开的混同问题。

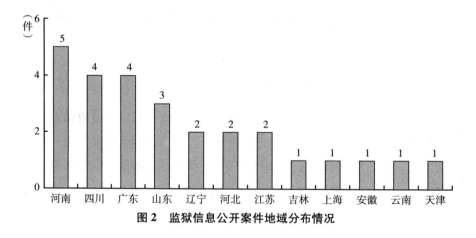

图2　监狱信息公开案件地域分布情况

---

① 数据来源：中国裁判文书网，https：//wenshu. court. gov. cn/，最后访问日期：2021 年 10 月 10 日。

审视监狱信息公开诉讼案件时空分布"小众化"现象背后的逻辑前提，是监狱信息公开与政府信息公开存在主体属性争议，现实困惑在于监狱机关机构性质究竟应归属行政序列还是司法序列。认识上的混淆不清易使各类人员忽视司法行政与监狱机关工作内容的本质差别，更忽略监狱是国家的刑罚执行机关的法律定位，以致从监狱是行政机关这一错误前提出发，依照《政府信息公开条例》向监狱提出信息公开申请，进行行政复议乃至司法裁判。

（二）客体属性存在错误观念

27 件案件中，将监狱列为行政诉讼被告的为 10 件（撤回起诉 3 件）。将监狱管理局及司法厅作为被告的 17 件（撤回起诉 5 件），其中要求公开人事管理、基础建设有关信息的 3 件，其余 9 件均为申请公开罪犯在监狱服刑期间的相关信息。诉求主要涉及十个方面内容（见图 3）。

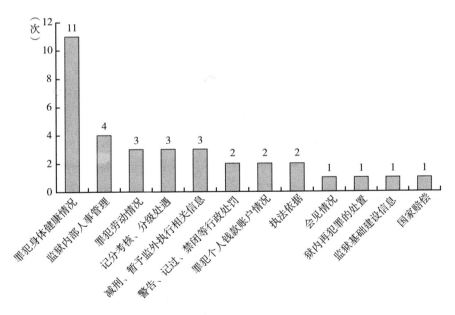

图 3　监狱信息公开案件中原告申请公开的内容次数情况

从申请内容看,83%为狱务信息,3%为政府信息,14%为其他信息(见图4)。案争焦点为所申请信息是否为政府信息与监狱是否为行政机关。可见当事人对狱务信息与政府信息的认识存在一定混同。

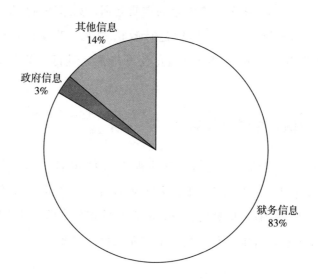

图4 监狱信息公开案件中原告申请公开内容的种类

法院裁定结果包括驳回诉讼请求、同意撤回诉讼请求、不予立案和对信息公开申请作出答复四种情形(见图5),1 件判决被告对原告提出的信息公开申请作出答复案件中,因所申请信息产生于1984 年,法院提出"狱务公开的规范文件,不能成为排除适用政府信息公开条例的依据"[①] 的规范适用理由,说明司法系统亦存在将监狱信息混同为政府信息公开的情况。

上述涉案事由的"狱务化"折射了监狱信息公开存在客体属性争议,将监狱信息混同为政府信息的错误观念不同程度存在。从监狱推进信息公开的涉诉与实务现状看,法院普遍认为监狱信息不属于政府信息,反而部分省份的监狱认为监狱存在部分的政府信息公开职能,还有少数监狱机关认为监狱信息属于特殊的政府信息。三种不同认识带来对监狱信息的认知困惑,特

---

① 信息来源:中国裁判文书网,https://wenshu.court.gov.cn/,郑州铁路运输法院(2018)豫 7101 行初 420 号行政判决书。

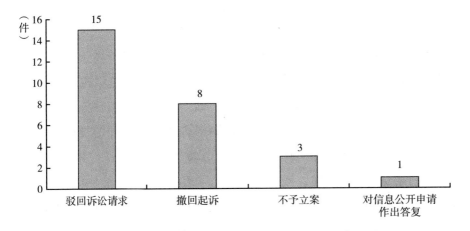

图 5　监狱信息公开案件的审理结果

别是将狱务信息混淆为政府信息的客观存在，往往导致某些法律主体忽视监狱刑罚执行的司法属性，依照《政府信息公开条例》向监狱及上级管理机关提出信息公开的申请、提起行政复议乃至诉讼，甚至作出错误裁判，对刑事法治秩序造成不容忽视的损害。

（三）公开模式存在混乱

在我国监狱的三级管理体制中，各省、自治区、直辖市监狱管理局对政府信息的公开模式做法不一，查询全国 31 个省、自治区、直辖市的 32 家监狱管理局官网，其中有 27 家监狱管理局（占监狱管理局总数的 84%）根据《政府信息公开条例》制定监狱信息公开指南，设"政府信息公开"专栏；有 18 家监狱管理局设"狱务公开"板块，占监狱管理局总数的 56%；有 16 家监狱管理局同时开设了"政府信息公开"和"狱务公开"专栏，两个板块作了明确划分。查阅各监狱门户网站，部分监狱笼统模糊地设定了"信息公开"板块或仅设置了"执法公开""执行公开"板块。不同模式的监狱信息公开易导致狱务信息与政府信息混淆，以致不时出现以《政府信息公开条例》为据向监狱及监狱管理局主张审判公开、检务公开、警务公开、狱务公开。

实务公开模式"多样化"折射了监狱存在依照《政府信息公开条例》实施监狱信息公开的混乱现象，说明当事人对信息公开的相关法律规范存在认识困惑。原因在于《政府信息公开条例》未反向明确不属于政府信息的范畴，因监狱隶属司法行政管理，公众理所当然地认为监狱也应适用《政府信息公开条例》规范和处理信息公开。政府信息公开和狱务信息公开的规定不清晰不周延，加之狱务公开未明确界定依申请公开的具体内容等问题，导致个别公众固执地向政府信息公开领域寻求解决之道。部分地区和单位将政府信息公开集成在监狱门户网站上，也有少数监狱或上级管理机关适用《政府信息公开条例》来处理向监狱提起的政府信息公开申请而形成所谓的伪先例，误导和引发大量的信息公开申请权及后续诉权滥用现象发生，造成监狱信息公开秩序混乱、刑事执法严肃性受到破坏、监管安全性受到干扰、执法公信力受到质疑，负面影响不可低估。

三　监狱信息公开的法律定位

监狱信息公开在实践层面暴露的三方面问题及困惑与监狱对信息公开的定位不清直接相关，为实现保障监狱信息公开权利的价值追求，有必要从对比视角深入厘清其主体、客体和职能三方面的法律属性及定位，以准确把握监狱信息公开实践活动的基本方向和目标任务。

（一）监狱信息公开的主体

在信息公开中，监狱的机关法律属性争议焦点在于监狱机关是否属于行政序列。一种观点采"行政说"，认为属于行政序列，其依据为《监狱法》第10条的规定："国务院司法行政部门主管全国的监狱工作"，而司法部属于国家行政组织体系，处于我国政府序列之中，则理所当然将监狱机关定义为一般意义上的行政管理机构。

持否定论的观点认为，《监狱法》第2条"监狱是国家的刑罚执行机关"的规定已明确监狱机关的法律定位，对监狱机关的法律定位争议主要集中在监狱的上级管理机关，《监狱法》并没有对监狱管理局的法律定位作出明确规定。《监狱法》第 10 条规定，"国务院司法行政部门主管全国的监狱工作"，系国家立法对司法行政机关行使监狱管理权的职能赋予，其管理监狱的权力应是刑罚执行管理权，不能因为司法部属于国家行政组织体系就将其定义为一般意义上的行政管理机构，其涉监狱管理和社区矫正管理部分应视为刑罚执行机关属性。

对于信息公开中监狱机关性质属性的定位，既要考虑监狱实践，也要从权力的性质和来源进行综合评判，需要澄清机构性质存疑部分定位，即监狱管理局的定位问题。毋庸置疑，监狱管理局行使的是对监狱的管理权，而司法厅及司法部作为司法行政机关，涉及监狱管理部分，则亦应归于监狱管理机关权属，不宜认定为对监狱行使的管理权为行政管理权，从根本上讲，涉监狱管理的核心是对监狱履行刑罚执行权的管理。从这一实质意义上讲，监狱管理局、司法厅涉及监狱管理部分可称之为刑罚执行管理机关，其管理权可称为刑罚执行管理权，其权力在性质上仍属于国家刑罚权范畴。厘清监狱及监狱管理机关基于权力性质的机构属性，确定监狱机关在信息公开中的非行政主体性质，则可明确监狱在信息公开工作中不宜适用《政府信息公开条例》处理涉及监狱信息公开方面的事项，也不宜适用《政府信息公开条例》处理监狱管理机关涉及国家刑罚执行权行使方面的信息公开事项。

（二）监狱信息公开的客体

本文涉及的信息主要是"狱务信息"和"政府信息"，二者作为信息公开的客体性质取决于公权力的法律属性，可从信息的来源和形式两个方面分析。

监狱信息公开的客体是狱务信息，《实施意见》和《深化意见》均未对"狱务信息"作出明确的定义和解释。但从概念来讲，狱务是监狱在履行法律赋予的对罪犯进行惩罚与改造的活动中所开展的各项事务。狱务信息包括围绕刑罚执行活动产生的与罪犯服刑活动直接相关的信息，如涉刑罚执行的罪犯收押、减刑、假释、暂予监外执行、释放等的法律法规及相应执行情况，涉狱政管理的罪犯改造表现考核、行政奖惩、通信会见、生活卫生管理等管理制度和考核结果等。因此，狱务信息产生主体是监狱及上级管理机关，其内容产生于刑罚执行过程中，即监狱及上级管理机关在履行惩罚与改造罪犯的刑事职能中产生的。狱务信息公开的法律依据是《宪法》《刑事诉讼法》《监狱法》等，属于刑事法律体系的调整范畴。

《政府信息公开条例》第2条"本条例所称政府信息，是指行政机关在履行行政管理职能过程中制作或者获取的，以一定形式记录、保存的信息"的规定，是从法律上定义了政府信息的概念与内涵，从信息来源即产生的主体看，是行政机关，其来源于履行行政管理职能的过程中，既可能是行政机关自身制作的，也可能是行政机关从其他国家机关、企事业单位等组织以及个人获取的；从信息的形式看，是以一定形式记录、保存的。

可见，政府信息和狱务信息二者属性明显不同，政府信息是行政机关在履行行政管理职能过程中产生的，属于行政法律体系调整范畴，公开前提须信息属于行政法意义上的政府信息。政府信息公开的原则、内容、方式是由《政府信息公开条例》作出规定的。而狱务信息是监狱信息公开的范畴，产生于监狱及其主管机关履行刑罚执行职能过程中，归属于阳光司法部分，不应将二者予以等同，对当事人申请监狱信息公开的不应按《政府信息公开条例》办理。

（三）监狱信息公开的职能

公开信息是为了更好地监督国家机关履行职能职权，让权力在阳光下运行，阳光执法，将公平正义"晒"在人民面前。《政府信息公开条例》第2条明确规定了政府信息源于行政机关的行政管理职能，"行政管理职能也称行政功能、公共行政职能或政府职能，是指狭义的政府即国家的行政机关，依法对国家社会生活各个领域进行管理所具有的职责和作用"①。无论从法律规定还是概念均可看出，政府信息公开体现的是行政

---

① 360百科，https://baike.so.com/doc/162017-171200.html，最后访问日期：2022年3月30日。

管理职能。《监狱法》第 1 条"为了正确执行刑罚，惩罚和改造罪犯，预防和减少犯罪"的规定，则从法律上赋予监狱以刑罚执行职能，而非行政管理职能，监狱信息公开亦应归属和服务于刑罚执行职能。监狱刑罚执行职能是具有司法色彩的特殊职能，其职能定位具有独立性，虽然也有管理职能，但与行政管理职能有本质区别。《实施意见》曾在指导思想和原则中有"向社会公众公开监狱执行刑罚和管理过程中的法律依据、程序、结果和实施监督的方法"等内容。而《深化意见》则明确指出，"狱务公开是刑罚执行工作的重要组成部分"，亦印证此种管理为刑事执法管理。该管理职能内容基于刑罚执行活动产生，包括罪犯从收监到刑满释放的全周期事务管理，与行政管理职能所涉及的政府行政系统对国家政治经济和社会事务进行管理的全部活动具有本质区别，行政管理职能强调的活动主体是行政机关的具体活动，而刑罚执行管理强调的活动主体是刑罚执行机关的具体活动，不能将监狱职能简单定位为行政职能，一旦产生混同，就会产生职能行使不当后果，导致信息公开混乱，危及国家刑事法治秩序与正义。

四 监狱信息公开的模式重塑

价值决定追求，问题决定对策，定位决定方向。拓展和升华监狱信息公开功能，亟待在制度体系、实施体系、保障体系上实现监狱信息公开的模式重塑，理性塑造公正司法、规范司法、阳光司法的实践图景。

（一）制度模式重塑：建构监狱信息公开的法治体系

1. 立法形式应当改文为法

监狱信息公开工作"乱入"条例，既错读了法律，也违背了现实，并非"打开"监狱信息公开的正确方式。从制度视角看，要使监狱信息公开更好地展示和维护严格规范公正文明的执法形象，就必须在立法立制的各个层面实现制度化和规范化，为监狱信息公开提供制度保证。"在中央层面，作为全国政府信息公开主管部门，国务院办公厅至今共发布了 14 份政府信息公开制度配套的文件"①,政府信息公开建立起相对完善的规范体系。审视监狱信息公开领域,显然缺乏相应的法律规章。因此,应由全国人大制定司法信息公开方面的法律,对公安机关、检察机关、审判机关、执行机关(含监狱)的信息公开一并予以规范,明确行使一定刑侦职能的公安机关与管理监狱的机关开展信息公开的法律适用。同时,全国人大也可以对相关机关进行立法授权,从而解决司法机关职责不同的信息公开制度区分区隔问题。监狱可考虑在修改《监狱法》时参照《政府信息公开条例》,写入推进监狱信息公开方面的内容。法律规制的重点应将司法信息与政府信息作明确区隔,列举式具化监狱因实现刑罚职能必要的不予公开信息的范围,较之政府信息公开设定更严格的申请人条件和依申请公开程序,形成监狱信息公开的特定范式,从立法上防止混同于《政府信息公开条例》所谓政府信息带来的监狱信息公开之乱和裁判之难。

2. 具体制度重在固强补弱

在监狱信息公开工作入法的基础上,更需考虑推进监狱信息公开工作的制度配套,作为主管全国监狱工作的司法部,2020年底公告废止了《实施意见》,目前具有指导性质的规范性文件只有《深化意见》,因此有必要对监狱狱务公开工作进行再梳理,在完善主动公开制度规范的同时,重点建立健全依申请公开制度机制。《深化意见》确立了"依申请公开"机制,但在实践中如何操作缺乏具体规范。应建立健全相应实体性、程序性和形式性规则,明确指引依申请公开,切实解决"依申请公开"只见雷声不见雨点的制度之困,从根本上实现监狱信息公开制度的拾遗补缺。

3. 执行机制深化软硬互补

"软法如同一个大而无形的磁场,从程序与实体两个方面悄无声息地导引着硬法实践,有力地强化着硬法的问题导向、需求导向、民主导向、实效导向,从而深刻地影响着硬法的品质与绩效。"② 监狱刑罚执行权源于立法机关

---

① 彭錞:《公共企业单位信息公开:现实、理想与路径》,《中国法学》2018年第6期,第92页。

② 罗豪才、宋功德:《认真对待软法——公域软法的一般理论及其中国实践》,《中国法学》2006年第2期,第8~9页。

创制的《刑法》《刑事诉讼法》《监狱法》等硬法文本，具有执行刚性，而信息公开注重公众知情权的获得，具有一定开放性、民主性与协商性，具有软法属性。刚性法律文件柔性不足，软性法律文件硬性不足，信息公开不能脱离监狱刑罚执行语境作出超越刑罚执行的规制，而监狱刑罚执行也不能借口刑罚权威而秘而不宣，二者应有机结合、互为补益。一方面，要严格依法依规进行监狱信息公开，绝不擅自扩大依法申请公开信息的范围，坚决拒绝超范围的信息公开申请，严肃处置涉违法的信息公开申请，有力保证监狱及有关个人的信息安全，维护国家及监狱的刑事执法权威。另一方面，要始终坚持"以公开为常态，以不公开为例外"原则，加大公开力度，拓展公开范围，不断满足社会公众对监狱信息的普遍需要和特殊主体对监狱信息的特定需求。

（二）技术模式重塑：优化监狱信息公开的实务结构

1.实务起点上注重信息区别处理

监狱信息公开的信息既然属于刑罚执行管理活动过程中产生的信息，关涉国家行刑也关涉社会知情权。严格区分区隔不同信息，理应成为公开的逻辑起点。从信息面向的对象看，包括面向社会公众的信息、面向罪犯亲属的信息和面向罪犯的信息。目前监狱信息公开实行的原则是"以公开为常态、以不公开为例外"，这其实也是《政府信息公开条例》把握的原则，针对不同的对象公开不同的内容。监狱执法管理与行政管理的受众有一定区别，政府的信息具有普遍性、一般性特征，与社会公众具有普遍关联性，监狱信息与监狱执法管理对象密切相关，具有相对性、特殊性，其关联的对象具有明确的特定指向性。在内容的选择上针对不同的对象就应有相应区别，社会公众能获取的信息内容具有普遍性的同时其实也具有限定性，这是由监狱执法管理的特殊性决定的，特别是关涉罪犯具体执法内容，并不适于向所有人公开。对于特定对象群体也有两个面向，即面向罪犯亲属的公开和面向罪犯的公开，罪犯亲属在身份上与罪犯具有关联性，对罪犯亲属公开的内容则需要与该罪犯刑罚执行活动具有相关性，限制在于面向罪犯家属公开的信息也并不是所有罪犯的信息，不能因具有罪犯亲属的身份，就可以公开所有罪犯的信息，如与罪犯没有身份联系的信息、不是罪犯所在监狱的信息等等。因此，需要对罪犯亲属的身份进行识别，对其身份进行审核认证，符合条件的才予以公开。面向罪犯的公开，较之社会公众与罪犯亲属能获取的内容应有较大程度增加，与罪犯相关产生的信息都需要以一定方式公开发布，让罪犯本人能获取自己与狱内活动相关的信息。《深化意见》对不予公开的内容只是原则性规定，即"不得公开涉及国家秘密、工作秘密和个人隐私的信息，以及可能妨害正常执法活动或者影响社会稳定的执法信息"，对此可以作进一步明确，对不予公开的信息可采取列举式规定。对于信息的处理，特别是涉及罪犯本人信息相关内容，要注意识别，涉及狱内重新犯罪案件信息发布，要注意屏蔽罪犯的家庭住址、身份证号码等易于被他人识别或推测出的个人信息，以保护罪犯个人隐私。

2. 实务基点上加大主动公开力度

主动公开是民主政治之必然和必需，更是监狱执法为民的重要体现，亦是监狱信息公开的实务基点。由于受众面较窄、信息发布的分众化程度不高，监狱信息公开的传播力并不强。"狱务透明度最高分 90.85 分，最低分仅为 49.80 分，两者相差 41.05 分，狱务公开水平参差不齐"[1]，前述数据表明监狱信息公开虽已走过 20 年历程，但狱务透明度存在两极分化现象。监狱要切实转变长期形成的自我封闭、关门执法的陈旧观念，遵循信息公开原则，既要遵循法治原则，坚持依法公开，又要做到全面覆盖，应公开尽公开，客观认识服刑人员首先是自然人的角色，让社会公众、新闻媒体和罪犯及其家属的知情权回归法治的轨道。监狱应主动依法公开，增强执法工作的透明度，利用好官方网站主动公开信息的同时，积极建设新媒体平台，降低获取信息的门槛，减少申请量，避免处理公开申请带来不必要的资源浪费，尽量避免卷入信息公开失当的舆论旋涡。

3. 实务重点上落地依申请公开

《深化意见》首次提出了依申请公开的概念，其表述极为简略。在实践

---

[1] 中国社会科学院法学研究所法治指数创新工程项目组：《中国狱务透明度指数报告（2020）》，《中国司法制度发展报告 No.2（2020）》，社会科学文献出版社，2021，第 336 页。

中，监狱以各种理由不予公开或是拒绝答复的现象为数不少，因不满监狱答复而反复提起行政复议、诉讼的情况也时有发生，对依申请公开内容予以重点规制十分必要。对依申请公开的申请人，应主要限定为罪犯及罪犯近亲属，如果申请人不是罪犯及其近亲属，其身份不具有与罪犯服刑活动的直接相关性，则不应向监狱申请公开。若其他公民、法人和社会组织，因生产、生活和社会经济活动需要申请，则应说明理由并提供相应证据且经审查，理由成立的，方可依申请公开。对依申请的内容，则需要明确为与罪犯执法活动内容相关的信息，不能随意扩张监狱信息公开的范围，如当事人向监狱申请监狱民警个人信息，监狱执法工作程序性信息，均应在限制之列。对依申请公开的答复，既要根据申请人的要求作出答复，不能回避，也不能超纲答复，要根据监狱保存信息的实际情况，确定提供监狱信息的具体形式。如果申请人要求提供的监狱信息形式可能危及监狱工作载体安全，也可以采用其他方式提供，如查阅、抄录等。查阅各监狱管理局政府信息公开年报可知，依申请公开工作总体呈现一定增长趋势，也出现要求公开较敏感问题的情况。在实践中，由于公众对监狱信息公开的信息类别、性质、相关程序和规定了解不清，出现部分申请人向监狱提交不符合规定、不能公开内容的信息公开申请，在收到答复和告知后，申请人不满意监狱给出的结果而诉至法院。监狱应采取积极主动方式，在准确区分狱务信息和政府信息的基础上，分类处置，在申请人提出申请时，判定、识别其申请公开信息的性质，准确把握申请人的诉求，设置不同的处置频道，保证申请人正当获取信息。

（三）保障模式重塑：革新监狱信息公开的动力机制

1.组织实施上注重正确履职

政府信息公开强调的是政府责任，从层级责任看是以县级以上地方人民政府为主体。对于监狱信息公开，应以监狱及各级监狱管理机关为主体，建立和完善信息公开工作机构，促进从司法部到监狱正确履行监狱信息公开工作职责，防止与政府信息公开含混不清。各级司法行政机关和各层级监狱管理机关对监狱的职能性质必须坚持《监狱法》的定性，明确涉及监狱刑罚执行部分是作为刑罚执行管理机关的法律定性，引领各级司法行政机关及监狱管理局在法律定性及认识上上下贯通。有关机关及人民法院不应在信息区分上含糊其词，应依法明确监狱及其上级主管机关履行刑罚职能产生和获得的信息不属于《政府信息公开条例》规定的政府信息，防止以程序性理由代替实体审查，通过明晰的裁判引导国家机关和社会公众从二者有意无意的混淆中走出来，以正视听。对于当事人在监狱信息公开中随意提出申请、随意提起诉讼导致的滥权行为，应依法予以清晰明确回应，予以必要训诫，情节严重的可考虑采取限制及取消申请权等惩戒性措施，引导社会公众正确认识和正当行使申请权，维护信息公开价值的正当性。

2. 监督管理上强化考评问效

《深化意见》对监督有原则性的表述，即"强化监督原则。加强内部监督，依法接受检察机关监督，自觉接受人大、政协及社会公众监督，确保狱务公开工作持续健康开展"，除前述监督外，还应充分发挥舆论监督与纪检监察的作用，及时发现和处理民警在执法过程中、信息公开工作中的违法违纪行为。《深化意见》虽然规定了建立健全狱务公开工作考评机制，但无具体操作办法，为此可参考《政府信息公开条例》第46条，要求各监狱建立健全狱务信息公开工作考核制度、社会评议制度和责任追究制度，定期对监狱信息公开工作进行考核、评议，还可以在考核中引入第三方评估机制。信息公开违法追责既需要从制度层面上予以建构，更需要个案追责落实落地。例如，落实《政府信息公开条例》不到位的海南省儋州市商务局局长被处以行政记过及党内警告处分，是中国首个因未履行信息公开责任而被问责的案例，监狱信息公开更应以严格的责任追究达至过硬的公开水平。

3. 救济渠道上止于复查复核

政府信息公开实行的是"行政复议+行政诉讼"的方式进行权利救济，监狱信息公开虽然是保障人民群众更多知情权的有力途径，是保持同人民群众联系的重要方式，是人民群众监督国家机关工作的必要举措，但它并不是包罗万象的信息"提取库"或者"检索库"。特别是刑事司法活动具有不可诉性特征，如对罪犯的减刑、假释活动，最高人民法院定义为一种奖励性质，具有终裁性，若确有错误，也是通过检察院的监督程序提出，并未赋予当事人直接诉讼权利。因此，监狱信息公开对当事人的救济保障也不宜采用"复议+诉讼"方式，宜实行复查复核终裁，即当监狱或其主管机关对落实信息公开不作为、乱作为，或者当事人对依申请公开的答复不服时，可赋予申请人申请复查权和复核权，分别由公开责任机关和上级主管机关进行复查、复核，通过复查及复核终裁，既保证申请人依法获取信息的权利，又防止申请人滥权危及刑事执法秩序，让监狱信息公开在法治轨道上运行，维护和促进法治正义。

B.8
异步审判模式的实践检视与路径优化

苏州市虎丘区人民法院课题组*

摘　要： 异步审判模式从互联网法院向普通法院推广后，对于如何顺利
　　　　　"接入"传统民事诉讼制度，在审判实践中遇到不少困难。异步
　　　　　审判模式突破了时空限制，允许诉讼行为"时空错位"，兼具
　　　　　"书面的外观"和"言词的内在"，具有很强的理论价值和现实
　　　　　意义，其定位不应仅仅是一种特定条件下的特殊庭审方式。从制
　　　　　度逻辑以及程序功能出发，异步审判模式的价值应归位于重塑庭
　　　　　审流程、合理配置诉讼资源以及构建纠纷分层过滤体系。本文基
　　　　　于实证分析，结合司法实践具体现象对异步审判模式的现实困境
　　　　　进行了分析与回应。异步审判模式具有"二段式"特征，搭载
　　　　　不同的程序和规则可以构建并优化多种诉讼图景，"异步庭前询
　　　　　问"+"异步庭审"达到了要素类纠纷"书面审理"的效果，
　　　　　力图实现简单要素类纠纷"书面审理"以及复杂纠纷庭审一次
　　　　　终结的效果。

关键词： 智慧法院　电子诉讼　异步审判模式　异步庭前询问

---

* 课题组主持人：韦炜，江苏省苏州市虎丘区人民法院党组书记、院长。课题组成员：张新
阶、吴娅、李盼盼、周萍萍、刘琼。执笔人：李盼盼，江苏省苏州市虎丘区人民法院立案庭
副庭长；周萍萍，江苏省苏州市虎丘区人民法院审管办法官助理；刘琼，江苏省苏州市虎丘
区人民法院审管办法官助理。

引　言

2019 年 12 月，全国人大常委会授权最高人民法院开展民事诉讼程序繁简分流改革，推动完善电子诉讼规则，异步审判模式由此从互联网法院走向非互联网法院。作为试点法院，苏州两级法院大力推进电子诉讼工作，其中江苏省苏州市虎丘区人民法院（以下简称"苏州虎丘法院"）积极探索异步审判模式，在庭前采用线上非同步、非实时方式进行证据交换和质证，形成完整异步质证报告直接引入庭审环节，实现"线上充分的书面准备程序"与"线上或线下庭审言词辩论程序"充分结合，有效提高了证据交换效果和案件审理效率。

课题组从理论上论述了异步审判模式的程序价值，梳理了中国异步审判模式的发展演进，重点阐释了苏州法院的异步审判模式探索实践及其适用困境，并就进一步完善提出对策建议，以期激发异步审判模式的最大活力和最优效能。

一　异步审判模式的程序价值与发展演进

（一）异步审判模式的程序价值

1. 提升审判质效的现实之需

作为新生事物，学界对异步审判模式的正当性存在较大争议，有观点认为，异步审判模式违反了民事诉讼的直接言辞原则与集中审理原则，影响程序正义。事实上，程序价值不应当被机械运用，直接言辞原则所追求的仪式性和在场性对于多数事实争议不大的案件来说并非必须，降低诉讼成本、提高诉讼效率、增加程序自治才是此类案件审理程序所追求的主要价值[①]。同

[①] 参见段厚省《远程异步审判的程序正当性考察》，《政法论坛》2022 年第 3 期。

时，异步审判模式并不妨碍法官厘清案件事实，是否集中审理不会对法官查明案件事实产生实质影响，庭审步骤的离散也难以左右法官心证，更未剥夺法官在诉讼中的指挥权。

近年来，全国法院案件增长的态势仍未得到根本性扭转。在人案矛盾突出的基层法院，不少民事案件在立案后需要"排队"几个月才能轮到听证或开庭，多数庭审又往往因为当事人准备不充分而需要再次开庭，致使案件开庭次数多、审理周期长。运用现代科学技术节约司法成本、实现司法高效，是人民法院的现实之需。在异步审判模式下，各审判环节分步进行，法院可以灵活安排诉讼进程，法官助理可以协助法官管理异步庭前准备阶段的事宜，让法官专注于审判核心事务。当事人也可完成多轮举证质证、意见交换等，充分的证据交换可让法官及时确认案件无争议事实及争议焦点，提升当事人在法庭辩论阶段的陈述质量，减少无效开庭次数、缩短审理周期，切实提升庭审质量与审理效率。

2. 司法便民利民的创新之举

随着互联网时代的全面到来，人民群众对高效便捷的司法服务需求日趋强烈。虽然在线同步庭审、听证及调解解除了当事人的空间束缚，但并未解除当事人的时间束缚。为更好地满足人民群众对多元司法的需求，异步审判模式应运而生。

异步审判模式中，诉讼参与人只需在规定的期限内，自由挑选合适时间参与人民法院各项审判活动流程，其提升司法服务的群众满意度已初见成效。其一，异步审判模式让当事人可以跨越空间和时间参与诉讼，可借助电子诉讼平台，利用碎片化时间参与诉讼，不用像在线同步诉讼一样有严格的时间要求，降低了当事人的时间和经济成本。其二，异步审判模式也给予当事人一定的准备时间，有效减少证据和观点的突袭，可以让当事人拥有平等的攻击防御机会，保障当事人参与权、表达权、知情权和监督权等权利有效行使，增强了程序的参与性、合理性和公正性。异步审判模式以一种更为经济和有效的方式保障了当事人诉权，极大降低了人民群众的诉讼成本。

3. 深化繁简分流的务实之策

在全面深化司法体制改革大背景下，繁简分流是顺应改革趋势、遵循司法规律的必然选择，但推进繁简分流并非一味求"快"，而是在保证司法公正的前提下追求司法效率。异步审判模式具有衡平司法公正与司法效率的良好效果。为尽快化解矛盾，多数当事人愿意通过调解方式解决诉讼纠纷。异步审判模式中的异步调解具有更为便捷以及有一定思考回应时间等优势，当事人可以在法官或者调解员的指引下在线发表调解意见，并有充分的咨询和思考时间，能够有效分流部分简单案件。

即使通过异步调解程序纠纷未能化解，异步证据交换与调查询问可以帮助办案人员识别简单案件，达到引导纠纷繁简分流的效果；对于疑难复杂案件，其也能在庭前尽快固定无争议事实、确定争议焦点，让法官将更多时间精力投入繁案的事实认定和法律适用等审判核心工作中去。在"调解—证据交换—调查询问—庭审"递进分流下，异步审判模式可实现对矛盾纠纷的精细化过滤，使案件进入诉讼程序后实现"繁简分流、轻重分离、快慢分道"。

4. 规范司法权运行的题中应有之义

对于当事人而言，异步审判模式中，审判人员需要及时披露告知案件争议焦点引导诉讼进程，其非同步性给予了当事人更为充分的咨询和思考时间，有助于当事人通过更多渠道了解案件信息与进程，有效减少信息不对称，进一步保证当事人的程序性权利。对于法院而言，异步审判模式所依赖的信息网络技术具有"刚性"特征，可以有效避免在诉讼活动以及审判监督管理中的"人为"干预因素，办案过程在平台上全程留痕，具有可视化、可备查、可追溯的特性，也倒逼审判人员更加注重诉讼程序规范化，进一步保障案件质量和效率。可以说，异步审判模式不仅拓宽了司法公开的深度与广度，也大大提升了审判监督管理的精细化程度。

（二）异步审判模式的发展进程

1. 初始阶段

中国异步审判模式起源于互联网法院。互联网法院系通过审理涉网案件探索互联网司法之实体、程序和空间治理规则的法院，具有先进成熟的信息网络技术。异步审判模式的探索需要借助电子送达、人脸识别、网络交互平台、无纸化办案等一系列信息网络技术，对电子诉讼技术和手段具有较高的依赖性和要求。互联网法院先进的技术优势为异步审判模式的诞生提供了天然温床，也为互联网法院涉网案件的审理提供了制度便利。早在2018年，杭州互联网法院发布的《涉网案件异步审理规程（试行）》成为全球首部规定互联网异步审理方式的规范性文件。2019年、2020年，广州互联网法院、北京互联网法院也相继开始运用异步审判模式审理涉网案件。

三家互联网法院的异步审判模式均适用于庭审阶段，但是在适用案件范围、适用条件上存在较大差异（见表1）。

表1 三家互联网法院异步审判模式的适用

名称	异步审理	在线交互式审理	非同时庭审
适用法院	杭州互联网法院	广州互联网法院	北京互联网法院
成文规则	《涉网案件异步审理规程(试行)》	《广州互联网法院在线审理规程(试行)》	《北京互联网法院电子诉讼庭审规范(试行)》
规则出台时间	2018年4月	2019年1月	2020年2月
条文数量	全文共计15条	第10章共计7条	第20条
适用审判阶段	庭审	庭审	庭审
适用案件范围	事实清楚、法律关系明确、适合网上审理的民事案件	小额诉讼程序案件	在线审理的所有案件
适用条件	各方当事人自愿申请后由法官决定或法官根据案情、技术条件推送后各方当事人无异议	1.当事人及其他诉讼参与人均已在线认证关联；2.当事人均同意不开庭审理；3.不开庭审理能够查明案件事实	实现同时庭审确有困难，当事人书面申请且其他各方当事人书面同意，并经法院审核

2. 拓展阶段

2020年初，新冠疫情的发生严重影响了法院的正常诉讼工作，许多法院的线下诉讼活动不得不按下"暂停键"，审判机关、诉讼参与人对在线诉讼的需求日趋强烈，非互联网法院也在繁简分流改革与智慧法院建设中寻求电子诉讼的突破与变通。随着各级法院推行电子诉讼的方式不断推陈出新、蓬勃发展，越来越多的法院具备了完成在线诉讼的能力，异步审判模式在上述背景下得以在非互联网法院推广、衍变。根据公开报道，2020 年起，苏州虎丘法院、青岛崂山法院①、厦门集美法院②等均开始探索异步审判模式。

3. 效力明确阶段

最高人民法院于 2021 年 6 月 17 日正式发布《人民法院在线诉讼规则》，明确异步审判模式效力。该规则第 14 条首次确认了非同步在线交换证据的法律效力，第 20 条确认了异步审判模式的法律效力，明确经各方当事人同意，人民法院可以指定当事人在一定期限内，分别登录诉讼平台，以非同步方式开展调解、证据交换、调查询问、庭审等诉讼活动，并限定了该种审理模式的适用条件及案件类型。此后，非互联网法院运用异步审判模式审理案件的实践频频见诸报端。2022 年 3 月，上海高院还建立了省一级在线异步诉讼平台，并出台《上海市高级人民法院关于在线异步诉讼的若干规定（试行）》。

二　异步审判模式的苏州实践

2020 年以来，为克服疫情影响、缓解日益加剧的人案矛盾，苏州两级法院以最高人民法院民事诉讼程序繁简分流改革试点为契机，以便于当事人诉讼和便于法院公正高效行使审判权为指引，大力推进电子诉讼。苏州虎丘法院先行先试、大胆探索，以无纸化办案和审判辅助事务集约化为抓手，在建立电子诉讼全覆盖的技术基础上，构建了"线上充分的庭前书面准备程序+线上或线下庭审言词辩论程序"异步审判模式。

---

① 吕佼、时满鑫：《互联网金融案件审理驶上"快车道"——青岛崂山区法院倾力打造一体化办案平台》，《人民法院报》2020 年 5 月 10 日，第 4 版。
② 《"异步质证"技能解锁！在线搞定庭前工作》，https://baijiahao.baidu.com/s？id＝1662337935461459102&wfr＝spider&for＝pc，最后访问日期：2022 年 9 月 30 日。

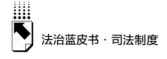

（一）建立电子诉讼全覆盖的技术基础

探索异步审判模式离不开电子诉讼技术的广泛运用。苏州虎丘法院大力推进无纸化办案和审判辅助事务集约化实现电子诉讼全覆盖，为异步审判模式的运用奠定了良好的技术基础。

1. 夯实电子诉讼根基

电子诉讼的应用强调审判活动网络化，实现网上办案，必须有高质量的电子卷宗作支撑。为此，苏州虎丘法院推进办案卷宗无纸化，对当事人在线提供的电子材料或者将当事人递交的纸质材料，及时形成电子卷宗，业务庭利用电子卷宗完成应诉材料制作、送达、处理管辖异议、保全等诉讼行为。该院还专门建立了卷宗中间库，要求扫描人员必须在 24 小时内将纸质材料进行扫描纳入电子卷宗，纸质材料归入中间库，确保全院电子卷宗即时、准确生成。目前，除了部分刑事案件之外，已经实现了审判执行全流程的无纸化运转。

在电子卷宗即时生成的基础上，在全部民商事业务庭、执行局推行审判辅助事务集约化，让司法鉴定、证据交换、财产保全、排期送达等非核心审判事务从核心审判事务中剥离，使法官能更专注于开庭、文书撰写等工作。同时，基于电子卷宗的共享特点，法官、辅助团队可以利用电子卷宗同时开展各自的工作，有效提升工作效率。

2. 实现电子诉讼全覆盖

2020 年开始，苏州虎丘法院以简易民商事案件为切入点推动建设电子诉讼平台，并逐步向全部民商事、行政、执行案件及简单刑事案件推广，逐步实现了诉讼案件类型全覆盖；依托电子诉讼平台，将立案、送达、保全、调解、审理、执行等全部诉讼流程及节点"搬到"线上，实现了电子诉讼技术在诉讼流程的全覆盖。

为进一步提升电子诉讼适用率，该院持续加大宣传力度，通过宣传片、自媒体等多种方式推广电子诉讼；与辖区内 31 家律所和辖区外 5 家律所签署共同推进协议，引导各律所配置参与电子诉讼专门的场所和设施；联合区行政审批局在企业法律文书送达地址承诺确认制度中明确电子送达地址，不断拓展电子诉讼适用的广度与深度。

（二）探索异步审判模式的具体做法及成效

电子诉讼有效提升了法院审理案件和当事人参与诉讼的便利性，但这种模式仍要求双方当事人同时上线。实践中，办案人员也经常会遇到当事人或诉讼代理人反映时间难以协调问题，诉讼参与人的时间交错严重影响了线上听证实效性。为帮助办案人员和当事人更好地灵活利用时间，实现当事人非同步参与听证、调解，苏州虎丘法院探索建立异步审判模式，在庭前采用线上非同步、非实时方式进行证据交换和质证，形成完整异步质证报告直接引入庭审环节，实现了诉讼参与突破时空限制、审理环节无缝衔接、实践运作规范有序的良好效果。

1. 诉讼参与突破时空限制

依托无纸化办案系统自主研发了具有在线诉讼意愿征集、送达地址采集、证据交换、举证质证、调解意见交互、数据提取统计等多重功能的线上异步审判平台，支持移动端和 PC 端同步运用。法官结合具体案情、技术条件等因素选择适用异步审判模式，法官助理将相应案件发布至异步审判平台并推送当事人。当事人或者诉讼代理人根据法院短信发送的网址和登录码进入平台后，根据操作界面上的智能指引，在线上传电子化诉讼材料，随时自助利用碎片化时间完成庭前证据交换。完成异步质证的案件自动生成全案异步质证报告，该报告直接引入电子卷宗供法官查阅，并可直接引入庭审笔录使用，同时支持线上、线下庭审场景应用。

该模式中，诉讼参与各方无须同时在线，当事人可以灵活选择参与时间，法官和法官助理也可以不受排期的限制，充分利用了各方主体的碎片化时间。原先庭前证据交换需要的案件排期、送达、听证等工作也由平台功能自动替代人工操作，案件不再进行庭前听证，且有效避免了因庭前准备不充分导致的多次庭审，为诉讼资源的合理配置提供了更多可能，提升当事人体验及法院的效益产出。

2. 审理环节实现无缝衔接

该院推行的异步审判模式，主要由法官助理负责在平台上进行证据整理、组织举证质证、争点归纳等庭前事务，引导当事人发表诉辩称意见、多轮次举证质证，围绕"证据三性"和案件争点发表意见，有效避免庭审中可能发生的证据突袭。针对劳动争议案件，该院还建立了"问诊清单+异步质证"机制，要求当事人就劳动者入职时间、劳动合同订立、社保缴纳等问题填写要素表，精准缩小案件争议范围。开庭时，法官直接询问各方当事人对自动生成的异步质证报告内容有无更改或补充，不再重复庭前举证质证内容；如需要更改在异步质证环节发表的意见，需要说明合理理由，并经法官准许。通过异步审判平台上传的证据，除当事人要求线下查阅原件或法官认为需要线下核实原件的外，也不需要另行提供证据原件。如当事人有调解意向，可随时在线提供调解方案，并可选择调解方案仅对法院可见或同时对对方可见，法官助理可在线组织当事人调解。

在庭前准备阶段，法官助理可通过异步审判平台，在同一时间引导多个案件进行"一对多"异步质证，完成简单案件的全部证据、复杂案件大部分证据的举证质证工作，查阅异步质证报告初步把握案件走向，引导当事人充分认知诉讼风险、对裁判结果形成合理预期，进而促成当事人调解，避免了法官开庭审理的重复劳动。

3. 实践运作规范有序

根据民事诉讼规范中关于证据交换、书面质证等相关规定以及上级法院改革试点指导意见等，制定出台具体意见及操作规程，规范各诉讼主体参与异步审判的行为，还明确了异步审判模式的适用以双方当事人同意为前提，机制的启动、流程、效果，特别是涉及当事人关键权利义务的事项均需详细释明，证据交换过程中形成的争议焦点及时披露告知，平衡当事人举证质证中的诉讼能力。异步审判平台也设置敏感词屏蔽、敏感图片过滤以及线上诚信诉讼承诺等功能，设置"诉讼指引"模块，法官或法官助理在适用全过程中可随时向当事人发布指引内容，依法对各方当事人的诉讼行为进行适当释明引导，确保异步审判模式规范有序运行。

从实践情况看，该模式有效提高了证据交换效果和案件审理效率。2020年4月至2022年9月中旬，该院共有3925件案件适用该模式进行审理，其中87%的案件实现"一庭终结"，庭审时间可平均缩短20分钟左右，简单案件平均审理天数缩短近三分之一。

三 异步审判模式适用的现实困境

异步审判模式有效克服了诉讼的时空限制，对于提升庭审质量和效率大有助益。但受限于技术支撑、政策支持、群众接受度、诉讼习惯及能力等多重因素，该模式在实践运用中也面临现实困境，值得关注。

（一）适用率较低、发展不均衡

课题组通过互联网检索了22个省、5个自治区、4个直辖市共计31个地区有关法院的文章，发现有19个地区有基层法院适用异步审判模式，12个地区未见任何与异步审判模式有关的宣传。从全国范围来看，异步审判模式的适用率仍处于较低水平。同时，异步审判模式适用存在地域发展不均衡现象。由于异步审判模式的适用需要电子诉讼平台提供技术支撑，东部地区经济发展水平较高，电子诉讼基础较好，异步审判模式的适用率要远高于西部地区。东部13个地区中仅有3个地区未适用异步审判模式，但是幅员更为辽阔的中西部地区却仅有9个地区曾探索适用异步审判模式。

（二）部分办案人员适用主动性较低

异步审判是一个新型的电子诉讼模式，相较于传统诉讼而言，办案人员往往要多花时间庭前联系当事人进行解释，指导当事人安装和使用系统，对系统进行调试，反复填写案件信息等工作。课题组在与一线办案人员的访谈中发现，部分法官、书记员对上述烦琐流程颇有微词，对异步审判有一定的排斥心理。同时，异步审判模式打破了法官原有办案习惯。部分法官习惯于传统同步方式开庭，特别是年龄较大的法官，对线下诉讼有较高依赖性，仍旧习惯于在法庭内面对各方当事人，组织双方举证、质证，进行法庭调查，开展法庭辩论，不愿采用线上方式开展异步审判。办案人员适用主动性较弱，也会降低其向当事人释明或主动引导当事人适用异步审判模式的意愿①。

（三）部分当事人适用积极性较低

异步审判模式是法院推行电子诉讼过程中，主动在庭审方式上谱写的新篇章，但原有思维依然在一定程度上束缚着社会公众。对传统法庭仪式感的尊崇以及"当面对质"的诉讼心理需求，导致部分当事人对异步审判模式存在一定程度的不信任。此外，当前异步审判模式处于探索、发展阶段，部分平台功能尚不健全，诉讼体验感不佳也影响了当事人的适用积极性。不少法官反映，有些年纪稍大的当事人称其智能设备使用能力较差、操作能力欠缺且不具备网络条件，也有些当事人和代理律师明确表示需要将证据当面提交给法官，或者以异步审判缺乏连贯性等影响案件的庭审效果为由，抵触甚至拒绝异步审判模式。

（四）改革探索力度不足

司法实践中，大多探索异步审判模式的法院为基层法院。基层法院技术力量相对薄弱，难以凭借一己之力搭建起先进的异步审判平台及相应的配套程序，探索异步审判模式的积极性不够。即使基层法院能够自行探索、建设相关平台，不仅成本高，而且平台功能也不够健全，很多平台仅能支持部分异步庭前准备程序。与此同时，多数基层法院开发的异步审判平台与内网办案系统还存在壁垒，反复导入数据也增加了法官的工作量，影响平台使用体

---

① 某学者与某地互联网法院法官的访谈。问：是否有很多当事人选择异步审理模式？答：几乎没有当事人选择异步审理模式。一方面，双方当事人不习惯这样的庭审方式，这种审理方式反而增加了法官和双方当事人的工作量，本可以一上午就结束的庭审，可能要持续一天左右；另一方面，庭审效果一般，未能解决双方当事人的争议焦点。参见自正法《互联网法院的审理模式与庭审实质化路径》，《法学论坛》2021年第3期。

验感。

由于二审案件可不开庭审理等综合因素，中高级人民法院对于异步审判模式的需求小于基层法院，往往不会过多关注异步审判模式的适用，也很少就该模式的适用制定相关规则指引，改革支持力度较为薄弱，导致基层法院探索完善异步审判模式的动力不足。

四 进一步优化异步审判模式的意见建议

（一）明确异步审判模式的程序定位

根据《人民法院在线诉讼规则》第 14 条、第 20 条的规定，可将异步审判模式分为异步庭前准备程序与异步庭审程序两部分，前者指案件在开庭审理前，法院为正式庭审所做的异步调解、异步质证、异步调查询问等准备工作，后者则是庭审环节的异步审理。两者在适用范围与参与方式上存在差异，异步庭审准备程序仅需当事人同意，且未限定参与方式；异步庭审程序则需要同时符合当事人同时在线参与庭审确有困难、一方当事人书面申请、各方当事人均同意，案件经过在线证据交换或调查询问，案件主要事实和证据不存在争议的条件，且需以录制视频方式参与。

对于异步庭前准备程序，法院可以大胆探索，无论是金融借款合同纠纷、物业合同纠纷等简单案件，还是劳动争议纠纷、建设工程合同纠纷等复杂案件，均可以通过异步调解提升调解便捷性，通过异步质证实现证据充分交换，通过异步调查询问固定案件无争议事实。在充分的异步庭前准备程序后，再根据案件具体情况选择嫁接不同庭审方式。对于符合异步庭审程序的案件，法院和当事人可以在指定期限内，按照庭审程序环节分别录制参与庭审视频并上传至诉讼平台，非同步完成庭审活动。对于不符合异步庭审程序的其他案件，法院可通过异步庭前准备程序，减少庭审环节举证质证、法官主持调解的工作量，最大限度避免证据突袭，再通过一次集中的同步庭审，让审理者与当事人双方直接互动，听取、询问当事人双方的主张、辩论，保障当事人的陈述权，在精准衡平司法质量与效率的同时，释放紧张的司法资源，激发异步审判模式的制度效能。

（二）结合要素式审判探索深度运用

与异步庭审程序相似，要素式审判也大多适用于事实清楚、权利义务关系明确、当事人争议不大的简单民商事案件。非互联网法院在推进异步审判模式深度运用时，可以将其和要素式审判相融合，并探索以文字形式参与异步庭审程序，一定程度上达到"书面审理"的效果。

1. 适用范围

鉴于案件类型众多且互有差异，依据案件类型来确定要素式异步审判模式的案件适用范围不具有可操作性，宜采用原则性规定来划定其适用范围。具体来说：第一，事实清楚、权利义务关系明确、争议不大的金钱给付类民事案件；第二，参照各地法院对小额诉讼案件争议金额的规定，案件争议金额宜为各省、自治区、直辖市上年度就业人员年平均工资五倍以下；第三，案件要件事实应具有单一性，适宜要素式审判；第四，没有不宜适用异步审判模式的其他情形。在满足上述条件的情况下，法官可根据案件类型等具体情况选择是否启动要素式异步审判模式。

2. 适用流程

针对可适用要素式审判的小额诉讼程序及简易程序案件，在确认各方当事人对于案件主要事实不存在争议的情况下，法院根据当事人的申请或向当事人释明并取得同意后，适用异步审判模式。

根据当事人请求权差异，在电子诉讼平台预先设定要件事实证明要求并引导当事人举证质证，同时按照请求权的基础规范构成要件，在平台预先设定涉及案件要素事实的询问问题。当事人根据平台引导完成各自部分的答辩、举证、质证、询问等环节，理清案件要素事实。法官在查阅电子诉讼平台证据及当事人陈述、询问后，固定原告诉讼请求、归纳被告答辩意见、固定案件无争议事实，根据案件具体情况决定是否引导当事人补充举证质证、是否补充询问。

法官根据认定的事实与相应法律规范要件作出裁判。裁判以当庭宣判为原则,以定期宣判为例外。当庭宣判的案件,可适用"分离式裁判"机制,将裁判文书、裁判事实理由与裁判主文相分离,案件查明事实及裁判主要理由仅在庭审笔录或宣判笔录中予以明确,裁判文书只载明裁判结果,庭审笔录随裁判文书送达各方当事人(见图1)。

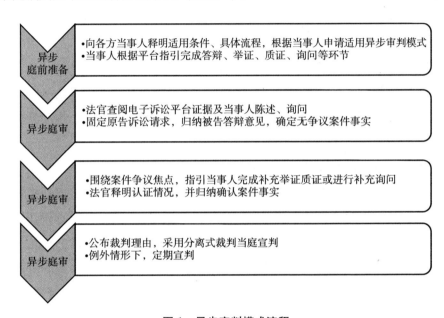

图1　异步审判模式流程

(三)强化异步审判模式的制度配套

1. 提高公众可接受度

加大对异步审判模式的宣传力度,引导诉讼参与人充分认识异步审判模式的灵活性、便捷性及易操作性,同时制作简单易懂的平台操作流程指引,在立案及送达应诉材料阶段即完成异步审判告知及流程指引事宜。对行政机关、金融机构、律师群体等先天具有电子诉讼能力和条件的特定主体,以签订协议、出台文件等方式,明确要求其优先选择适用异步审判模式。进一步加强与律协合作,以律师群体作为切入点,充分发挥律师的带动推广效应,

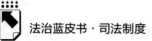

从而引导更多的当事人接受异步审判模式，提升异步审判模式的适用率。

2. 加大改革支持力度

在基层法院已经初步探索异步审判模式、建立异步审判平台的基础上，加强上级法院的统筹协调，对基层法院的改革进行整合并逐步推广，尽量避免重复建设。强化对一线法官的培训力度，提高其使用异步审判模式的主动性和实操能力，让法官们切实感受到技术带来的便利与司法效率的提升，从而更新办案理念、改变原来的审判思维和模式。广泛听取办案人员、当事人各方面的意见建议，打通内外网数据壁垒，让平台的功能和使用操作界面、流程更加简化、优化。同时，还应充分发挥考核指挥棒作用，鼓励基层法院积极探索、不断改进异步审判模式，及时总结经验、提炼规则，推动异步审判模式日臻完善。

3. 更新审务督查与审判管理方式

审判监督管理模式与审判执行工作方式如影随形，审判监督管理模式需要适应智慧法院建设背景下审判执行工作的新要求。为适应异步审判模式，审判管理部门、督查部门应加大信息技术在审判监督管理领域的应用力度，实现对审判执行案件全部流程节点的实时、可视化管理，多途径提升适用异步审判模式的案件质效水平、规范审判权运行。

结　语

通过信息网络技术对司法赋能，助力法院快速高效地接收、审查、传递和处理数量庞大的诉讼信息。尚处于起步阶段的异步审判模式虽然面临突破直接言词原则、集中审理原则的质疑，也遭遇了公众接受度低、发展不均衡等现实困境，但随着改革经验的积累、电子诉讼技术进步和公众诉讼理念习惯的改变，异步审判模式的瓶颈最终也将被打破。苏州法院的成功实践充分证明了异步审判模式在审判实践中适用的可行性与优越性。接下来，苏州法院将进一步深化智慧法院建设，推动异步审判模式持续优化完善，为人民群众提供更为高效便捷的司法诉讼服务。

司法实践经验
Judicial Practice Experience

B.9
民事非诉执行检察监督精准化路径探寻

摘　要： 检察机关开展的民事非诉执行监督，与民事诉讼执行监督相对应，是民事检察的重要组成部分。当前，有的检察机关对民事非诉执行监督特殊规律的关注不够，对其内涵界定、监督性质确定、监督标准掌握、监督对象选择、监督方式运用、监督时机把控等方面还存在模糊认识，迫切需要从理论、实践、制度等层面进行深入细致的研究论证，以指导民事非诉执行监督实践纵深推进。

关键词： 民事非诉执行　检察监督　检察改革

引　言

2018 年 10 月 24 日，最高人民检察院在第十三届全国人民代表大会常

---

* 常国锋，北京市人民检察院第四分院副检察长；刘长江，北京市人民检察院第四分院第三检察部副主任。

务委员会第六次会议上所作的《关于人民检察院加强对民事诉讼和执行活动法律监督工作情况的报告》明确指出："部署开展民事非诉执行监督专项活动，重点监督民事非诉法律文书执行中的违法情形，并以此为切入点，从源头上促进仲裁和公证严格依法规范进行。"2021年8月1日新修订的《人民检察院民事诉讼监督规则》第119条首次明确了检察机关的民事非诉执行监督职能。作为国家监督体系的重要组成部分，检察机关依法能动履行民事非诉执行监督职能，既监督人民法院执行活动在法律的框架下运行，亦通过"穿透式"监督虚假仲裁、虚假公证等违法情形，推动仲裁、公证等非诉讼解决机制健康有序发展，是做强民事执行监督，甚至民事检察监督的重要抓手。

一 民事非诉执行监督的内涵界定与职能定位

"法律概念可以被视为是用来以一种简略的方式辨识那些具有相同或共同要素的典型情形的工作性工具。"[1] 学理概念甚至正在发展中的实践概念称谓亦然，其中心含义应该清楚和明确。民事非诉执行监督的概念，或称内涵，是检察机关立足民事检察职能定位、切实履行法律监督职责、以推动相关工作纵深开展的逻辑起点。准确把握其职能定位，则对实现刑事、民事、行政、公益诉讼"四大检察"全面协调充分发展，推动与其他各类监督有机贯通、相互协调，提高法律监督能力水平，助推国家治理体系和治理能力现代化意义重大。

（一）民事非诉执行监督的内涵外延界定

中国现行法律、司法解释和规范性文件等没有对"民事非诉""民事非诉执行"作出明确规定，《最高人民法院关于适用〈中华人民共和国民事诉讼法〉的解释》采用的是"非讼"的表述。而"非讼"在学理上亦可找到

---

[1] 博登海默：《法理学：法律哲学与法律方法》，中国政法大学出版社，2004，第501页。

依据，"非讼案件是指利害关系人或起诉人在没有民事权益争议的情况下，请求法院确认某种事实和权利是否存在，从而引起一定的民事法律关系发生、变更或消灭的案件"①。其主要包括三种样态②：①《民事诉讼法》明确规定其适用的具体程序，如除选民资格案件以外的特别程序、督促程序以及公示催告程序等；②由公证机构、仲裁机构或者政府部门适用的程序，如遗嘱公证、商事仲裁、收养登记等；③在民商事实体法中规定由法院处理，但是《民事诉讼法》并未对这些程序设置具体的程序规则，如清算方案的确认等。

"民事非诉""民事非诉执行"概念或者术语的产生，借鉴了"行政非诉""行政非诉执行"的表述，系来自检察实践的"发明创造"③。自 2018 年 3 月 1 日起，全国检察机关开展了为期近 2 年的民事行政非诉执行监督专项活动，该专项活动的实施方案将民事行政非诉执行"解构"，并分别明确了民事非诉执行监督、行政非诉执行监督的重点，其中民事非诉执行监督重点"关注仲裁、公证机关是否依法出具仲裁调解书、裁决书及公证债权文书"。因此，严格讲，"民事非诉"不是法律概念，甚至不是学理概念，而是民事检察监督实践中对"所有未经过诉讼程序审理的案件"之统一称谓。但是，从理论层面、法律层面看，其与民事非讼的内涵是一致的。

同时，民事非诉、民事非诉执行亦是开放的概念。最高人民检察院《关于 2018 年度全国检察机关民事非诉执行监督专项活动情况的通报》在

---

① 廖中洪：《制定单行〈民事非讼程序法〉的建议与思考》，《现代法学》2007 年第 3 期，第 131 页。

② 参见陈秀荣《论我国民事非讼程序的完善》，《福建警察学院学报》2015 年第 2 期，第 58 页。

③ 通过中国知网，分别以民事非诉执行为篇名、主题、关键词、摘要，检索出的文章数目均为零，通过全文检索，方检索出文章 8 篇。其中，4 篇为检察机关工作报告，1 篇为检察人员专访，2 篇题目为《行政诉讼检察监督研究》，而《广西民间借贷案件执行改进措施研究》（2018 年 11 月）在"解决民间借贷案件执行难的措施"中建议，"推动建立全国执行与监督信息法检共享平台……深入推进民事非诉执行监督专项活动"亦是以强化民事检察监督为视角，因此上述文章均体现了检察机关的经验与智慧。最后访问日期：2021 年 10 月 27 日。

"准确把握非诉执行内涵外延，适度扩展非诉执行监督范围"中明确要求，将"确认调解协议案件、实现担保物权案件、督促程序案件的执行纳入专项活动监督范围"。当然，有观点或认为，此处没有"等"的表述，不能得出民事非诉执行为"开放领域"的结论。事实上，上述通报的初稿是存在"等"的表述的，如保全裁定的执行亦属于民事非诉执行，只是由于该通报发布时专项活动已开展过半，应将主要精力放在"继续深化对公证债权文书、仲裁裁决执行的监督"方面，因此没有完全开放，而是采用"适度扩展"的方案①。

从监督职能定位看，民事非诉执行监督主要以民事非诉执行为监督对象，因此其内涵一定程度上由民事非诉执行内涵决定。首先，《最高人民法院关于适用〈中华人民共和国民事诉讼法〉的解释》第378条规定的"适用特别程序、督促程序、公示催告程序、破产程序等非讼程序审理的案件"，可以作为界定民事"非诉"执行监督的参考；其次，最高人民检察院《全国检察机关民事行政非诉执行监督专项活动实施方案》划定的上述监督重点可作为该内涵的主要组成部分；最后，从基本属性出发，将所有未经过诉讼程序审理的案件执行，均纳入民事非诉执行的监督范畴，包括但不限于诉前或诉中保全裁定、确认调解协议、实现担保物权、督促程序案件的执行等。

综上，民事非诉执行监督的内涵可界定为：检察机关对人民法院执行仲裁裁决、公证债权文书以及支付令等非讼法律文书进行法律监督的活动。

（二）民事非诉执行监督的职能定位

以民事非诉执行监督专项活动为标志，检察机关开始对其特殊规律的高度关注。但是，其职能定位究竟如何，检察实践中存在模糊认识，集中体现在能否对作为执行依据的仲裁调解书、仲裁裁决及公证债权文书等开展监

---

① 笔者参与了该通报的撰写，并得到最高人民检察院第六检察厅有关领导的明确指示后删除了"等"的表述。

督。对此，可从如下三个维度进行解读。

1. 民事非诉执行监督，系民事检察的重要组成部分

从职能定位看，民事非诉执行监督属于民事检察即民事诉讼监督的重要组成部分。检察机关开展民事非诉执行监督，监督的对象为人民法院的执行活动，而非公证机构的公证活动、仲裁机构的仲裁活动，检察机关不能脱离职能定位，游离监督对象开展"法外"监督，这是检察权作为公权力的法定性、作为司法权的谦抑性决定的。因此，检察机关应立足职能定位，通过包括民事非诉执行监督在内的民事诉讼监督，切实履行法律监督职责。

2. 检察机关可对作为执行依据的民事非讼法律文书进行"有限"监督

其一，当事人单方或者与他人"手拉手"恶意串通，致使公证、仲裁机构基于捏造的事实作出公证债权文书、仲裁裁决或调解书，并据以申请执行，不仅损害案外人权利或者利益，而且妨害执行秩序，属于有违背社会公共利益的情形而应裁定不予执行的情形①。检察机关通过监督人民法院是否依法裁定不予执行，可以达到规制虚假公证、虚假仲裁的目的，以助力仲裁、公证等多元化纠纷解决机制作用的充分发挥②。但是，虚假公证、虚假仲裁，仅是违背社会公共利益的情形之一，如违反限购等政策性规定、将违法建筑"合法化交易"等妨碍社会管理秩序、司法程序的行为，均应界定为侵害社会公共利益的行为，人民法院应裁定不予执行，否则检察机关应予以监督。

其二，《民事诉讼法》第 244 条、第 245 条分别规定了不予执行仲裁裁决、不予执行公证债权文书制度，体现了司法权对作为执行依据的仲裁裁决和公证债权文书之"有限"干预。检察机关通过监督人民法院审查处理不予执行活动是否合法，"间接"监督仲裁机关、公证机关相关仲裁裁决、债权文书公证活动，因此，将检察机关监督边界框定在虚假仲裁、虚假公证或者其他违背社会公共利益的情形同样是狭隘的。以不予执行仲裁裁决为例，

---

① 参见《最高人民法院、最高人民检察院关于办理虚假诉讼刑事案件适用法律若干问题的解释》第一条。
② 参见李欣宇《扎实履行民事非诉执行监督职能》，《检察日报》2021 年 9 月 15 日，第 7 版。

当事人在合同中没有订立仲裁条款或者事后没有达成书面仲裁协议、裁决的事项不属于仲裁协议的范围或者仲裁机构无权仲裁、仲裁庭的组成或者仲裁的程序违反法定程序、裁决所根据的证据是伪造、对方当事人向仲裁机构隐瞒了足以影响公正裁决的证据等①，可能既不构成虚假仲裁、虚假公证，也不侵犯、违背社会公共利益，但检察机关可以通过监督人民法院不予执行审查活动是否合法，达到"穿透式"监督相关仲裁裁决、债权文书公证的效果。

其三，《最高人民法院关于公证债权文书执行若干问题的规定》第12条、第22条、第24条在区分程序事项、实体争议的基础上，根据债务人、债权人、利害关系人不同主体地位，赋予了申请不予执行、提起诉讼、直接提起诉讼等不同的救济途径。例如，债务人认为存在公证债权文书载明的民事权利义务关系与事实不符，经公证的债权文书具有法律规定的无效、可撤销等情形，公证债权文书载明的债权因清偿、提存、抵销、免除等原因全部或者部分消灭的情形，可以在执行程序终结前，以债权人为被告，向执行法院提起诉讼，请求不予执行公证债权文书②。上述事项，因受生效裁判结果的羁束，属于生效裁判结果监督的范畴，不应再纳入民事非讼执行监督。

3. 检察机关可对民事非讼法律文书进行"审判程序中审判人员违法"监督

与仲裁裁决及公证债权文书分别由仲裁机构、公证机构作出不同，保全裁定、确认调解协议裁定、实现担保物权裁定、支付令等非讼法律文书，均系由人民法院依据《民事诉讼法》有关规定作出，但是上述裁定、支付令均不适用再审程序。检察机关在履行职责中发现非讼法律文书确有错误，应依据《人民检察院民事诉讼监督规则》第100条第1项，依职权启动审判程序中审判人员违法监督程序。因此，检察机关对作为执行依据的仲裁调解书、仲裁裁决及公证债权文书等非讼法律文书进行监督，不再局限于民事执行活动监督的范畴，触角已延伸至生效裁判结果监督、审判程序中审判人员

---

① 参见《民事诉讼法》第244条。
② 参见《最高人民法院关于公证债权文书执行若干问题的规定》第22条。

违法的监督，体现整个民事检察职能的有机统一。

需要说明的是，检察机关同时以推动社会治理能力和治理体系现代化为己任，对于不规范或制度漏洞等，向包括人民法院、公证机关、仲裁机关及其主管的司法行政机关等在内的有关单位和部门提出改进工作、完善治理的检察建议①，这属于参与社会治理的广义监督范畴①。例如，检察机关在案件办理过程中，发现仲裁、公证机构的工作制度、管理方法、工作程序违法或者不当，需要改正、改进的，可以充分发挥"社会啄木鸟"的作用，提出综合治理的检察建议②。根据民事非诉执行监督专项活动总结，检察机关对仲裁机构及公证机构的违法或不规范行为也提出了监督意见，呈现监督全面化特点③。当然，在履行职责中，发现有关机构人员、执行人员存在涉嫌违纪违法犯罪以及需要追究司法责任的行为，应当及时将相关线索及材料移送有管辖权的机关或者部门④。在民事非诉执行监督专项活动期间，检察机关共移送犯罪线索34条，立案14件⑤。

二 民事非诉执行监督审查难点

全国民事非诉执行监督专项活动开展以来，检察机关办理了一些有影响的监督案件，纠正了一批违法执行、消极执行案件，加大了对虚假仲裁、虚假公证的监督力度，强化了对生效劳动仲裁裁决的执行力度，提高了民事执行检察工作的社会影响力，体现了民事执行检察监督在社会治理中的独特功

① 《人民检察院检察建议工作规定》第11条规定："人民检察院在办理案件中发现社会治理工作存在下列情形之一的，可以向有关单位和部门提出改进工作、完善治理的检察建议：……（四）相关单位或者部门不依法及时履行职责，致使个人或者组织合法权益受到损害或者存在损害危险，需要及时整改消除的；……"《人民检察院民事诉讼监督规则》第117条亦作出相应规定。
② 参见《人民检察院民事诉讼监督规则》第117条第2款。
③ 参见最高人民检察院第六检察厅：《全国检察机关民事非诉执行监督专项活动情况总结》，《民事检察工作情况》2020年第10期。
④ 参见《人民检察院民事诉讼监督规则》第120条第1款。
⑤ 根据最高人民检察院工作报告、专项报告、各地检察机关工作总结等得出。

能与作用。但是，检察机关的监督主要集中在执行实施行为违法，包括财产查控措施违法、财产处置措施违法、对行为请求权的执行活动违法、终结执行/终结本次执行程序违法等，而上述违法情形，与民事诉讼执行监督案件并无二致，并不能完全体现监督的特殊性。当然，有不少检察机关注意到民事非诉执行监督的特殊问题，但存在截然不同的做法。现结合民事非诉执行监督实践，就存在的重点、难点、争点问题分析如下。

（一）民事非诉执行监督的法律依据寻找难

检察机关是法律监督机关，依法监督既指对民事非诉执行活动是否依"法"进行监督，亦指民事非诉执行监督本身应依"法"进行。民事非诉执行监督依据的"法"何时确立，是事关检察机关监督合法性的"大问题"。2021年8月1日新修订的《人民检察院民事诉讼监督规则》第119条"人民检察院发现人民法院审查和处理当事人申请执行、撤销仲裁裁决或者申请执行公证债权文书存在违法、错误情形的，参照本规则第六章、第七章有关规定执行"的规定，是民事非诉执行监督在司法解释层面首次予以明确，以致有观点认为，此是检察机关对人民法院民事非诉执行活动监督权的"新创设"，具有开拓性意义。此种解读，是否符合法理要求、法律规定和实践需要？如果此前存在具体规定，将上述内容规定在该司法解释的"其他规定"章节中，是否意味着其上位法依据真的"难寻"？此外，"人民法院审查和处理当事人申请执行仲裁裁决或者申请执行公证债权文书"中的"审查和处理"如何界定？"参照"上述规则第七章①有关规定"执行"，是否意味着不属于对执行活动的监督范畴？如何实现与执行实施权、执行审查权等语言体系的对接与兼容？等等。

（二）民事非诉执行监督的监督对象选择难

如前所述，检察机关开展民事非诉执行监督，重点监督民事非诉法律文

---

① 即对执行活动的监督。

书执行中的违法情形，同时关注仲裁、公证机关是否依法出具仲裁调解书、裁决书及公证债权文书。前者属于检察机关本职要求，后者属于参与社会综合治理的范畴，向人民法院提出纠正违法的检察建议似乎应当是"首选"，不存在"二选一"的问题。但是，此问题在理论和实践中产生了悖论。

第一，理论上，《仲裁法》第9条、第62条赋予仲裁裁决以等同于法院生效判决的既判力、执行力。但是人民法院对于仲裁裁决的司法审查方式，包括当事人申请不予执行、案外人申请不予执行、因执行依据内容不明确不予受理或裁定驳回执行申请、因"先予仲裁"不予受理或裁定驳回执行申请等，在这些情况下，哪些裁决丧失既判力、执行力，执行依据需要重新作出，哪些仅仅丧失执行力，需要另行作出文书予以补充，现行法律体系并没有给出明确的解释，理论上存在一定的争议。有观点认为，根据当事人申请，人民法院经司法审查后裁定不予执行仲裁裁决，其既判力丧失，但执行力是否必然丧失是存疑的①。但是，仲裁机构直接撤销仲裁裁决则直接否定了整个仲裁裁决的效力。

第二，实践中，以虚假仲裁为例，有的检察机关建议人民法院裁定不予执行，有的则"釜底抽薪"直接建议仲裁机构予以撤销。有观点认为，前者监督人民法院执行活动，更具刚性；后者，只能制发综合治理建议，效果略逊一筹。事实上，简单评价两者优劣都不尽科学，因为相关司法解释规定了裁定不予执行仲裁裁决的报核②制度，但没有明确具体的审核期限、具体步骤、审核标准等，程序往往复杂而漫长，而仲裁撤销后终结执行有时更具效率性，可达到"水到渠成"的效果。当然，由于《仲裁法》没有明确赋予仲裁机构撤销之权，如此选择能否真正实现效率优先亦待观察。

或有观点认为，上述两种性质的检察建议同时向有关单位制发岂不"两全其美"？但是，仲裁裁决与人民法院的执行审查活动存在"正"向关系，即裁决本身违法，执行活动亦违法。同时，二者也存在"反"向关系，

---

① 詹晖、赵奇、刘长江、陈杭平、刘君博：《仲裁保全、裁决执行疑难问题研究》，《北京仲裁》2020年第3期，第66页。

② 见《最高人民法院关于仲裁司法审查案件报核问题的有关规定》第2条、第3条规定。

如仲裁裁决违法，执行活动合法。反之亦然。因此，在正向关联情形下，若执行活动违法，可能对仲裁裁决的违法行为起到"保护"作用。如此，人民法院的执行活动，一定意义上会成为检察机关监督裁决活动的"拦路虎"。检察机关进行的"穿透式"监督，可能面临仲裁机关以进入执行程序，司法权已确认，自己无权变更为由拒不接受建议的"尴尬"。

第三，鉴于民事非诉执行监督已不局限于民事执行活动监督的范畴，触角已延伸至生效裁判结果监督、审判程序中审判人员违法监督，属于何种类型的监督是首先需要考虑的问题。例如，单某与某家具有限公司劳动仲裁调解书执行监督一案，检察机关经审查认定仲裁调解书确定的工资债权实为介绍业务的提成费，属于居间报酬，不应当作为工资债权参与该家具公司的破产清偿分配，因此制发建议。但是，破产程序属于特别程序，建议人民法院不将仲裁调解书确定的债权作为工资债权参加破产清偿分配，属于审判程序中审判人员违法的监督，不应在民事非诉执行监督过程中予以解决。

（三）民事非诉执行监督的监督方式运用难

《民事诉讼法》明确规定了检察机关有权对民事诉讼实行法律监督，并规定了抗诉、检察建议两种方式。抗诉是检察机关对法院的判决或裁定确认有误，向有管辖权的法院提出重新审理的诉讼要求。鉴于执行程序中不存在"审理"的问题[①]，包括民事非诉执行在内的民事执行监督的监督方式便仅存检察建议一种法定方式。但是，检察建议分为结案方式的纠正违法的检察建议、督促依法履职的诉前检察建议和不作为结案方式的改进工作、完善治理的检察建议等类型。从检察建议具体指向看，不少建议内容超出了案件本身，有的检察机关除纠正违法的建议外，还有改正工作的建议内容。有的检察机关建议纠正违法外，同时建议加强宣传工作。有的检察机关建议纠正违

---

① 最高人民法院《关于对执行程序中的裁定的抗诉不予受理的批复》规定：人民法院为保证已发生法律效力的判决、裁定或者其他法律文书的执行而在执行程序中作出的裁定，不属于抗诉的范围。因此，人民检察院针对人民法院在执行程序中作出的查封财产裁定提出抗诉，于法无据，人民法院不予受理。

法外，还建议对有关公职人员进行追责。有的检察机关建议纠正违法外，还建议移送犯罪线索。

此外，《人民检察院民事诉讼监督规则》第43条确立了全面审查原则，对民事非诉执行活动的监督，不囿于申请人的申请监督请求、事实理由，应对人民法院的民事非诉执行活动是否合法进行全面审查①。在审查过程中，检察机关如发现存在其他违法执行行为，该违法行为在法律或事实上不可逆，不具有纠正可能性，申请人的申请监督请求、事实理由亦不能成立，是制发纠正违法检察建议，还是作出不支持监督申请决定，同时制发综合治理检察建议，实践中存在较大分歧。

（四）民事非诉执行监督的监督时机把握难

民事非诉执行监督的时机把握，主要体现在刑民交叉时，如虚假仲裁、虚假公证涉嫌刑事犯罪，检察机关何时针对人民法院的相关执行活动提出监督纠正意见，实践中有不同做法。多数检察机关认为无须等虚假仲裁、虚假公证等犯罪案件的生效裁判作出以后再提出检察建议，多数人民法院亦持相同观点，经审查后，作出不予执行仲裁裁决、公证债权文书的裁定。但是，有的人民法院认为作为执行依据的仲裁裁决、公证债权文书认定的事实是否虚假，对相关权利人合法权益影响较大，应当待相关刑事裁判作出后，方可启动审查处理程序。例如，曹某与唐某某、乔某某，宗某某与陆某某，曹某某与吴某某、韩某某公证债权文书执行监督系列案，检察机关审查认定借款数额存在虚假，相关人员涉嫌虚假诉讼罪等进入刑事诉讼程序，据以执行的公证债权文书确有错误，分别向人民法院、公证机构提出检察建议，建议对上述案件公证程序、执行行为重新审查，全面核查事实并依法处置。人民法院、公证机构认为因当事人涉嫌刑事犯罪，需待刑事案件审结相关人员的犯罪行为，以及公证法律文书的效力确定后，才可启动案件的重新审查。

---

① 根据该司法解释规定，应以符合依职权监督的情形为限。

三　民事非诉执行监督审查思路

2019 年 2 月，最高人民检察院《2018~2022 年检察改革工作规划》提出，健全以"精准化"为导向的民事诉讼监督机制，"努力实现裁判结果监督、审判人员违法行为监督和执行监督全面均衡发展"①，精准监督理念上升为指导整个民事检察工作的基本理念。鉴于裁判结果监督、审判人员违法行为监督具有天然的"耦合性"②，在一定意义上，民事执行监督成为精准监督理念上升为民事检察基本理念的"最后一公里"，作为其重要组成部分的民事非诉执行监督自不例外。因此，检察机关开展民事非诉执行监督应当以精准监督理念为指导，以"促进解决一个领域、一个地方、一个时期司法理念、政策、导向的问题"③。

（一）精准适用民事非诉执行监督的法律依据

《人民检察院民事诉讼监督规则》第 119 条以解释"法"的司法解释形式，首次明确了检察机关开展民事非诉执行监督的依据，但这绝不意味着是检察机关对人民法院民事非诉执行活动监督权的"新创设"。因为除组织法④依据外，《民事诉讼法》第 242 条"人民检察院有权对民事执行活动实

---

① 参见最高人民检察院《2018~2022 年检察改革工作规划》，最高人民检察院官方公众号，2019 年 2 月 12 日。

② 根据相关规定，不能通过抗诉方式启动再审程序的，均纳入审判人员违法行为监督的范畴，从某种意义上后者成为前者的兜底条款。

③ 张军：《最高人民检察院关于人民检察院加强对民事诉讼和执行活动法律监督工作情况的报告》，《全国人民代表大会常务委员会公报》2018 年第 5 期。

④ 《人民检察院组织法》第 20 条规定：人民检察院行使下列职权：（一）依照法律规定对有关刑事案件行使侦查权；（二）对刑事案件进行审查，批准或者决定是否逮捕犯罪嫌疑人；（三）对刑事案件进行审查，决定是否提起公诉，对决定提起公诉的案件支持公诉；（四）依照法律规定提起公益诉讼；（五）对诉讼活动实行法律监督；（六）对判决、裁定等生效法律文书的执行工作实行法律监督；（七）对监狱、看守所的执法活动实行法律监督；（八）法律规定的其他职权。据此，检察机关开展民事非诉执行监督的职权依据为该条第（六）项。

行法律监督"的规定是检察机关履行该职能的"直接"法律依据,"间接"依据为该法第 14 条,该条确立了"人民检察院有权对民事诉讼实行法律监督"的检察监督原则。此外,《最高人民法院、最高人民检察院关于民事执行活动法律监督若干问题的规定》第 3 条①明确了人民检察院对人民法院民事执行行为实行全面监督的原则。《人民检察院民事诉讼监督规则》第 104 条则继续沿用之。上述规定构成检察机关开展民事非诉执行监督的主要法规范体系。

根据《最高人民法院关于执行权合理配置和科学运行的若干意见》第 1 条规定,执行权,包括执行实施权和执行审查权,因此,检察机关对执行审查活动实施监督是题中应有之义,对民事执行审查活动的监督,主要是对执行行为异议,案外人异议②,其他异议③,变更、追加执行当事人,不予执行,执行复议,执行督促等案件④进行监督。如此,"人民法院审查和处理当事人申请执行仲裁裁决或者申请执行公证债权文书"中"审查和处理"的是申请执行的行为,根据文义解释,审查应界定为执行立案审查,处理则包括执行实施行为和执行审查行为。检察机关发现上述活动存在违法、错误情形的,应当适用而非"参照"本规则第六章、第七章有关规定"执行"。因此,《人民检察院民事诉讼监督规则》第 119 条"审查""处理""参照""执行"的含义、表述等似有值得商榷之处,当然该规定的积极意义是毋庸置疑的。

检察机关履行职责中同样或者更应注重民事非诉执行活动是否依"法"的法规范体系运用问题,因为相关规定是判断民事非诉执行活动是否违法的终极"武器"。不能准确掌握,则可能出现适用法律错误的问题,影响监督质效。例如,2018 年 3 月 1 日实施的《最高人民法院关于人民法院办理仲

---

① 该条规定:人民检察院对人民法院执行生效民事判决、裁定、调解书、支付令、仲裁裁决以及公证债权文书等法律文书的活动实施法律监督。
② 不包括案外人异议之诉,其属于生效裁判结果监督的范围。
③ 主要包括被执行人提出的受理异议、管辖权异议、债务人实体异议等。
④ 参见《最高人民法院关于执行案件立案、结案若干问题的意见》第 1 条第 3 款、第 8 条,《最高人民法院关于人民法院办理执行异议和复议案件若干问题的规定》第 11 条。

裁裁决执行案件若干问题的规定》① 适用的案件范围为仲裁机构依据《仲裁法》作出的仲裁裁决或仲裁调解书、当事人申请执行的案件。由于《仲裁法》调整的是商事仲裁，该司法解释的适用范围实质上就限定于商事仲裁裁决的执行案件，将劳动争议仲裁、农村土地承包经营纠纷仲裁的执行案件适用排除在外。因此，检察机关在对劳动争议仲裁裁决执行案件进行监督过程中，如果适用上述司法解释，则混淆了不同仲裁的性质、相关法律、司法解释的适用范围。当然，无论适用与否，不影响相关案件的执行属于民事非诉执行监督案件的结论。

（二）精准选择民事非诉执行监督的监督对象

鉴于司法权优先，检察机关一般应监督人民法院的民事非诉执行活动。当然，可对仲裁机构、公证机构等发出社会治理检察建议，但是，需要澄清的是，个案本身是否纠正，不是综合治理检察建议的主要目的，改正、改进工作制度、管理方法、工作程序，从源头上推动治理体系和治理能力现代化才是其实质性的评判标准。因此，精准选择民事非诉执行监督的监督对象，应考虑如下内容。

一是审判活动与执行活动。例如，执行异议、案外人异议、案外人异议之诉既存在明显区别，又有密切的联系。检察机关对相关活动的监督，首先涉及属于执行活动监督或裁判结果监督的判断，应结合申请监督人的监督请求和事实、理由等精准把握。例如，孙某某与刘某公证债权文书执行监督一案，执行法院查封刘某名下房屋一套，案外人唐某提出案外人异议，以其系房屋的所有权人为由排除法院的执行。经审查，法院驳回了其执行异议请求，唐某不服，提出案外人异议之诉。同时，唐某以执行法院的查封行为违法为由向检察机关申请监督。此案从表面上看，唐某针对的是执行法院的查封行为，但应否查封，涉及实体权利义务关系的判断，应通过案外人异议之

---

① 该司法解释第 1 条规定：本规定所称的仲裁裁决执行案件，是指当事人申请人民法院执行仲裁机构依据《仲裁法》作出的仲裁裁决或者仲裁调解书的案件。

诉程序解决。对此不服的，属于裁判结果监督。当然，查封本身存在违法情形，如未依法送达裁定等，属于执行活动的监督范畴。

二是审查程序与执行程序。例如，申请撤销仲裁裁决、确认仲裁协议无效，或在执行程序中申请不予执行，系法律赋予当事人不同的救济途径，人民法院则相应作出不同的审查结论。检察机关对前两者进行监督，属于审判程序违法的监督范畴；后者属于民事非诉执行监督范畴，但两者并非泾渭分明。例如，当事人向人民法院申请撤销仲裁裁决被驳回后，又在执行程序中以相同事由提出不予执行申请的，不予支持①，但由于驳回撤销仲裁裁决申请时，遗漏了足以撤销仲裁裁决的相同"事由"，导致人民法院未能查明相关事实并依据上述规定处理，而裁定不予执行，表面上看属于执行活动违法，但根本原因在于审查撤销仲裁裁决申请程序违法。

三是执行实施活动与执行审查活动。例如，检察机关对民事非诉执行活动开展监督，人民法院的相关审查活动监督系重要内容，如裁定驳回不予执行公证债权文书申请的执行审查活动是否合法。但是，该行为以案件进入执行实施阶段为前提，即通常存在执行实施和执行审查两个或多个案件，因此检察机关审查认定应裁定不予执行进而制发检察建议的，应同时建议执行实施案件终结执行，以满足全面审查原则的要求。

（三）精准运用民事非诉执行监督的监督方式

检察建议，系民事非诉执行监督过程中，检察机关监督、纠正违法行为的法定方式。其内容明确、具体，是增强建议刚性效力的题中应有之义，也是体现检察机关权威性和司法公信力的必然要求。因此，在查明具体违法事实情形下，应提出明确、具体纠正违法的建议。如果尚未查明，可通过要求说明情况的函、调查核实等措施，查明相关事实。当然，通过相关工作，无法查明或存在一定争议的，可建议人民法院审查处理，以尊让其自由裁量权。但是，纠正违法的检察建议和综合治理的检察建议具有本质上的不同，

---

① 参见《最高人民法院关于人民法院办理仲裁裁决执行案件若干问题的规定》第 20 条。

前者系立足职能定位开展的个案监督，后者多是立足于参与社会治理开展的类案监督，不能以违法行为在法律或事实上不可逆，不具有纠正可能性，作出不支持监督申请，以综合治理检察建议代替刚性个案监督。

关于检察建议内容，根据案情的需要，可以发出纠正违法建议的同时发出改进工作的建议，但原则上不提倡正式建议中有要求人民法院履行普法宣传职责的内容，可通过口头建议、情况通报、座谈交流等形式提出。追究相关责任人员、移送犯罪线索的建议，严格来讲，超出了案件本身，不属于纠正违法建议内容，相关内容可以另行提出建议等方式移送线索，即采取分别建议的方式较妥当。

建议更换办案人是一种比较特殊的检察建议，但刚性效力较大，其依据为最高人民法院、最高人民检察院、公安部、国家安全部、司法部联合印发的《关于对司法工作人员在诉讼活动中的渎职行为加强法律监督的若干规定（试行）》第10条第2项，与《民事诉讼法》第215条第3款不相冲突，可继续适用，因此对于确有严重违反法律的渎职行为，虽未构成犯罪，但执行人员继续承办案件将严重影响正在进行的执行活动的公正性，且执行法院未更换办案人的，应当建议更换办案人。

还需要说明的是，纠正违法通知书或监督意见书，属于检察建议的表现形式，从形式上看更具强制性，容易引起被监督单位的重视。但是，全国人民代表大会常务委员会法制工作委员会法工办法〔2019〕72号《关于人民检察院在开展民事行政诉讼监督中可否采用提出纠正意见的监督方式问题的意见》明确，不应采取纠正意见的监督方式。

（四）精准把握民事非诉执行监督的监督时机

鉴于是否构成虚假仲裁、虚假公证、拒不执行判决、裁定，与是否构成虚假诉讼罪、拒不执行判决、裁定罪等刑事犯罪在构成要件、证明标准、事实认定和法律适用等方面存在明显差异，原则上，检察机关不应待相关刑事裁判作出后，向人民法院提出纠正意见。人民法院不予采纳或逾期不予答复的，检察机关应积极跟进监督。但是，在履职过程中，亦应参照2019年9

月 11 日经最高人民法院审判委员会民事行政专业委员会第 319 次会议原则通过的《全国法院民商事审判工作会议纪要》有关规定，妥善处理好民刑交叉案件的程序关系。例如，仲裁裁决、公证债权文书等涉及的基础法律关系存在案件必须以相关刑事案件的审理结果为依据，而刑事案件尚未审结，或者经调查核实仍无法查明的，检察机关不宜直接建议裁定不予执行或进行重新审查，但为避免因错误执行给当事人或利害关系人造成难以挽回的损失，可以建议中止执行或暂缓执行。例如，某来料加工厂与某木制工艺品厂仲裁调解书执行监督一案，检察机关查明某木制工艺品厂通过仲裁调解，以转让土地使用权的方式抵销债务，涉嫌拒不执行判决、裁定罪，但是否属于虚假仲裁，是否构成拒不执行判决、裁定，尚无法查明。为避免因错误执行给其他债权人造成不可挽回的损失，检察机关建议中止对仲裁调解书的执行，将涉嫌拒不执行判决、裁定行为移送公安机关侦查。此外，在极特殊情形下，为不对刑事案件的顺利进行造成妨碍，可作出中止审查的决定，待刑事案件审结后，提出相应处理意见。

结　语

法律的生命不仅在于逻辑，更在于经验。检察机关开展的民事非诉执行监督，是理念、制度和实践的统一体。检察机关如何贯彻精准监督理念，采取"穿透式"监督方式，监督和支持人民法院依法行使执行权，助力发挥商事仲裁等多元化纠纷解决机制的作用，仍是不断发展的重大实践命题。

B.10
民商事纠纷中立评估机制的
实践困境与路径选择

苏州市姑苏区人民法院课题组*

摘 要: 中立评估系一种新型非诉解纷方式,其通过预测裁判结果引导
当事人理性选择合适方式解纷,既具解纷之功能,亦有分流之
效用。该机制自 2012 年引入中国至今出现类似"水土不服"
之症状。对 14 家法院试点中立评估情况研究发现,大部分法院
存在未常态化推进评估、评估纠纷少、将评估等同一般调解等
现象。究其根源,既有解纷大环境之影响,又有制度设计之原
因。结合江苏省苏州市姑苏区人民法院司法实践,建议在完善
规则时不仅要明确评估机制的重大价值,而且要从制度上重构
评估机制,如将评估范围扩大至一般民商事纠纷;评估员限于
法律领域专业人员;评估基于当事人陈述及所举证据,并以不
公开方式进行;评估意见仅供当事人参考,不具有法律约束
力;评估员应享有评估后的调解权;中立评估应融入多元解纷
体系。完善的中立评估机制将丰富多元化纠纷解决机制,助力
基层矛盾纠纷的高效快捷实质化解。

关键词: 民商事纠纷 非诉解纷 多元纠纷化解

* 课题组主持人:杨晓春,江苏省苏州市姑苏区人民法院党组书记、院长。课题组成员:丁树
庆、潘政、郑献涛。执笔人:郑献涛,江苏省苏州市姑苏区人民法院诉讼服务中心副主任。

引 言

多年来，在中国的非诉解纷体系中缺少一种能为当事人预测判决结果的程序，引导其理性对待诉讼，促其选择合适的方式解决纠纷①。2012 年最高人民法院发布的《关于扩大诉讼与非诉讼相衔接的矛盾纠纷解决机制改革试点总体方案》尝试引进中立评估程序，全国部分试点法院建立了该机制，但试点效果不甚理想。2016 年最高人民法院发布的《关于人民法院进一步深化多元化纠纷解决机制改革的意见》提出，"探索民商事纠纷中立评估机制"，但至今该机制除姑苏法院探索比较成功外，其他法院探索情况不尽乐观，不仅探索法院少，而且评估纠纷数量也很有限。由此不能不引人思考：是该机制在我国"水土不服"，还是制度设计不尽合理？本文欲对该问题深入分析探讨。

一 实践困境：中立评估机制运行状况

民商事纠纷中立评估机制作为舶来品，于我们实属新事物。故先介绍何为中立评估机制，再审视其运行实况。

（一）何为中立评估机制

2012 年 4 月 10 日，最高人民法院出台的《关于扩大诉讼与非诉讼相衔接的矛盾纠纷解决机制改革试点总体方案》（以下简称"2012 年方案"）第 15 条规定："建立民商事纠纷中立评估机制。当事人因民商事纠纷诉至人民法院后，人民法院可以建议当事人选择评估员协助解决纠纷。评估员应当是经验丰富的法律工作者或者相关专业领域的专家。评估员可以根据各方

---

① 江和平、黄琪：《民商事纠纷中立评估机制的中国发展之路》，《法律适用》2015 年第 7 期。

当事人的陈述、当事人提供的有关证据，出具中立评估报告，对判决结果进行预测。中立评估应当秘密进行，评估意见不具有法律效力。评估结束后，评估员可以引导当事人达成和解协议。试点法院在条件成熟时探索建立中立评估员名册制度。"

2016 年 6 月 28 日，最高人民法院出台的《关于人民法院进一步深化多元化纠纷解决机制改革的意见》（以下简称"2016 年意见"）第 22 条规定："探索民商事纠纷中立评估机制。有条件的人民法院在医疗卫生、不动产、建筑工程、知识产权、环境保护等领域探索建立中立评估机制，聘请相关专业领域的专家担任中立评估员。对当事人提起的民商事纠纷，人民法院可以建议当事人选择中立评估员，协助出具评估报告，对判决结果进行预测，供当事人参考。当事人可以根据评估意见自行和解，或者由特邀调解员进行调解。"

表 1 对上述两个文件进行了比较，两个文件对评估目的及评估员类型规定基本一致，但在其余五个方面发生了变化：一是适用纠纷范围从普通民商事纠纷到几个特定领域民商事纠纷，二是评估基础从当事人陈述及证据到未作规定，三是评估方式从秘密进行到未作规定，四是评估意见效力从不具有法律效力到未作规定，五是评估后从评估员引导和解到当事人自行和解或特邀调解员调解。

表 1　2012 年方案和 2016 年意见对中立评估机制的规定比较

要素　　规定	2012 年方案	2016 年意见
适用纠纷范围	普通的民商事纠纷	特殊领域的民商事纠纷
评估员类型	经验丰富的法律工作者或者相关专业领域的专家	相关专业领域的专家
评估基础	当事人的陈述 当事人提供的有关证据	—
评估目的	出具中立评估报告 对判决结果进行预测	协助出具中立评估报告 对判决结果进行预测 供当事人参考

规定 要素	2012 年方案	2016 年意见
评估方式	秘密进行	—
评估意见效力	不具有法律效力	—
评估后和解与调解	评估员引导和解	当事人自行和解 特邀调解员调解

（二）中立评估机制运行状况

课题组从法院内外网，以"民商事纠纷""中立评估"为关键词检索相应资料并结合相关论文、著作等，确定将实质开展中立评估的 14 家基层法院作为调研对象。

1. 探索评估机制的基层法院数量

2011 年至 2022 年 6 月 30 日，探索建立民商事纠纷中立评估机制的基层法院数量为 14 家，在全国 3000 多家法院中占比不到 4‰，尝试开展的法院不多。若以 2016 年意见为界限，之前有 9 家法院，平均每年有 2 家法院开展探索，之后至 2022 年 6 月 30 日有 5 家法院，平均每年不到 1 家（见表 2）。可见，机制设计变化的确影响了各法院探索的积极性。

表 2　2011 年至今建立中立评估机制的基层法院情况统计

	基层法院数量（家）	基层法院名称
2021 年	1	湖州市安吉县人民法院[①]
2019 年	1	苏州市姑苏区人民法院[②]

[①] 《浙江安吉法院探索民商事案件中立评估机制官司结局咋样　评估员"掂量"出招》，https：//baijiahao. baidu. com/s？id＝1716571377382267544&wfr＝spider&for＝pc，最后访问日期：2022 年 7 月 1 日。

[②] 《苏州 43 名律师进法院居中"断案"姑苏法院首创律师中立评估机制调查》，http：//www. legaldaily. com. cn/judicial/content/2019-08/13/content_ 7964132. html，最后访问日期：2022 年 7 月 1 日。

续表

	基层法院数量（家）	基层法院名称
2017 年	3	深圳前海合作区人民法院③ 厦门市翔安区人民法院④ 安庆市宜秀区人民法院⑤
2015 年	2	马鞍山市和县人民法院⑥ 鸡西市鸡东县人民法院⑦
2014 年	2	广州市越秀区人民法院⑧ 马鞍山市含山县人民法院⑨
2013 年	2	厦门市思明区人民法院⑩ 莆田市涵江区人民法院⑪
2012 年	2	眉山市东坡区人民法院⑫ 眉山市洪雅县人民法院⑬
2011 年	1	东莞市第二人民法院⑭
合　计	14	—

③ 陈柳波:《首宗涉港案件中立第三方评估案例体现的制度创新和意义》,《法律适用》2018 年第 4 期。

④ 《啥是佩奇? 翔安法院把律师中立评估制度"配齐"了!》,http://www. yidianzixun. com/article/0LE4KTXs,最后访问日期:2022 年 7 月 1 日。

⑤ 《建立民商事纠纷中立评估机制》,http://www. aqzy. gov. cn/content/detail/58801f117f8b9ae84ce08d76. html,最后访问日期:2022 年 7 月 1 日。

⑥ 《诉前调解解纷更解情》,http://jszx. court. gov. cn/1451/ExecuteNewsletter/148769. jhtml,最后访问日期:2022 年 7 月 1 日。

⑦ 《中立评估机制保证请不起律师的群众"打官司不求人"》,http://jxjd. hljcourt. gov. cn/public/detail. php? id = 5686,最后访问日期:2022 年 7 月 1 日。

⑧ 《广州市越秀区人民法院 2015 年度工作报告》,http://court. yuexiu. gov. cn/ljfy/gzbg/2017/01/09150123298. html,最后访问日期:2022 年 7 月 1 日。

⑨ 《含山法院引入"第三方中立评估机制"巧调工伤纠纷》,http://ahhsfy. chinacourt. gov. cn/article/detail/2014/09/id/1452602. shtml,最后访问日期:2022 年 7 月 1 日。

⑩ 黄素梅:《植根与续造:民商事纠纷中立评估机制的本土实践与完善——与域外早期中立评估制度的对比》,中国审判论坛(荣昌杯),"多元化纠纷解决机制的衔接与构建"主题论坛论文。

⑪ 《涵江法院巧引"第三方中立评估"正义不迟到》,https://www. chinacourt. org/app/appcontent/2013/04/id/937857. shtml,最后访问日期:2022 年 7 月 1 日。

⑫ 《东坡区法院运用民商事案件中立评估机制妥善化解意外伤害保险合同纠纷》,http://www. msfy. gov. cn/Showarticles. asp? ID = 3797,最后访问日期:2022 年 7 月 1 日。

⑬ 《四川洪雅法院全国首用中立评估机制化解民事案件》,http://www. anhuinews. com/zhuyeguanli/system/2013/06/14/005766631. shtml,最后访问日期:2022 年 7 月 1 日。

⑭ 林轲亮:《早期中立评估制度研究——多元化纠纷解决机制的另一维度》,法律出版社,2017,第 385 页。

2. 适用评估机制评估的纠纷数量

根据已掌握的各类资料分析，2011 年至 2022 年 6 月 30 日 14 家法院适用评估机制评估民商事纠纷数量为 1626 件（见表 3），平均每年每家法院评估纠纷数量约 11 件。其中，有些法院数年来评估纠纷数量为个位数。相对较多的法院有姑苏法院、翔安法院、安吉法院等，其中姑苏法院最多，达到1200 件。总体来看，即使设立评估机制的基层法院，大多也未常态化推进中立评估探索。

表 3　2011 年至 2022 年 6 月 30 日 14 家法院评估纠纷数量统计

法院 ＼ 数量	评估运行期间	评估案件数量（件）
安吉法院	2021 年至 2022 年 6 月 30 日	96
姑苏法院	2019 年至 2022 年 6 月 30 日	1200
宜秀法院	2017 年至 2022 年 6 月 30 日	1
翔安法院	2017 年至 2022 年 6 月 30 日	182
前海法院	2017 年至 2022 年 6 月 30 日	4
鸡东法院	2015 年至 2022 年 6 月 30 日	18
和县法院	2015 年至 2022 年 6 月 30 日	33
越秀法院	2014 年至 2022 年 6 月 30 日	63
含山法院	2014 年至 2022 年 6 月 30 日	1
思明法院	2013 年至 2022 年 6 月 30 日	5
涵江法院	2013 年至 2022 年 6 月 30 日	1
东坡法院	2012 年至 2022 年 6 月 30 日	2
洪雅法院	2012 年至 2022 年 6 月 30 日	1
东莞第二法院	2011 年至 2022 年 6 月 30 日	19
合计	—	1626

说明：数据来自网络检索，其中姑苏法院的数据来自课题组所在法院，特此说明。

3. 评估纠纷范围与评估纠纷数量

14 家法院对于评估纠纷范围的规定不尽相同。其中针对普通民商事纠纷进行评估的法院有 5 家，为姑苏法院、安吉法院、思明法院、越秀法院、翔安法院等，这些法院评估纠纷总数为 1546 件。针对特定类型纠纷进行评估的法院有 4 家，为东莞第二法院主要针对医疗纠纷进行评估、涵江法院主要针对道路交通事故纠纷进行评估、和县法院主要针对保险类纠纷进行评估、前海法院主要针对涉港纠纷进行评估，这些法院评估纠纷总数为 57 件。针对专业重大疑难复杂民商事纠纷进行评估的法院有 5 家，为东坡法院、洪雅法院、含山法院、鸡东法院和宜秀法院等，这些法院评估纠纷总数为 23件。可见评估范围与评估数量存在密切关系（见表4）。

表4　14 家法院评估适用范围与评估纠纷数量情况对比

类型＼数量	法院名称	法院数量（家）	评估纠纷数量（件）
普通民商事纠纷	姑苏法院 安吉法院 思明法院 越秀法院 翔安法院	5	1546
特定类型民商事纠纷	东莞第二法院 涵江法院 和县法院 前海法院	4	57
专业重大疑难复杂民商事纠纷	东坡法院 洪雅法院 含山法院 鸡东法院 宜秀法院	5	23

4. 评估员来源与评估纠纷数量

14 家法院对评估员条件的规定不同，其中姑苏法院等 5 家法院评估员来源于律师、法学教授等法律领域专家，合计评估纠纷 1454 件，占评估纠纷总数的 89.4%。有 4 家法院评估员来源于特定领域专家，合计评估纠纷54 件，占评估纠纷总数的 3.3%。有 5 家法院评估员来源于相关领域专家，合计评估纠纷 118 件，占评估纠纷总数的 7.3%。可见，来源于法律领域评估员评估纠纷数量最多（见表 5）。

表 5　14 家法院不同类型评估员评估纠纷数量统计

专家 ＼ 数量	法院名称	法院数量(家)	评估纠纷数量(件)
法律领域专家	姑苏法院 思明法院 越秀法院 翔安法院 前海法院	5	1454
特定领域专家	东莞第二法院 涵江法院 含山法院 和县法院	4	54
相关领域专家	东坡法院 洪雅法院 鸡东法院 宜秀法院 安吉法院	5	118

二　症结透视：中立评估机制困境根源

作为非诉解纷方式的中立评估机制，在中国开展探索之所以出现疑似"水土不服"症状，课题组认为既有解纷环境因素，亦有制度设计因素。

（一）解纷环境影响

一是探索评估机制推动社会治理动力先天不足。社会矛盾纠纷化解是社会治理的重要内容，解决矛盾纠纷除了诉讼方式外，还有各类非诉解纷方式。法院作为国家审判机关，主要通过诉讼方式处理矛盾纠纷，参与推动社会治理。非诉解纷并非法院基本职能，法院对推动非诉方式解决矛盾纠纷、促进社会治理在客观上存在先天动力不足，遑论探索尝试中立评估机制这种新型非诉解纷方式了。

二是当事人的诉讼心理制约评估机制探索。对于起诉到法院的纠纷，法院虽会引导选用非诉方式解决，但因程序不尽规范、协议无强制力等，当事人往往难以信任，宁可选择时间长、成本高的诉讼方式。另外，因非诉方式要取得当事人同意，不能强制适用，非诉方式在实践中较难普遍适用，评估机制作为新型非诉程序，当事人心理上可能更难接受。因此，评估机制因在当事人中无市场而较难开展探索。

三是对评估的功能定位不准制约其发展。中立评估的核心在于通过预测判决结果促进当事人和解或调解，而非由评估员直接调解。然而从开展探索法院的评估宣传来看，多数法院报道宣传通过评估调解成功的案例①，这间接反映了不少法院将中立评估等同于专业调解。没有清晰认识到中立评估的主要价值在于通过专业分析评估，有效疏导当事人的不合理诉讼预期，进而推动当事人选择调解或和解等适宜方式解决纷争。

（二）制度设计原因

一是评估的适用纠纷范围过窄。首先，从评估适用范围变化对建立评估机制法院数量的影响来观察，2012 年方案对评估适用范围未作限制，普通民商事纠纷均可适用，在 2016 年意见出台之前，有 9 家法院建立了该机制，平均每年有两家左右，而在 2016 年意见将评估适用范围限定于特定类型纠纷之后，至 2022 年 6 月 30 日只有 5 家法院建立该机制，平均每年还不到 1 家。其次，从评估适用范围与评估纠纷数量来观察，14 家法院中不限定评估范围的法院评估纠纷数量为 1546 件，占评估纠纷总数的 95%；限定评估

---

① 试举几例：《东坡区法院运用民商事案件中立评估机制妥善化解意外伤害保险合同纠纷》，http：//www.msfy.gov.cn/Showarticles.asp? ID=3797，最后访问日期：2022 年 7 月 1 日；《含山法院引入"第三方中立评估机制"巧调工伤纠纷》，http：//ahhsfy.chinacourt.gov.cn/article/detail/2014/09/id/1452602.shtml，最后访问日期：202 年 7 月 1 日；《涵江法院巧引"第三方中立评估"正义不迟到》，https：//www.chinacourt.org/app/appcontent/2013/04/id/937857.shtml，最后访问日期：2022 年 7 月 1 日。

纠纷类型的法院评估纠纷数量仅为 80 件，占评估总数的 4.9%。可见，2016 年意见对评估适用纠纷范围设定过窄影响了中立评估探索。

二是评估员的条件规定欠科学。中立评估的核心功能是通过预测判决结果促进当事人选择合适的方式解决纠纷。据此，要预测判决结果势必要求评估员具备相当于法官的裁判能力与水平，否则难以胜任评估工作。然而，无论是 2012 年方案还是 2016 年意见均未将评估员来源限定于法律领域专家。从调研的法院评估纠纷情况观察，有 5 家法院评估员来源于律师、法学教授等法律领域专家，合计评估纠纷达 1454 件，占评估纠纷总数的 89.4%；有 9 家法院评估员来源于其他领域专家，合计评估纠纷仅 172 件，占评估纠纷总数的 10.6%。可见，2016 年意见未将评估员限定于法律领域专家一定程度上影响了中立评估机制的探索。

三是评估与调解衔接欠便捷。按 2016 年意见评估后需调解的纠纷，由特邀调解员而非评估员进行调解，调解成功后，再由法官司法确认。可见一个经评估后需要调解并司法确认的案件，要经评估员评估、特邀调解员调解、法官司法确认三道程序，程序烦琐、衔接不便、效率低下，不仅当事人不愿选择，而且在当今人案矛盾突出的背景下，法院更无动力建立这种衔接复杂、低效、不便捷的机制。2016 年意见对于评估后调解的规定偏离实际，影响了法院探索中立评估的积极性。

四是评估程序与效力规定缺失。2012 年方案对评估的程序及效力作出了明确规定，如评估的依据为当事人的陈述及提供的证据，评估方式为秘密进行，评估意见不具有法律效力等。然而，2016 年意见对于评估的程序及效力均未作出规定，缺少制度规定，又无其他参照指引，且该程序系引入，国内基本无经验可供借鉴，这些因素制约着法院探索建立中立评估机制的主动性。

三　姑苏探索：中立评估的苏式实践

为推动非诉挺在前面，推进诉源治理，2019 年 4 月姑苏法院联合区司法局在江苏首推民商事纠纷律师中立评估机制。针对部分民商事纠纷通过引

177

导当事人选择评估程序，由律师中立评估员对当事人争议问题和纠纷处理作法律分析评估，出具评估意见供当事人参考，引导当事人对诉讼结果作合理预期，根据当事人意愿调解或引导当事人和解。该评估机制依托中立评估框架，注重律师调解功能，转接速裁快审支撑，将法律评估、律师调解、速裁快审有序结合，通过前端疏导预期、中端合力化解、后端精调速裁，实现了1+1+1>3的融合解纷效果。

（一）姑苏法院探索中立评估的过程

一是先行构建机制。姑苏法院数次召开审委会专题讨论研究，文件起草修改先后九易其稿，最终出台《关于建立民商事纠纷中立评估机制的规则（试行）》，构建了民商事纠纷中立评估大机制（包括法律型和专业型两大类）。

二是联合出台意见。为确保机制快速推进，姑苏法院在评估大机制基础上先行探索属于法律型的民商事纠纷律师中立评估，并牵头起草律师参与中立评估的规则初稿，在与区司法局、律师协会多次座谈研究修改完善后，共同出台了《关于深化诉调对接、引入律师参与中立评估工作的实施意见（试行）》，共同推动律师参与民商事纠纷中立评估工作。

三是高标遴选人员。在评估员条件已有基本规定的基础上，姑苏法院与司法局、律协共同确定应当遴选执业经历丰富、公益心强、参与意愿强烈、具有专业领域特长的优秀律师担任中立评估员。据此，先后于2019年、2020年，两批从姑苏区800多名律师中分别择优聘任了43名、26名律师评估员，由姑苏法院聘任后依法纳入法院中立评估员库。

四是强化任职培训。为确保评估员能够履职，在评估员上岗前由姑苏法院对全体律师中立评估员开展中立评估工作任职前培训，强化律师评估员对中立评估机制程序的认知，掌握中立评估基本流程，为中立评估机制运转奠定坚实的人力资源基础。

五是注重各项保障。专门自主研发了"姑苏法院·中立评估智慧管理平台"，实现评估数据集中化、流程可视化。开发"多元解纷移动智慧平台"，推动群众掌上选择中立评估。在院本部诉讼服务中心和金阊法庭分别打造独具特色的"民商事纠纷中立评估室",供评估员听证、法律评估和调解使用。为评估员制发身份胸卡,增强评估仪式感,制作"中立评估机制十问十答""民商事纠纷中立评估员名册"供当事人参考和选择。

六是强化评估分流。姑苏法院设立评估分流窗口,专人以现场解说、手册展示、案例讲解、现场观摩等方式向当事人宣传中立评估可暂不预交诉讼费、可减免部分诉讼费、可优先立审执等优势以及评估听证流程,根据评估案件甄选标准将当事人明显缺乏诉讼经验、诉讼请求金额明显过高、存在极大败诉风险等类型案件努力分流引入律师中立评估程序。

(二)姑苏法院创新的中立评估内容

一是受理。对适宜通过评估化解的民商事纠纷,立案庭在立案前或者审判庭在立案后、开庭前,经各方当事人同意并签署"选择民商事纠纷中立评估确认书"后转入律师中立评估程序。

二是定员。简案由一名评估员承办,由当事人共同选定或共同委托立案庭随机确定;繁案由三名评估员共同评估,双方各选一名评估员,再共同选定或委托立案庭随机确定一名首席评估员。为确保评估中立公平,存在回避情形的评估员依规回避。

三是听证。评估员承接案件后组织当事人听证,听取诉辩意见,调查案件事实,制作听证笔录,对当事人确认的无争议事实及对事实、证据质证意见如实准确记入笔录,带入后续诉讼程序作为证据供法官评判。

四是评估。评估员根据听证情况,从案件事实认定、法律定性、诉讼走向进行可能性与风险性分析评估,出具中立评估意见书。同时明确中立评估结果仅供当事人、承办法官参考,不具有法律拘束力,不作为裁判依据。

五是调解。评估员在听证后告知各方初步评估意见,当场主持"听证调解"(一调)。调解不成的,送达书面评估意见后组织"评估调解"(二调)。调解成功的,当事人可达成和解协议,选择不起诉或撤诉,也可选择申请司法确认或者诉讼调解,并可依规减免诉讼费用。调解不成的直接转入诉讼程序。

六是诉讼。对经由评估程序未调撤成功的诉前案件开辟立案"绿色通道"，快立速裁快审；经评估未调撤成功的诉中案件快速恢复审理。在开庭前承办法官参考已固定的事实、确定的分歧、未调成的争点进行"优先调解"（三调），力促纠纷庭前有效化解。

七是衔接。诉讼中可将评估程序中经当事人确认的无争议事实及质证意见纳入审理，作出说明后可适当简化庭审程序。同时不将当事人在评估程序中为达成调解协议或和解目的所作出的妥协意见作为诉讼中对当事人不利的证据。

八是协调。法院诉讼服务中心配置专人对中立评估工作全流程管理，协调处理各方当事人、律师评估员、对接法官三方的关系，确保评估程序与诉讼程序的诉非对接高效顺畅。

九是交流。依托评估平台，法官与律师建立良性业务交流互动机制，提升对彼此的职业理解与尊重。同时获取律师对法院工作的意见与建议，为姑苏法院完善服务找准切入点，提高司法服务为民质量。

（三）姑苏法院创新的中立评估成效

其一，效果显著。自 2019 年 4 月建立机制至 2022 年 6 月 30 日，姑苏法院受理诉前诉中案件合计 1200 件。在已结案的案件中评估员通过"听证调解"和"评估调解"合计调解撤诉率 45%。未调撤成的案件转入诉讼后法官庭前"优先调解"的调撤成功率 66%。总体来看，经评估案件调撤成功率达 81%，并且经评估的所有案件一审服判息诉率达到 99%，比同期案件一审服判息诉率 91% 提升了 8 个百分点。

其二，三赢效益。姑苏法院打造的评估机制作为多元解纷的一种方式，宏观上促进了矛盾化解、社会和谐，微观上当事人、律师、法院实现了三赢效益。一是对当事人的效益。在非诉解纷中获得较一般调解更优质、更专业的法律指导与调解服务；评估程序紧贴司法强制力支撑，可便捷转入诉讼程序；当事人通过评估程序达成调解的，诉讼费相对有所减省。二是对律师的效益。律师评估员从代理人角色转换到居中评估角色，有利于促进律师业务能力全面发展；以公益性质参与多元解纷，可适当获取相应补贴；有助于评估员与法官实现良性沟通交流。三是对法院的效益。可适当分流化解矛盾纠纷；评估听证形成的材料可辅助后续审判；可疏导当事人诉讼预期，减少上诉申诉、提升服判息诉率。

其三，获得认同。先后于 2019 年、2021 年入选江苏法院司法改革案例。2020 年初苏州市《关于推进非诉纠纷解决机制建设的指导意见》明确要求，在苏州全市推广姑苏法院创新的民商事纠纷律师中立评估机制。2021 年下半年，江苏高院院长书面批示肯定并要求全省推广，江苏法院简报专刊以《苏州市姑苏区法院创新构建民商事纠纷律师中立评估机制》为题向全省法院介绍经验。

（四）姑苏法院中立评估的再深化

为进一步完善和丰富民商事纠纷中立评估机制，助力诉源治理，不断擦亮姑苏法院"中立评估"创新品牌，姑苏法院在过去三年探索民商事纠纷中立评估机制实践经验的基础上，2022 年初又专门出台了《关于深化完善民商事纠纷中立评估机制的意见》，对中立评估的解纷定位、显著优势、费用减免、适用范围、评估期限、聘任期限、类型拓宽、管理运行等八大方面进一步优化细化，力争以更精准、更管用的规范化举措推动姑苏法院民商事纠纷中立评估创新工作再上新台阶。

四 路径选择：中立评估机制完善建议

正如姑苏法院的中立评估模式，中立评估机制并非不能在中国"生根发芽"，根据实践经验，完善评估机制既要厘清评估机制的基础价值，又要科学重构评估机制的规则体系。

（一）厘清评估机制价值

第一，分流纠纷与化解矛盾。非诉解纷机制中缺乏一种程序可以为当事人理性地评估案件、帮助其选择最好的方式解决纠纷[①]。评估机制正可弥补

[①] 李少平：《最高人民法院多元化纠纷解决机制改革意见和特邀调解规定的理解与适用》，人民法院出版社，2017，第 211 页。

这一缺失，中立评估以预测判决结果为手段，引导当事人从和解、调解、撤诉或诉讼等多种方式中选择最适宜的方式解决纠纷，同时其衔接和解、调解机制，又可有效化解纠纷。可见，评估机制异于人民调解等其他非诉方式，不仅可分流纠纷，亦可化解矛盾。

第二，理性选择与高效解纷。有纠纷打官司往往是惯性思维。事实上诉讼是个既要懂法又要会用法的"技术活"，普通民众难以应对自如，但现实中轻率诉讼、盲目诉讼、无理诉讼、试验诉讼①等现象日益突出，导致一些案件判而不决，案结事难了，有的甚至引发上访、闹访。若纠纷先经评估程序，事实得以确认、争点得以明晰、优劣势得以析出，当事人对纠纷化解自会由感性冲动转为理性克制，理性人自会选择最适宜的方式解纷，同时也避免走解纷错路弯路，实现矛盾纠纷精准化解。

第三，助力审判与服判息诉。如前所述，纠纷经由评估后澄清了事实、厘清了争点、明晰了走向，调解不成的纠纷即使转入诉讼，亦会因纠纷"面貌"已呈现而助推诉讼加速，提升案件审理效率。因评估意见相当于体制外"准法官"的"准判决"，似一审，经审理后案件再由体制内"真法官"来份"真判决"，似二审，那么当事人纠纷经由结果一致的"先后两审、内外两判"，基本也就接受了法院判决结果，不再盲目上诉或信访，实现当事人服判息诉。

（二）重构评估机制规则

第一，评估适用于普通民商事案件。域外中立评估程序对适用案件范围并无限制，各类民商事案件均可启动中立评估程序②。中国 2016 年意见将案件范围限于特定类型，实践证明运行效果不佳，故建议制定新规则时规定适用于民商事案件即可，不限制具体案件范围，将案件是否适宜评估的判断

① 林轲亮：《早期中立评估制度研究——多元化纠纷解决机制的另一维度》，法律出版社，2017，第 394～397 页。
② 江和平、黄琪：《民商事纠纷中立评估机制的中国发展之路》，《法律适用》2015 年第 7 期，第 24 页。

权留给法院在司法实践中把握。有些案件如适用特别程序的案件、当事人下落不明的案件、事实清楚且证据充分的案件等，因与评估机制功能相悖而不适宜评估，而对于当事人的轻率诉讼、盲目诉讼、无理诉讼、试验诉讼等则可努力引入评估程序。

第二，评估员应限定于法律领域专业人员。中立评估的核心系预测判决结果，正因如此，域外中立评估员主要来自律师和退休法官[1]。2016 年意见对评估员来源没有限定，影响到中立评估的推广实效。因此，建议评估员应兼具两个条件：一是具有系统的法律专业知识，二是具有丰富的诉讼实务经验。从当前实践来看，三类人员较为合适：一是具有多年执业经验的律师，二是具有相当法律实务经验的高校法学教师或法学研究人员，三是退休的民商事法官[2]。

第三，评估应基于当事人陈述及所举证据。2012 年方案明确评估员根据当事人的陈述及证据预测判决结果，让预测建立在具体规则基础上，但2016 年意见对此未作规定。事实上评估系通过预测判决结果来实现其目标价值，评估的基础应相当于审判的基础，即当事人诉辩意见及所举证据。因此，建议明确评估的基础为当事人的陈述及证据。

第四，评估应以不公开方式进行。评估程序启动以各方当事人同意为前提，似法院调解，具有一定私密性，不宜公开进行，且评估的案件将来可能转入诉讼，若公开进行，倘若证人不慎旁听后又要在诉讼中作为证人出庭作证，势必严重影响该证人证言的可采纳性。因此，建议明确中立评估以不公开方式进行，他人不得旁听。

第五，评估意见不应具有法律效力。中立评估旨在通过预测判决结果促进纠纷分流化解，"预测"属性决定评估意见仅为供当事人参考的专业意见，具有指引性、参考性，不能约束当事人，亦不能约束法院的裁判。另

---

[1] 江和平、黄琪：《民商事纠纷中立评估机制的中国发展之路》，《法律适用》2015 年第 7 期，第 24 页。

[2] 李少平：《最高人民法院多元化纠纷解决机制改革意见和特邀调解规定的理解与适用》，人民法院出版社，2017，第 213 页。

外，鉴于经由评估案件最终可能裁判解决，那么个别情况下评估意见与裁判结果不一致时，不具法律效力的评估意见就不会对法院裁判造成较大冲击。因此，建议明确评估意见仅供当事人参考，不具有法律效力，不约束法院的裁判。

第六，评估员应有评估后的调解权。域外中立评估员的职能作用主要局限于评估，没有调解权。我国 2016 年意见也未赋予评估员调解权，这种规则设计虽然符合中立性，但将评估与调解割裂，限制了中立评估的作用发挥①。事实上，因评估在前调解在后，赋予评估员评估后调解权与评估中立属性并不冲突。评估员享有评估后调解权，既可减少当事人诉累，亦可提升化解纠纷效率。不过，赋予评估员调解权应设定两个前提：一是调解应于评估后进行；二是当事人同意由评估员调解，否则，易导致评估机制沦为法律专业人员的直接调解，弱化中立评估机制的多种固有价值。

第七，中立评估要融入多元解纷体系。在多元解纷体系中，和解、调解、仲裁、诉讼等解纷方式功能相对单一，但中立评估的功能更具多元性，如兼具疏导当事人预期、专业高效化解、助力后续审判等功能。建议制定新规则时明确中立评估作为新型解纷方式，在融入多元解纷方式与其他解纷方式构成互补关系的同时，要充分发挥其多元化功能实现机制的最大效应。

结　语

民商事纠纷中立评估机制的解纷价值巨大，值得深入研究，但因当前数据有限，本文仅初步分析探讨了该机制在我国的制度"落地"但未全面"生根"原因，并提出规则完善建议。期待我国将来能够出台更为明确具体的中立评估规范，为基层矛盾纠纷化解增添新路径、为人民群众解纷提供更多选择。

---

① 汪晖：《中立评估机制的构建与完善》，https：//mp. weixin. qq. com/s/_ 3z0EnZMSEAOx0 GjmBn6CQ，最后访问日期：2022 年 7 月 1 日。

B.11
司法工作人员相关职务犯罪
侦办制度调研报告

李 琳 王茂宁*

摘 要： 提升司法工作人员相关职务犯罪侦办质效能够提升人民群众对法治的信任感和满意度，弥补监察机关侦查职务犯罪的局限，增强检察机关法律监督刚性。修改后的《刑事诉讼法》规定了检察机关对司法工作人员相关职务犯罪直接立案侦查制度，通过对近年来办案遇到的线索质量不足、专业人才欠缺、办案难度大等问题的研究，本文提出，可从扩大线索来源、提高侦查人员综合素质、探索信息化技术、做好预防等方面提升职务犯罪侦办质量、效率、效果，为满足人民群众对民主、法治、公正的新需求提供强有力的检察保障。

关键词： 司法工作人员 职务犯罪侦办 法律监督

  2018年10月26日，十三届全国人大六次会议审议并通过了《关于修改〈中华人民共和国刑事诉讼法〉的决定》。这次《刑事诉讼法》修改，体现了习近平总书记新时代中国特色社会主义思想和党的十九大精神，建立了检察机关对司法工作人员相关职务犯罪直接立案侦查的制度，是新时期党风廉政建设和反腐败总体战略布局的重要组成部分，是刑事诉讼制度的一次重

---

* 李琳，上海市黄浦区人民检察院第四检察部副主任、检察官；王茂宁，上海市黄浦区人民检察院第四检察部检察官助理。

大完善。如何更好地开展司法工作人员相关职务犯罪侦办工作，提升案件办理质效是检察机关面临的一项新课题。

一 提升司法工作人员相关职务犯罪侦办质效的重要性

"法者，所以罚不义，平不平者也。"① 公平正义是法治的生命线，也是中国共产党长期追求的崇高价值目标，是中国特色社会主义法治的内在要求②。司法工作是依法治国的重要保障，是社会公平公正的最后一道防线，相比其他犯罪，司法工作人员利用职务便利实施犯罪的行为，社会性质恶劣、危害性强。如果人民群众通过司法程序无法保障自身的合法权益，那么司法也就不再具有公信力。《宪法》第134条明确规定，"中华人民共和国人民检察院是国家的法律监督机关"。检察机关通过法律赋予的检察权，监督司法工作人员行使司法权，依法查处司法工作人员腐败行为能保障国家法律统一正确实施、净化司法环境、提升司法权威，履行惩治犯罪和保障人权的职责使命，提升检察机关侦办司法工作人员相关职务犯罪质效具有极其重要的意义。

（一）维护党的绝对领导

《中国共产党政法工作条例》第一条就明确指出，"为了坚持和加强党对政法工作的绝对领导，做好新时代党的政法工作，根据《中国共产党章程》、《中华人民共和国宪法》和有关法律，制定本条例"，从而确定了党对政法工作绝对领导的鲜明主题。推进全面依法治国，坚持建设德才兼备的高素质法治工作队伍，提高法治工作队伍思想政治素质、业务工作能力、职业道德水准，着力建设一支忠于党、忠于国家、忠于人民、忠于法律的社会主义法治工作队伍。司法工作人员作为全面依法治国的重要力量，在司法工作

---

① ［法］孟德斯鸠：《孟德斯鸠法意》下册，严复译，商务出版社，1981，第740页。
② 参见付子堂《以人民为中心是习近平法治思想的根本立场》，《中国司法》2021年第11期。

中牢记使命、忠实履职意义重大，检察机关侦办司法工作人员相关职务犯罪能够维护党对政法工作的绝对领导。

（二）提升人民群众对法治的信任感和满意度

坚持人民至上，是党百年奋斗的宝贵历史经验之一。习近平总书记指出，"全面依法治国最广泛、最深厚的基础是人民，必须坚持为了人民、依靠人民"，多次强调"推进全面依法治国，根本目的是依法保障人民权益""努力让人民群众在每一个司法案件中感受到公平正义"。[①] 2021年6月，党中央首次专门印发的《中共中央关于加强新时代检察机关法律监督工作的意见》指出，"进入新发展阶段，与人民群众在民主、法治、公平、正义、安全、环境等方面的新需求相比，法律执行和实施仍是亟需补齐的短板，检察机关法律监督职能作用发挥还不够充分"。检察机关用高质量法律监督保障人民安居乐业是适应新时代法治建设的需要，通过法律赋予的司法工作人员职务犯罪侦查职能清除司法队伍中的毒瘤，能为建设让党中央放心、人民群众满意的高素质司法工作人员贡献自己的力量，努力让人民群众在每一个司法行为中都看到风清气正的执法队伍、感受到公平正义的执法行为。

（三）弥补监察机关侦查职务犯罪的局限性

《监察法》第一条明确指出，"为了深化国家监察体制改革，加强对所有行使公权力的公职人员的监督，实现国家监察全面覆盖，深入开展反腐败工作，推进国家治理体系和治理能力现代化，根据宪法，制定本法"。根据上述条文，监察委员会的工作职能更倾向于国家反腐败斗争。检察机关对在诉讼监督中发现的司法工作人员利用职权实施的侵犯公民权利、损害司法公正的犯罪进行立案侦查，本身就是检察机关对诉讼活动进行监督的重要组成

[①] 《习近平在中央全面依法治国工作会议上发表主要讲话》，中华人民共和国中央人民政府网站，http：//www.gov.cn/xinwen/2020-11/17/content_ 5562085. htm，最后访问日期：2022年10月27日。

部分，这也是查办职务犯罪职能整体转隶监察委员会后，仍然给检察机关保留部分侦查权的原因。因此，不应将侦查权与诉讼监督权截然分离。在刑事、民事、行政等诉讼过程中，检察机关更熟悉司法程序，能更好地弥补监察机关对司法工作人员职务犯罪侦查的局限。

（四）增强检察机关法律监督的刚性

检察机关重建四十年来的历史经验充分表明，纠正违法行为和错误决定与侦查司法工作人员职务犯罪相辅相成、不可或缺：通过纠正违法行为和错误决定，可以发现一些职务犯罪线索；通过侦查职务犯罪可以促进纠正意见或者建议落实①。修改后的《刑事诉讼法》保留了检察机关对司法工作人员相关职务犯罪的侦查权，强化了宪法规定的检察机关是法律监督机关这一定位，目前检察机关的许多监督手段存在刚性不足问题，现有司法工作人员职务犯罪侦查权作为强有力的后盾，能更好地履行监督职能，适应目前实践的需要，为监督的落实和效果提供一定保障。

二 侦办司法工作人员相关职务犯罪的现状

（一）案件管辖范围

2018 年新修改的《刑事诉讼法》第 19 条第 2 款规定："人民检察院在对诉讼活动实行法律监督中发现的司法工作人员利用职权实施的非法拘禁、刑讯逼供、非法搜查等侵犯公民权利、损害司法公正的犯罪，可以由人民检察院立案侦查。"

1.本罪主体是"司法工作人员"

根据《刑法》第 94 条规定，司法工作人员是指有侦查、检察、审判、

---

① 参见陈国庆《刑事诉讼法修改与刑事检察工作的新发展》，《国家检察官学院学报》2019 年第 1 期。

监管职责的人员。具体包括四类人员：①有侦查职责的人员，包括公安、检察、监狱、中国海警局等司法机关中负责对犯罪行为进行侦查的人员；②有检察职责的人员，包括检察机关负责审查逮捕、起诉、出庭公诉、公益诉讼、诉讼监督等工作的人员；③有审判职责的人员，指法院负责刑事、民事、行政等审判工作的人员；④有监管职责的人员，包括公安、国安以及监狱中负责监管的人员。

2. 本罪管辖级别

最高人民检察院《关于人民检察院立案侦查司法工作人员相关职务犯罪案件若干问题的规定》规定，对 14 类司法工作人员职务犯罪案件的管辖，由设区的市级人民检察院立案侦查。基层人民检察院发现犯罪线索的，应当报设区的市级人民检察院决定立案侦查。设区的市级人民检察院也可以将案件交由基层人民检察院立案侦查，或者由基层人民检察院协助侦查。最高人民检察院、省级人民检察院发现犯罪线索的，可以自行决定立案侦查，也可以将案件线索交由指定的省级人民检察院、设区的市级人民检察院立案侦查。所以，目前此类案件属于市级检察院管辖。

3. 与监察委员会互涉案件的管辖

修改后的《刑事诉讼法》对与监察委员会互涉案件的表述是"可以由检察机关立案侦查"，对这部分罪名检察机关也可以进行调查。最高人民检察院《关于人民检察院立案侦查司法工作人员相关职务犯罪案件若干问题的规定》规定："人民检察院立案侦查本规定所列犯罪时，发现犯罪嫌疑人同时涉嫌监察委员会管辖的职务犯罪线索的，应当及时与同级监察委员会沟通，一般应当由监察委员会为主调查，人民检察院予以协助。经沟通，认为全案由监察委员会管辖更为适宜的，人民检察院应当撤销案件，将案件和相应职务犯罪线索一并移送监察委员会；认为由监察委员会和人民检察院分别管辖更为适宜的，人民检察院应当将监察委员会管辖的相应职务犯罪线索移送监察委员会，对依法由人民检察院管辖的犯罪案件继续侦查。人民检察院应当及时将沟通情况报告上一级人民检察院。沟通期间，人民检察院不得停止对案件的侦查。监察委员会和人民检察院分别管辖的案件，调查（侦查）

终结前，人民检察院应当就移送审查起诉有关事宜与监察委员会加强沟通，协调一致，由人民检察院依法对全案审查起诉。"由此可见，司法工作人员职务犯罪的 14 种罪名"可以"由检察院立案侦查，监察委员会对这 14 个罪名的侦查有管辖权，并非检察机关专属。所以，我国司法工作人员职务犯罪侦查模式目前属于监察人员与检察人员共同管辖模式。

（二）案件侦办情况

1. 立案情况

新法修改后检察机关初步探索了监检衔接、检察机关内部移送、侦查一体化等运行机制，结合近年来开展的扫黑除恶专项斗争、对监狱及看守所开展的巡回检查、全国政法队伍教育整顿、检察机关百日攻坚战等专项活动，查处的司法工作人员相关职务犯罪案件呈逐年上升趋势，其中 2019 年立案侦查 871 人，2020 年立案侦查 1421 人，2021 年立案侦查 2253 人①。

2. 线索来源情况

目前，检察机关办理司法渎职案件线索的来源一般有以下四种渠道：一是刑事检察部门在审查逮捕、起诉、支持公诉、抗诉等刑事诉讼中发现，二是民事检察、行政检察、公益诉讼检察部门在监督履职中发现，三是刑事执行部门在对监狱、看守所、司法局的执行监督中发现，四是控告申诉部门在 12309 检察服务中心等接待工作中发现。上述线索获取方式均属于在犯罪行为已经实施完毕或已被发现的情况下，在一定程度上具有滞后性，存在线索获取相对被动的特点。

三 司法工作人员相关职务犯罪侦办存在的问题

（一）办案难度大

第一，犯罪主体反侦查能力强。该类犯罪主体为司法工作人员，一般都

---

① 数据来源于最高人民检察院 2020 年、2021 年、2022 年最高人民检察院工作报告。

有高智商、高学历、经验丰富的特点，法律素养也比一般犯罪主体强，长期从事司法工作，他们非常清楚目前侦查的方法和手段，对构成犯罪的证据如何界定更明确。该类犯罪一般属于故意犯罪，犯罪人员会在犯罪前精心谋划，犯罪后善于用伪造、掩盖、消除犯罪证据的手法刻意掩盖，希望能避免暴露他们的真实身份或与案件的关系，企图逃避法律的制裁。

第二，犯罪手法专业隐蔽。一是司法工作人员职务犯罪案件通常是在履行诉讼职能或办理案件过程中发生的，因司法工作本身涵盖刑事、民事、行政等案件，涉及范围有侦查、检察、审判、监管等职责，存在点多面广、岗位不同、专业知识不同等特点。二是法律制度设计往往具有滞后性，随着时代的发展难免存在不同程度的漏洞，司法工作人员在犯罪过程中也善于利用这些特点来保护自己。以上两种特点决定了此类案件的侦查与一般的刑事侦查不同，既需要侦查隐藏在原案下的证据线索，也需要解释专门法律规定，这提高了侦办该类案件的难度。

第三，侦查手段欠缺。反贪反渎部门原有的通信侦查装备、房产查询通道等已停用，后续没有与有关协查单位（如几大通信行业巨头、中国人民银行）进行有效的衔接沟通，导致未对检察机关开放调查，有效的信息共享机制尚未建立。目前检察机关的侦查装备、手段已不能满足"大数据"时代的侦查需求，在侦查阶段仍需借助监察机关的力量去调取证据。侦查手段的欠缺导致查询周期较长，侦查效率低，无法及时有效地固定证据。

（二）案件线索不足

第一，控告线索质量不佳。一是控告线索质量不高，很多时候收到的案件线索并非真正的职务犯罪线索，多数为民事审判中因败诉不服的人员或者刑事判决执行未到位的案件。例如，在政法队伍教育整顿期间接收到大量名为控告实为申诉的案件，很多非法吸收公众存款案的被害人因未拿到当初"投资"的钱财一次又一次地控告举报，案件线索可查性不高。二是控告数量不多。实际查处的此类案件数量本身较少，中国裁判文书网对该类案件的公开程度不高，即使有一些案件但出于种种原因宣传力度往往不够，人民群众对检察机关司法工作人员职务犯罪的侦查职责和任务不太了解，不清楚哪些行为属于检察院管辖的范围，也不知如何举报。

第二，监察机关线索来源不畅通。正如前文所述，监察机关对公职人员实行"全覆盖"监察，职责包含了公职人员所有的职务违法和犯罪行为，这14类司法人员职务犯罪只是其中的一小部分，监察机关职责主要是惩治腐败行为，其在查出腐败犯罪之后难以有余力对14类司法工作人员职务犯罪实施进一步监督。《刑事诉讼法》修改已有接近三年的时间，全国仅有部分检察机关与监察机关建立了衔接机制，且一般是在个案中沟通较多，目前未就该项工作形成有效机制，监检衔接不够畅通。

第三，检察机关内部未形成良好的线索流通。一是未与其他检察部门考核挂钩，移送积极性不足。上海检察机关近三年办理的司法工作人员职务犯罪案件大多为在刑事诉讼中发现。最高人民检察院近年来一直积极推动检察人员考核机制，目前对刑事、民事、行政、公益诉讼等无侦查权限的部门向刑事执行部门移送相关线索未建立考核奖励机制，导致不能调动其他职能部门的积极性。二是检务督察部门未在司法责任认定、追究机制建设中与刑事执行检察部门建立双向移送机制。在督察、巡察、内部审计等工作中发现司法工作人员涉嫌相关职务犯罪的，未及时移送刑事执行部门办理，刑事执行部门在调查案件过程中发现相关人员涉嫌违反司法责任但并不涉嫌相关职务犯罪的，也未建立线索移送检务督察部门机制。

（三）专业人才欠缺

第一，综合素质不高。虽然对14种司法工作人员职务犯罪侦查是检察机关的"老本行"，应当有很多经验可供借鉴，但在司法体制改革后，当初反贪、反渎部门大部分有自侦经验的检察干警转隶到监察机关，导致侦查人才大量缺失，侦查团队力量薄弱。目前，检察机关对此类案件的侦查职能在刑事执行部门，该部门人员年龄普遍偏高，同时还有看守所驻所检察监督、社区矫正监外执行监督等职能，面临人少业务多的现状，可能只注重承办案件的审查工作，挖掘职务犯罪线索的能力不足。

第二，司法理念落后。转隶后一些办案规范被调整或废止，针对司法工作人员相关职务犯罪侦查办案的程序性规范尚未出台或需进一步细化与规范，刑事执行检察部门的基层人员在工作中对司法工作人员相关职务犯罪线索的发现和重视程度不高，往往缺乏敏锐性。同时部分检察机关对自身在反腐败大局中的作用，尤其是对检察侦查权的定位把握不准，对立法赋权的本意认识不清，存在等待观望、干劲不足等情况①。

四　提升司法工作人员相关职务犯罪侦办质效路径

2021 年底最高人民检察院印发的《检察人员考核工作指引》要求，应当落实司法责任制，突出对办案工作质量、效率、效果的考核。

（一）提高侦查人才的综合素质

第一，组建专业人员队伍。最高人民检察院领导强调，队伍建设关键在"人"，面对目前侦查人才匮乏的情况，应当在现有侦查人员基础上抽调办案骨干，通过省级检察机关统一管理，组建以检察业务专家、资深检察官为主体的专门侦查队伍，逐步形成专业侦查人才库，培养一批经验丰富的侦查团队。同时，在案件办理中，应当积极探索构建一体化办案机制，统一管理案件线索，统一指挥侦查活动，统一调配侦查力量，形成全省、全市侦查办案整体合力。

第二，上级检察机关加大对下级机关的指导。一是典型案例引导作用。针对全国检察机关在侦查案件中遇到的难点问题，利用好现有的检答网和专家人才库征集问题。最高人民检察院对易发高发的重难点问题做好类案研究，对全国发生的案件进行对比分析，总结司法实践中此类犯罪的共性和特点，对重点罪名、案件多发领域重点关注，在全国范围内下发相关的侦办指

① 参见侯亚辉《司法工作人员相关职务犯罪侦查实务研究》，《人民检察》2021 年第 18 期。

导案例，切实提高侦查工作的实效性。二是在检察机关自行组织的在职培训中，不仅要重视相关专业理论知识，更应针对司法实践中遇到的热点、难点和疑点问题，设置专题培训内容，为参训人员提供或拓宽办理案件的思路，将先进经验和做法实时应用到办案工作中。

（二）扩大线索来源

第一，建立健全检察机关内部协作机制。一是依托"四大检察"——刑事、民事、行政、公益诉讼的工作格局，扩大案件线索来源。针对目前未将发现司法工作人员职务犯罪线索移送刑事执行检察部门的情况，建立考评机制，从省、市、区三级院到每位独立的检察官，考核时可以附加办案过程中履行法律监督的情况，作为考评履职能力的参照，促使其在工作中发现案件线索能及时移送刑事执行部门。二是建立健全办案协作机制，刑事执行部门与检务督察部门在办理案件过程中，根据工作需要，通过协同调查核实等方式，相互协助办案，确保办案资源配置最优化①。广东省人民检察院于2020年7月制定实施《关于建立广东省检察机关侦查部门与检务督察部门协作机制的规定》，根据司法责任制综合配套改革要求，制定司法责任追究条例，构建公平合理的司法责任认定和追究机制。

第二，加强监检衔接。加大检察机关侦查工作与监察机关调查工作的衔接力度，双方就案件管辖、互涉案件处理等加大协调力度，在前期线索初查期共同研判，准确把握办案时机和侦查方向。立案后，侦查、调查紧密衔接，发挥各自优势、紧密协作，形成办案合力，提升办案质效。目前，福建省检察机关与福建省监察机关联合出台《加强协同作战　严惩司法工作人员涉黑涉恶腐败和充当"保护伞"问题"四项协作"机制》，就线索双向移动、案件协同攻坚、一线联合督导、常态会商协作等具体内容作出明确规定，此做法可以有效地拓展案源渠道，促进线索顺畅流转。

---

① 参见刘晖、徐伟勇、桑先军《司法工作人员相关职务犯罪侦查机制中检察一体化的完善》，《人民检察》2020年第18期。

第三，内外齐抓，扩大来源。一是借助各类专项活动内部自查。近年来，检察机关结合扫黑除恶专项斗争、政法队伍教育整顿，在"减刑、假释、暂予监外执行"回头看、"百日攻坚战"、巡回检察等专项中加强对线索的核查排摸，发现了一些司法工作人员相关职务犯罪线索。二是加大力度从群众中获取线索。针对人民群众对检察机关司法工作人员职务犯罪工作了解不透彻的情况，加大对 14 种罪名的宣传力度，在宣传中注重宣传渠道和时效性，引导人民群众有导向性地进行举报，以此获得更多高质量的线索。

（三）探索信息化技术引导侦查

第一，从实质看，侦查破案的过程就是职务犯罪侦查部门对案件信息的采集、汇总、分析、运用的过程①。现代社会中，计算机网络和信息技术得到飞速发展和广泛应用，任何工作都以信息技术为核心。在"大数据"时代，从事侦查工作必须顺应社会发展变化，侦查人员可以自行在海量数据中寻找对应的证据，通过信息化技术引导侦查。

第二，《中共中央关于加强新时代检察机关法律监督工作的意见》要求，新时代检察机关应当借助数字化、智能化手段，探索加强新时代法律监督工作的具体措施。其实，从 1991 年最高人民检察院实行自动化办公开始，"智慧检务"已经历了 20 多年，新时期的"智慧检务"已经迈入 4.0 阶段，"大数据"和"人工智能"已经应用于检察机关各项工作。"智慧检务"可以为侦查提供更多线索和证据。应当加强对司法工作人员相关职务犯罪侦查信息化的运用和建设，结合当下数字化转型工作要求，加快"智慧检务"信息网络平台建设，提高搜集数据信息的能力，提升司法工作人员职务犯罪侦查效率。

（四）做好犯罪预防

犯罪学家贝卡利亚在《论犯罪与刑罚》一书中指出，刑罚的目的在于

---

① 参见陈重喜、肖力《职务犯罪侦查信息化与侦查模式转变研究》，《法学评论》2014 年第 6 期。

阻止犯罪再重新侵害公民，并规诫其他人不要重蹈覆辙①。严厉打击司法工作人员职务犯罪，除了提高侦办职务犯罪的质量和效率，更需要构筑犯罪预防体系，做好犯罪预防工作，这样才是真正实现司法工作人员职务犯罪侦办的效果，符合社会发展的整体利益。

第一，构筑思想防线。教育可以改变人的知识结构、思想态度以及行为方式。提高司法工作人员对其职务行为的司法尊荣感，有助于引导司法工作人员形成正确的职业观念，形成抵制犯罪的思想防线，对于预防司法工作人员职务犯罪行为有积极的功能和效用。通过开展预防司法工作人员职务犯罪学习教育活动，树立法治信仰观念，从根本上减少司法工作人员职务犯罪行为的发生，所以，应当紧密联系思想和工作实际，长期不间断地将理论学习与思想教育相结合，提升司法工作人员自身素质和能力。以案为鉴，在分析个案职务犯罪时，避免过多探讨"悔过性"内容，而应当深入分析个案中职务犯罪的原因。

第二，健全有效的监督机制。孟德斯鸠在《论法的精神》一书中强调，"一切权力的享有者都容易滥用权力，这是一条万古不易的经验。有权力的人们使用权力一直到遇到界限的地方才休止。"② 有权力就应当有监督，司法工作人员要树立主动接受监督观念，将自己的执法活动置于人民群众的监督之下。工作中合理利用人民监督员等机制，拓宽群众监督预防渠道，发挥群众预防与监督作用。保障公众的知情权和参与权，逐步扩大公开范围和层级，使阳光司法工作机制更加健全，如配合开展"司法工作作风民主评议、民意调查、反腐败评价"等，同时注重对评测结果的数据分析和运用，加强群众预防刚性，更好地督促司法工作人员廉洁公正执法。

第三，建立犯罪预防体系。强化预防监督力度，建立并完善具有中国特色的司法责任体系及监察体系，规范审判权、检察权、监察权运行，促进完善符合司法工作人员职业特点的保障体系（人员分类管理制度、人财物省

---

① 〔意〕贝卡利亚：《论犯罪与刑罚》，黄风译，中国大百科全书出版社，1993，第42页。

② 〔法〕孟德斯鸠：《论法的精神》，张雁深译，商务印书馆，1961，第56页。

级统管的全面推开、司法工作人员惩戒制度、与司法工作人员职务序列相配套的工资制度以及履行职务受到侵害保障救济机制），增强公检法、审计、信访、监察机关等单位的协同联动，强化关键环节的预防监督①；同时，近年来创新的预防监督方式，如 2021 年开展的八小时外行为禁令、家风情况等纳入预防体系与监督视野，取得了较好的监督效果。当然，建立合理的预防体系任重而道远，应当立足国情，持续深入调查研究，多角度分析司法工作人员职务犯罪原因，建立与完善以权力监督与制约为主线，在制度保障的基础上，建立惩防并举、以防为主的司法工作人员相关职务犯罪预防体系。

---

① 参见李梦思《司法工作人员职务犯罪刑事司法样态分析及预防研究——以西南地区为例》，重庆大学硕士学位论文，2017。

B.12
第一审普通程序独任制审理案件适用范围界定

权成子　韩思思*

摘　要： 最高人民法院《民事诉讼程序繁简分流改革试点实施办法》第16条、第17条对基层法院在审理普通程序案件中"扩大独任制适用范围"进行了初始规定，即"事实不易查明，但法律适用明确"。此外，还规定了排除适用独任制的九种情形，但对"事实不易查明，但法律适用明确"的案件范围未进行细化指引。鉴于基层法院第一审普通程序案件体量的庞大性，本文以"扩大独任制适用范围"的现实适用困境为预设，探究困境产生根源，从诉讼目的、制度价值及当事人诉权角度探索扩大独任制适用范围的边界理解方向，在理论支撑的基础上，探讨基层法院第一审普通程序案件独任制审理适用范围的界限厘定，以期对第一审普通程序独任制适用深化改革有所助益。

关键词： 一审程序　普通程序　独任制　审判实践　适用范围

引　言

时移则法易，为缓解"诉讼爆炸"带来的现实压力，最高人民法院出台了《民事诉讼程序繁简分流改革试点实施办法》（以下简称《实施办

---

* 权成子，北京市朝阳区人民法院法官助理；韩思思，北京市平谷区人民法院法官助理。

法》）。其中，第五章的相关规定第一次实现了我国审判程序与审判组织的剥离①，破除了《民事诉讼法》第 269 条②体现的合议制与普通程序捆绑模式。《实施办法》第 16 条开创性地提出在普通程序中适用独任制审理制度的模式，这一改变必然导致独任制在基层法院得到更广泛便捷的适用，凸显扩大独任制预期优先追求效率、缩短审理期限与提高结案率的优点，在此对"扩大独任制适用范围"的必要性不再一一赘述。本文将直接立足基层法院第一审普通程序案件独任审理的适用困境，就适用范围边界规制进行分析，并就今后具体适用进行实践探索，以期基层法院在适用《实施办法》时能够更明确、果断地在普通程序案件中采取独任制审理制度。

一 检视：《实施办法》对扩大独任制适用范围规定的适用困境

（一）法律规范缺位导致适用基础薄弱

对于基层法院第一审普通程序独任制审理的案件，《实施办法》规定的适用条件为"事实不易查明，但法律适用明确"③（见表1），同时列举规定了九类排除情形④。此外，院庭长监督的"四类案件"⑤，实际也应当包含在排除情形范围内而适用合议制进行审理。下级法院在制定试行实施细则时对"事实不易查明，但法律适用明确"进行了适当扩充，如 B 省高级人民法院在制定的相关实施细则中将独任制适用范围扩充至法律适用明确但查清

---

① 为行文简洁，下文将"独任庭与合议庭"简化为"审判组织"。另外，本文探讨的普通程序独任制适用情形仅限于基层法院审理的第一审民商事案件。
② 《民事诉讼法》第 269 条规定：当事人就案件适用简易程序提出异议，人民法院经审查……转为普通程序的，人民法院应当……。
③ 参见《实施办法》第 16 条。
④ 参见《实施办法》第 17 条规定的九类情形。
⑤ 《关于完善人民法院审判权力和责任清单的指导意见》第 8 条规定的四类案件。

事实需经评估、鉴定等程序性事项的案件及由于送达原因转为普通程序审理的简单案件等。上述细则对因程序性事项及送达困难造成审限超时而"被迫"转为普通程序，从而"伴随"适用合议制审理案件的情形进行了颠覆传统的重新定义，但仍有兜底条款，虽从制度设计上考虑到基层法院受案类型差异等情形而未作统一规定，但对其他情形范围未进行明确界定，确实在客观上导致了理解偏差、适用模糊的情形。B省基层法院亦未对"事实不易查明，但法律适用明确"作进一步扩充解释。然而，从实践看，司法改革若想实现纵深发展，应当明确案件审理中"事实不易查明"与"法律适用明确"的具体适用情形，挖掘适用案件类型，扩充适用案件体量，最大限度地优化司法效能。

表1　法律事实与法律关系的层级关系

法律事实层面	法律关系层面	案件类型	组织—程序形式
事实清楚	法律适用明确或权利义务明确	简单案件	小额程序、简易程序
事实不易查明	法律适用明确或权利义务明确	普通案件	独任制普通程序
事实不易查明	法律适用不明或权利义务不明确	疑难复杂案件	合议制普通程序
事实不清	法律适用不明或权利义务不明确	疑难复杂案件	合议制普通程序

（二）两种解释方向偏离司法改革价值取向

扩大独任制适用范围的价值在于充分发挥独任制与合议制的不同制度优势，通过优化资源配置，既能在简单案件审理中体现独任制高效灵活的优点，又能在复杂案件审理中发挥合议制民主决策的优势，从而实现繁简分流的目的，提升整体审判质效。

1.对适用范围扩张解释违背理性有序推进改革成果原则

诉讼程序具有保证公平公正、体现民主、简洁高效等内在价值。《实施办法》自2020年实施以来，以B省16家基层法院为例①，独任制在各基层

---

① B省共有17家基层法院，其中1家基层法院因成立不久，在下文按年份对比数据时不具有参考意义，故本文仅将B省的其他16家基层法院数据作为本文的数据参考。

法院审理普通程序案件中的适用率有显著提升（见表2），合议制适用率明显降低（见表3），但可以看到的是独任制普通程序案件的上诉率和二审发改率也随之上升（见表4、表5）。合议制，尤其是有人民陪审员参与的合议制，对于人民群众将生活智慧发挥在事实认定过程、呈现于案件裁判结果，使司法裁判结果与社会情势、民意诉求相契合具有积极影响，我国程序法的制度设计也体现了适用合议制度审理普通程序案件的价值倾向。《实施办法》虽有意实现审理程序与审理制度的松绑，但合议制独一无二的内在民主价值及社会工具价值仍需在复杂案件中得以保留和体现。因此，对《实施办法》中的适用范围①不宜作类推扩张解释，既要在试点范围有序推进，也要遵守一定的审慎适用义务，确保案件审理质量的同时提升案件审理效率。

2. 对适用范围的限缩解释不利于达成预期司法改革成效

从表2可以看出，自《实施办法》试行以来，B省基层法院适用独任制普通程序案件的适用率差异极大，2021年适用率超过10%的法院仅有7家，2022年以来独任制普通程序案件适用率有显著提升，但仍有6家法院适用率不足15%。具体来看，适用率高的法院如C法院在2020年的适用率已达22.13%，在2021年达到35.97%，数据呈现增长态势。适用率低的法院如O法院，在2020年适用率为4.08%，2021年的适用率虽然有所提升，但仍只有8.49%，2022年上半年的适用率仅为5.62%。总体来看，基层法院对在普通程序中适用独任制审理仍然较为保守，以M法院A庭室2021年上半年结案程序适用情况为例（见图1），简易程序扩大适用及独任制扩大适用的改革成效显著。同时，也需要注意到，该庭室由于案件实体原因而适用独任审理的普通程序案件结案数量为0件，此项数据体现了推动非程序性原因扩大独任制适用过程中，因无先例，且案件实体把握因人而异，如启动法官会议制度并由全庭室法官参与集体讨论得出个案适用规则反而违

---

① 本文中的"适用范围"均指在《实施办法》适用背景下，基层法院审理第一审民商事案件适用普通程序独任制审理的适用范围。

表 2　B 省 16 家基层法院独任制普通程序案件适用率

单位：%

	A 法院	B 法院	C 法院	D 法院	E 法院	F 法院	G 法院	H 法院	I 法院	J 法院	K 法院	L 法院	M 法院	N 法院	O 法院	P 法院
2020 年 1 月至 12 月	8.75	21.89	22.13	11.11	18.9	16.82	4.81	5.11	2.83	13.72	9.24	11.47	0.93	7.04	4.08	3.48
2021 年 1 月至 12 月	8.66	23.02	35.97	22.6	19.96	19.8	8.24	7.36	7.9	15.06	7.53	25.91	2.97	5.96	8.49	11.85
2022 年 1 月至 6 月	21.51	35.2	26.42	36.95	36.02	30.84	11.05	11.95	19.07	22.11	9.18	37.59	10.91	10.14	5.62	27.37

表 3　B 省 16 家基层法院一审合议制适用率

单位：%

	A 法院	B 法院	C 法院	D 法院	E 法院	F 法院	G 法院	H 法院	I 法院	J 法院	K 法院	L 法院	M 法院	N 法院	O 法院	P 法院
2020 年 1 月至 12 月	7.09	12.12	14.18	32.44	10.26	10.08	4.68	11.7	6.81	12.92	4.48	17.24	6.97	8.37	3.95	6.82
2021 年 1 月至 12 月	2.26	4.54	4.95	14.418	3.17	1.45	2.07	3.1	1.09	4.57	2.03	5.39	2.6	3.21	2.29	6.91
2022 年 1 月至 6 月	2.71	5.21	6.84	10.29	5.11	0.52	2.28	3.83	3.93	3.98	4.96	29.42	4.36	5	1.1	6.14

表4　B省16家基层法院独任制普通程序案件上诉率

单位：%

	A法院	B法院	C法院	D法院	E法院	F法院	G法院	H法院	I法院	J法院	K法院	L法院	M法院	N法院	O法院	P法院
2020年1月至12月	9.73	8.28	10.65	9.52	12.59	7.49	12.71	8.24	12.5	17.79	18.77	10.87	10.17	15.54	6.3	4.29
2021年1月至12月	36.18	26.54	18.43	17.87	24.24	19.99	32.91	22.38	22.89	34.02	34.09	16.98	32.6	39.46	26.59	13.69
2022年1月至6月	13.91	8.98	12.35	11.29	14.77	8.41	9.94	13.22	12.44	19.08	15.76	13.64	11.57	9.77	8.77	10.32

表5　B省16家基层法院独任制普通程序案件二审发改率

单位：%

	A法院	B法院	C法院	D法院	E法院	F法院	G法院	H法院	I法院	J法院	K法院	L法院	M法院	N法院	O法院	P法院
2020年1月至12月	0.23	0.5	0.47	0.41	0.95	0.5	1.27	0.92	0.91	1	1.03	0.78	1.69	0	0.27	0.66
2021年1月至12月	3.93	2.42	1.3	1.22	3.23	1.19	3.06	2.6	1.62	4.26	2.93	0.95	2.56	3.78	2.28	1.04
2022年1月至6月	0.92	0.54	0.89	1.19	1.36	1.09	0.82	1.02	1.16	1.37	0.94	1.35	1.19	0.95	0.61	0.8

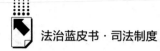

背改革初衷，增加时间成本，降低司法效益，在程序性原因适用已缓解程序拖沓、事务性工作繁杂等燃眉之急的前提下，大胆探索实体改革适用反而容易试错，得不偿失，从而造成过于审慎适用，不利于在最大范围内推动司法改革取得有益成效。

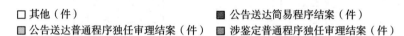

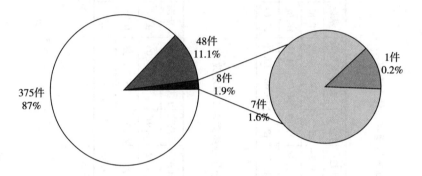

图1　M法院A庭室2021年上半年结案程序适用情况

二　追溯：扩大独任制适用阻力的根源探究

（一）主观因素：司法理念未能同步调整导致适用犹疑

扩大独任制适用范围的规定虽已在试点推行，但因固有观点根基深厚，仍有人认为如在涉及鉴定、评估、调查取证或公告原因等程序性事项外适用普通程序的实体案件中大范围适用独任制审理制度，不能充分保证司法质量，不利于树立良好的司法形象。

1. 观点的碰撞

"合议制集思广益的审理优势往往比独任审判涵盖更多的智慧经验，从而减少主观疏失"①，不能排除个别案件会因独任法官自身原因导致出现裁

---

① 参见陈计男《民事诉讼法论（上）》，台湾三民书局，2009，第30页。

判错误的情形①。此外，虽然国内已实行员额法官制度，但无论是由于各地法院为加快类案处理而设置专门审判庭室需要调整人员结构，还是为了培养复合型法院人才而进行人员轮岗，个别员额法官能力暂时无法胜任岗位要求的情况确实存在，而合议制恰恰是弥补过渡期短板和缺陷最直接有效的方式。"优秀独任法官的能力确实在中等合议庭之上，但优秀法官数量稀缺，立法者出于普遍适用的目的，往往是按照法官的平均水平为标准设置法院结构。"② 合议制能够更好地制约法官专断、分担风险③，有效防止权力欲的自我膨胀和无限扩张。

2. 比较法上的借鉴

注重诉讼质量还是诉讼效率的理念博弈自诉讼制度产生就一直存在，国外在理论观点定型后也有相当多的成熟实践经验可以借鉴。"案多人少"的现实困境几乎是全世界范围法院的共性问题，因此，"在兼顾诉讼公正的同时，如何谋求诉讼的经济化已经成为各国司法制度改革的重要指向之一"④。各国对于如何优化资源配置进行了积极探索，探索方向均指向如何让合议庭能够更专注地审理重大疑难案件，在提升效率的同时做到实质性合议，同时能够更大限度地发挥独任制审判组织优势，扩大其适用范围及适用程序。德国从1877年开始探索独任法官裁判小额诉讼案件的诉讼模式，其间经历了独任法官制度适用范围扩大的漫长探索，直到1993年《减轻司法负担法》确立了地方法院以独任制审理为主的审判制度，2002年颁布的《法院组织法》更是确定地方法院审理案件要求合议庭具备要件后，"应当"转移案件给独任法官的规定，从而出现"固有的独任法官"概念，独任法官审判也成为地方法院审判组织的基本原则。再如，意大利法院审理民事案件的一审法院包括治安法院和大审法院，治安法院相当于小额诉讼法院，原则上不能

---

① 参见赵旻《民事审判独任制的基本功能评析》，《司法改革评论》第13辑，厦门大学出版社，2012，第242~256页。
② 参见〔德〕奥特马·尧厄尼希《民事诉讼法》，周翠译，法律出版社，2003，第39页。
③ 参见蔡彦敏《中美民事陪审制度比较研究——兼对中国民事诉讼简易程序扩大化趋向分析》，《学术研究》2003年第4期。
④ 林剑锋、陈中晔：《合议制与独任制》，《人民法院报》2006年4月14日，第B04版。

处理标的额超过 5000 欧元的案件，大审法院审理超越治安法院管辖范围的案件，但即使是在大审法院，多数案件也都由独任法官审理并裁判，只有一些非常特殊的案件才会组成合议庭审理。1998 年后，建立独任法官办公室以最大限度提高大审法院处理积压案件的能力，也能够说明在基层法院适用独任制审判组织形式的原则性和普遍性。其他如法国、日本等国家的国内诉讼法也完成了将独任制作为初审法院审理案件基本原则的演变。因此，固有的司法理念虽有其合理性，但早已与诸多成熟大陆法系国家将独任制发展为初审法院审理案件的基本原则背道而驰，也不适应中国的现实司法需求。

（二）现实因素：程序原因已有明确适用出路导致实体原因适用踟蹰

以上述 A 庭室结案数据为例，《实施办法》试行后，公告送达简易程序结案数量占比 11%，公告送达普通程序独任审理案件结案数量占比 1.6%，涉鉴定适用普通程序独任审理的案件结案数量占比 0.2%，这也与 B 省近年由于公告送达原因由简易程序转换为普通程序从而合议审理案件占比大的客观情况相符。该庭室因程序性原因而减少合议制适用案件量已近当期总结案量的 13%，可见适用《实施办法》减少了审限超期提请转程审批、制作转程裁定书并送达、提前与合议庭成员协调庭审时间等事务性工作，降低了程序压力。在此基础上，进一步探索实体问题反而容易增加适用风险，得不偿失。

综上，受主观和现实因素影响，法官就"事实不易查明，但法律适用明确"是否应当广泛适用于案件实体审理仍然持审慎和保守态度，要破解这一难题，首先应当探索适用范围边界规制的理论基础。

三 思辨：适用范围边界规制的理论探源

本文认为，对适用范围的正确理解关键在于探索当事人诉讼权利行使、诉讼程序简化与法院审判权力之间的平衡。下文将从不同研究角度出发，进一步把握适用范围边界规制的理解方向。

（一）以诉讼目的为基点探寻诉讼模式的建构调整

构建民事诉讼理论法学体系的基点与归宿，是民事诉讼实践的终极目标[①]。民事诉讼目的是基于客观需要和对民事诉讼属性及规律的认识，预先设定的关于民事诉讼活动希望达到的理想结果[②]。从民事诉讼目的来看，在充分考虑当事人地位平等、实现意思自治、依法处分等原则的基础上得出民事诉讼制度与其他解决民事纠纷的类似制度相比，更注重保障当事人程序利益的结论。

基层法院第一审普通程序案件独任制审理系通过调整资源配置手段，在试点地区推行实践而将诉讼目的更加系统化地"微调"诉讼模式，符合民事诉讼目的的需要，同时也受民事诉讼价值取向的支配。

（二）以制度优势为突破口打破适用观念藩篱

繁杂的诉讼程序和审理制度不利于当事人申请权利救济。如果诉讼程序或审理制度过于繁杂则为权利救济人设置了权利行使屏障，达不到权利保障的目的，有损司法形象和司法权威[③]。因此，费用相当性原理应当在设计诉讼制度过程中得到充分考量，即在当事人申请权利救济与法院进行案件裁判的过程中，要保证国家和当事人的利益期待具有可实现性[④]。

《实施办法》对扩大独任制的设计本身就考虑到了独任制的优势，如优秀个体在作决策或判断时比群体决策更为优秀[⑤]、思维方式能够突破群体思维更加注重务实思考[⑥]，避免出现"群体极化"风险。此外，司法改革后出

---

① 李祖军：《民事诉讼目的论》，法律出版社，2000，第1页。
② 廖永安：《民事诉讼理论探索与程序整合》，中国法制出版社，2005，第11页。
③ 参见邱联恭《司法之现代化与程序法》，台湾三民书局，1992，第263页。
④ 邱联恭：《司法之现代化与程序法》，台湾三民书局，1992，第272页。
⑤ 参见〔美〕斯科特·普劳斯《决策与判断》，施俊琦、王星译，人民邮电出版社，2004，第182页。
⑥ 参见张雪纯《合议制与独任制优势比较——给予决策理论的分析》，《法制与社会发展》2009年第6期。

现的精英法官群体及司法责任制的严格落实也为独任制适用提供了条件基础和制度保障。对此可以从基层法院一审案件陪审率和发改率的指标分析看出端倪（见表6）。适用陪审率最高的法院，其判决案件改判发回重审率并没有因合议决策而呈现最优的数据（见图2），在B省16家基层法院中，仅有7家法院的一审判决案件改判发回重审率随着案件陪审率的降低而增高，其余9家呈现的都是与常态不符的逆趋势。单从审判质效来看，独任制适用具有现实意义的制度优势，应当对其适用边界进行更为积极的探索。

表6　B省16家基层法院陪审率及发回重审率情况

	A法院	B法院	C法院	D法院	E法院	F法院	G法院	H法院	I法院	J法院	K法院	L法院	M法院	N法院	O法院	P法院
一审案件陪审率(%)	88.89	83.17	81.55	81.37	81	76.15	73.02	68.66	65.78	64.24	63.11	56.95	56.25	47.09	42.15	40.35
一审判决案件改判发回重审率(%)	1.04	0.62	0.44	0.79	0.91	0.49	1.17	0.85	0.49	0.3	0.37	0.46	0.67	0.28	0.77	0.24

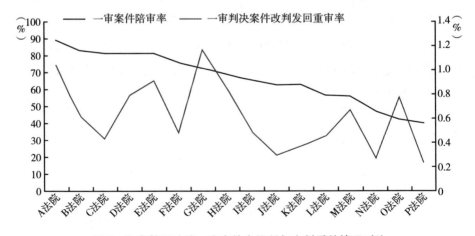

图2　B省基层法院一审案件合议制与审判质效情况对比

（三）从诉权行使角度分析对适用范围的程序制衡

当事人对裁判结果的接受度和认可度，很大程度上取决于当事人参与裁判的空间大小。根据当事人参与诉讼的权利强度，可依次分为知情权、异议权和选择权（见表7）。

表7　当事人的权利层级

权利等级	具体内容
知情权	对适用独任制普通程序及组织转换应以书面形式告知当事人,保证其知情
异议权	当事人对适用独任制审理有权提出异议,由承办法官进行审查,异议成立,及时转为合议制;异议不成立,应告知当事人并说明理由,将上述内容记入笔录
选择权	1. 正向选择权的肯定。当事人基于对案件事实的预判,一致选择适用独任制,法院在查明不存在恶意串通的情况下,原则上应尊重当事人的意志 2. 反向选择权的否定。如果当事人选择适用合议制,在审查不存在法定适用的情形下,应不予认可

确保当事人程序选择权，是构建多元化程序机制的基本要素，也是满足平衡追求实体利益和程序利益即实现诉讼目的的需求。程序选择权是通过当事人在权衡其实体利益和程序利益后达成的合意来实现[①]。在实践中具体体现为诉讼当事人可以要求法院维护其实体权益和程序权益双重利益。法院在审理案件过程中，也必须遵循实体利益与程序利益兼顾的原则。基层法院审理的案件类型多，事实查明途径多，有的只能由法官根据案件情况综合裁量，故对审判组织的选择权应当由法官依法行使，而不宜将选择权交给当事人，考虑到中国目前的司法实践和当事人的诉讼能力，较当事人而言，法官更能准确判断并调整审判力量配置。此外，选择何种程序审判是一种公权力，如果将诉讼程序和法官作为可以任由当事人选择的客体，只是泛民主和非理性的表现。基于选择审判组织属于公权力、非当事人处分对象的认识，

---

① 全国人大常委会法制工作委员会民法室：《中华人民共和国民事诉讼法：条文说明、立法理由及相关规定》，北京大学出版社，2012，第261页。

当事人对审判组织的参与空间应限于知情权和异议权。

《实施办法》未对基层法院适用普通程序独任制审理案件时，当事人是否享有程序异议权作出规定，仅提到了适用小额诉讼程序时享有向人民法院提出异议的权利。B省高级人民法院制定的实施细则对此种情形下当事人对审判组织享有的异议权进行了规定，即在开庭前书面提起申请后由独任法官进行审查。实际上，无论是从民事诉讼目的的法理角度考虑，还是从诉讼目的中体现程序利益的当事人程序选择权角度考虑，结合当前司法改革坚持以人民为中心的基本原则，为强化人民法院的告知义务，设置当事人对独任制提出异议应当且必要，《实施办法》是为了区分审判组织与审判程序的概念，加之小额诉讼程序一审终审的程序功能，更需要在推出新制度新方法时与其他程序与制度进行区分，故而仅对小额诉讼程序的异议权作了规定。然而，《实施办法》遵循的坚持审判组织与审判程序相分离原则使审判组织的适用较以往更加不设限，适用范围未完全确定，设置当事人对审判组织的异议权显然能对《实施办法》试行之初对审判组织的科学适用进行科学制衡，在设置这道程序防线后，法官可对适用范围进行更积极的探索和尝试。

四 进路：基层法院一审案件适用普通程序独任制审理适用范围的实践探索

在上文已对适用范围的边界规制进行理论探源的基础上，下文将着重围绕《实施办法》第16条第2款的规定，厘定"事实不易查明，但法律适用明确"的范围，并提出明确详细的指导规则。

（一）对"事实不易查明"案件情形的外延摸索

"事实不易查明"案件主要是指查明事实需经过评估鉴定等耗时的程序，但一旦查明，法官一人即可认定事实与法律关系[①]。"事实"最本质的

---

① 《民事诉讼程序繁简分流改革试点问答口径（一）》第22条。

特征在于可靠性和客观性，然而大多带有中立性质被认为可靠、客观的证据往往需要中立机构介入，并花费不少时间成本，许多案件往往因为该类事项导致审限超出简易程序规定而转入普通程序；另外，有些案件为了查明事实需向有关部门调取证据，该部门即便是当事人或律师持法院开具的调查令，也难以调取相关证据，需承办法官亲自前往调取。但当前案件量大的客观情况往往不允许承办法官在第一时间前往调取证据，这也是实践中造成审判程序需要更多环节、更长时间的主要原因。此外，有些案件涉及法律主体众多，需要通过追加当事人等方式厘清案件法律事实。然而，针对上述情况，试行改革中虽有较为明确的方向性指引，但因基层法院审理纠纷类型纷繁复杂，仍需对实践中纠纷类型占比多的案件进行示范性适用指引。下面将以 B 省数据为参考，在考虑纠纷类型占比的基础上探索具有普遍适用意义的具体实施细则（见图 3）。

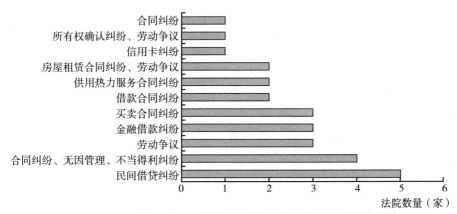

图 3　2020～2022 年 B 省 16 家基层法院排名前五位结案纠纷类型情况

可以看出，金钱给付类案件仍然是各家法院占比较重的结案类型，为使实施细则更具有针对性及实用性，下文将结合上述案由在审判实务中具有普遍意义的具体类型，对"事实不易查明"的表现形式加以分析并进行边界规制。

1. 借款纠纷类案件

主要包括民间借贷纠纷、金融借款纠纷及借款合同纠纷案件。例如，为证明借条、欠条、收条、合同等债权凭证上的字迹是否为债务人本人签写、公章是否系公司所盖，有时要进行笔迹或公章鉴定，核对债权凭证、确认检材、收集样本、选定鉴定机构、及时送检、前往工商管理机关调取公章备案材料原件等，各个环节都需要法官主持和参与；如案件涉及调取案外人银行流水、调取银行账号的开户信息等，仍需承办人调取相关证据；如案件涉及向案外人核实事实，且该案外人因涉嫌刑事犯罪被拘留在看守所或判刑收监，则需承办人前往相关看守所或监狱进行实地调查和询问，以上情形都需要承办法官耗费大量时间做沟通及询问工作。这类案件若无较大争议，可适用普通程序由法官一人独任审理。

2. 合同纠纷类案件

主要包括买卖合同、租赁合同、建设工程合同、装饰装修合同、供用热力服务合同、物业服务合同等纠纷案件。上述类型案件中，当事人的争议往往集中在标的物价值、装修质量、装修价格、工程质量、工程造价等事项，这些专业事项的查明，高度依赖第三方评估机构或鉴定机构出具相关专业事项的评估报告及鉴定结果。此外，收集检材过程也较为复杂，如在履行建设工程合同时可能涉及审批手续、验收材料等，有些工程因施工不规范、施工范围大、施工时间长、施工内容变更多等导致法官需要大量时间收集资料，且材料需经过双方当事人质证后方可确定为评估或鉴定检材。又如，在供用热力服务合同纠纷案件中，当事人以供热温度不符合标准为由进行抗辩，起诉时间又不满足进行供热温度鉴定的客观条件（不在供热期），往往需鉴定条件成熟后才能启动鉴定程序；此外，在一些房屋买卖合同纠纷案件中，法官往往会依职权追加居间的中介公司作为第三人参加诉讼，如涉及资金托管情况或房屋剩余贷款未还情况，有的法官还会追加资金托管公司及银行作为第三人参加诉讼以便查明事实，追加和通知当事人均需耗费较长时间。这类案件若适用法律明确，可适用普通程序由法官一人独任审理。

3. 婚姻继承纠纷类案件

除金钱给付类案件外，影响当事人身份和家庭关系的纠纷类型如符合条

件，同样应当适用独任制审理，在国外也有成文的制度规定可借鉴，如
《意大利民事诉讼法典》规定，大审法院由独任法官审理并裁判的案件中包
括上述涉及人身关系纠纷①。法官可能依当事人申请调查银行账户、房屋情
况（如遇房屋拆迁，还需调查是否涉及案外人利益、前往拆迁公司或腾退
办调取拆迁协议，如购买房屋尚剩余银行贷款要偿还，还需调查贷款还款及
欠付情况）、车辆情况（包括车辆是否系双方当事人实际出资、是否涉及使
用案外人车牌指标情况）、保险情况、股票情况等，有时还需对上述财产进
行评估，涉财产类型、调查部门、审批流程越多，耗时越长。另外，在一些
继承纠纷案件中，由于继承人众多、继承人在国外等身份查明困难的案件，
有时需要法官追加当事人，法官要耗费大量时间先厘清当事人之间的身份关
系。这类案件的审理过程中，通常在财产性质、类型、数额查清及捋顺各继
承人之间的关系后，依法进行分割的难度并不大，可以适用普通程序由法官
一人独任审理。

（二）对"法律适用明确"排除情形的内涵探寻

"法律适用明确"是指法律关系与法律规定一一对应，在解释和适用上
基本没有空白与争议②。因民商事法律规定众多，即便是同一类案件、同一
条法律规定，也因承办法官的理解方式、适用习惯不同产生具有差异性的适
用方式，而法律适用不明确的案件类型表现形式较为明显，故本文从适用明
确的排除情形进行分析和探讨。

1. 依照"经验法则"推定事实的情形

"经验法则"包括一般常识和专门知识③。具体适用情形往往是当对证
据能力及证据证明力的评价在法官心证中不足以对直接事实或间接事实进行

---

① 参见《意大利民事诉讼法典》第 7 条。
② 《民事诉讼程序繁简分流改革试点问答口径（一）》第 22 条。
③ 《最高人民法院关于适用〈中华人民共和国民事诉讼法〉的解释》第 93 条是关于经验法则
的推定适用，第 105 条是关于裁判者在自由心证过程中对证据的价值进行评价时所应当遵
循的法则，包括不得违反日常生活经验法则。

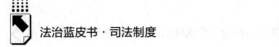

认定，仍存在真伪不明的情形时，需要法官借助经验法则对事实形成及如何心证的盖然性进行支撑，是法官行使自由裁量权的典型体现，应当排除在清晰法律关系外，不应算在"法律适用明确"范畴。

2. 依照"公平原则"酌定裁判的情形

"公平原则"在审判实务中也并不少见，当因果关系、损害情况无法通过鉴定得出结论，或某些案件如严格依照"当事人意思自治的约定"适用相关法律规定明显造成不良社会影响、产生社会争议、背离法律效果与社会效果的统一时，"公平原则"往往被作为重要裁判参考，此种情形不应算作适用不存在空白或争议的情形，也不应算在"法律适用明确"范畴。

结　语

按照司法规律和试点要求科学适用独任制，进一步细化第一审普通程序案件独任制审理的适用范围，明确适用具体情形，使适用范围更具实践指导性，是实现独任制改革纵深发展的必经之路，也是实现独任制制度价值的客观基础，对更好地提升司法效能和深化司法改革有积极作用。期望本文能对第一审普通程序独任制适用的深化改革有所裨益。

公益诉讼制度

Public Interest Litigation System

B.13
个人信息保护行政公益诉讼路径探析

叶耀隆　农政朝　刘元见*

摘　要： 行政公益诉讼对个人信息保护具备内生必要性与外生必要性，且
在立法技术、立法保障与政策支持上均具备广阔的制度空间，但
从实践看，个人信息保护行政公益诉讼仍存在配套机制供给不
足、立法失范、相关概念不明与法律监督滞后等缺陷。鉴于此，
应以行政公益诉讼之"三价值"为导向，从保护范围、监督空
间与配套机制三方面做到"二拓展一完善"，从而在制度上构建
完善个人信息保护行政公益诉讼的有效体系。

关键词： 检察机关　个人信息　行政公益诉讼　跨行政区划

---

* 叶耀隆，广西梧州市藤县人民检察院党组书记、检察长；农政朝，广西梧州市藤县人民检察
院检察官助理；刘元见，广西壮族自治区检察院高级检察官助理。

一 问题的提出

2021 年 4 月 22 日，最高人民检察院发布了 11 个个人信息保护公益诉讼典型案例。总体上，入选的典型案例最突出的特征有两个。其一，重行政公益诉讼（以下简称"行政公诉"）。11 个典型案例中，行政公诉典型案例 6 个，刑事附带民事公益诉讼（以下简称"刑附民公诉"）典型案例 3 个，民事公益诉讼（以下简称"民事公诉"）典型案例 2 个。其二，行政公诉保护个人信息领域十分广泛。6 个行政公诉典型案例涉及教育、市场监管、公安、网信、农业农村等行政机关监管领域，检察机关通过诉前程序均实现相关领域个人信息的源头治理，效果十分突出。由此可见，检察机关个人信息保护的重点与核心，仍是行政公诉。将行政公诉作为检察机关个人信息保护的突破口与着力点，契合行政公诉独具特色的制度价值，符合大数据时代检察监督职能优化的发展趋势，有其必要性与可行性。

但同时，目前行政公诉对个人信息保护仍亟须实现制度化与常态化。不可否认，行政公诉在个人信息保护领域仍存在诸多制约因素，使其在实践中无法充分施展，检察机关在该领域的监督场域十分逼仄，即便有所开展也多停留在"填补式""亡羊补牢式"公益救济，"未雨绸缪式"源头防控并不多见。例如，藤县人民检察院的吴某南侵犯公民个人信息刑附民公诉案①，即囿于无明确行政主管部门以及跨区划管辖等问题而未能成功开展行政公诉，也就未能从源头整治相关行业、领域个人信息泄露问题，仅以刑附民公诉主张公益损害赔偿及赔礼道歉等"亡羊补牢式"诉请。事实上，在网络通信技术飞速发展的大数据时代，仅着眼于公益损害后的填补式救济已无法适应个人信息保护需求，亟须探索一种"未雨绸缪式""防患于未然式"保护方式，以规避机制漏洞，超前介入纠偏。

---

① 吴某南侵犯公民个人信息刑事附带民事公益诉讼案，广西壮族自治区藤县人民法院（2021）桂 0422 刑初 13 号刑事判决书。

《个人信息保护法》已于 2021 年 8 月 20 日由十三届全国人大常委会第三十次会议通过，如何构建完善个人信息保护行政公诉，如何将其作为检察机关个人信息保护的全新抓手，使其成为检察机关参与大数据、促进数据产业健康发展的一种保障方式，应成为当前亟待解决的问题。

二　个人信息保护行政公诉的必要性与制度空间

（一）个人信息保护行政公诉的必要性

1. 内生必要性：行政公诉保护个人信息的价值突出

第一，预防价值。检察机关履职监督具有极强的主动性。从案件来源看，新《行政诉讼法》第 25 条第 4 款明确行政公诉案件来源为"在履行职责中发现"，赋予检察机关对公益损害事项自主启动程序的法定权限，使其实践彰显预防性监督价值。办案人员通常不局限于审查逮捕、起诉、控告检察等常规监督方式，而是主动发现、查找、挖掘公益损害线索进而开展监督。从启动要件看，检察机关对公益损害救济呈现"紧急避险"性质，"违法行使职权或不作为+公益损害"是行政公诉的核心要件。"公益损害"要件因法条较为笼统、原则的设定，为检察机关灵活把握赋予了自由裁量空间。实践中对此认定已存在"紧急避险"式监督倾向，将"危险""威胁""危及"等词语认定为"公益损害"并不少见，彰显预防性监督价值。

第二，衡平价值。行政公诉诉前程序能够较好地衡平个人信息保护与开发利用的价值冲突。大数据时代的个人信息，不仅涉及人身财产的私权益，还兼有流通、开发、利用的公益价值，过度的个人信息保护会限制其合理开发利用。因此，大数据时代的个人信息保护方式应注重兼顾个人信息保护与开发利用的双重价值，而行政公诉监督行政权自我纠错、自我监督的诉前程序价值就迎合了该现实需求。因此，行政公诉介入个人信息保护领域可有效避免滥诉情形，同时督促行政机关依法履职，优化社会治理，实现个人信息保护与开发利用的衡平。

第三，补位价值。刑事、民事诉讼是传统个人信息保护方式，二者均难以适应大数据时代海量个人信息快速流通、爆炸性泄露等特征。民事救济具有成本高、回报率低等固有缺陷，而刑事打击存在证明标准高、救济滞后性与片面性等不足，难以形成全局性、整体性社会效果。此外，随着"数字政府"建设，行政机关将大量掌握个人信息，其既是个人信息处理者、运用者，无形中亦成潜在泄露者，难以成为超然的中立保护者。因此，秉持最后救济原则①的行政公诉的介入便是最好的补充②。

2.外生必要性：个人信息行政公诉保护的现实紧迫需求

一方面，个人信息开发利用的公共价值凸显③。在大数据时代，争相创新发展的各类网络商业模式，催生了海量个人信息。网络运营商借助云计算技术的应用，掌握大量个人信息，通过加工处理和分析应用进行二次开发，实现企业的精准营销、业务推广等巨大商业价值。在社会治理、现代治安防控体系、传染病防治等领域，数据和信息成为"数字政府"建设的必备要素，详细、准确地掌握管理对象及其职权范围相关的个人信息，能极大提升行政管理效能④，借助大数据、云计算技术对个人信息的分析应用，极大提升管理的数字化、网络化与智能化水平。

另一方面，个人信息不当使用的公共安全隐患加剧。在大数据时代，网络运营商、信息业者或信息处理者为了商业利润，参与大数据产业，极力索取个人信息，使个人成为被观察、分析和监测的对象，甚至在暴利驱动下，出现上下游需求群体分工明确、紧密配合、规模庞大的数据交易黑色产业链，个人信息被摆上货架，明码标价，同时滋生电信诈骗、网络诈骗等各类次生违法犯罪，对社会公共安全造成极大危害。

---

① 启动行政公益诉讼的前提是穷尽救济，应当将最后救济作为行政公益诉讼程序启动的要件之一。
② 邢昕：《行政公益诉讼启动标准：基于74份裁判文书的省思》，《行政法学研究》2018年第6期。
③ 如医疗价值、政府服务体系价值等。
④ 林鸿潮：《个人信息在社会风险治理中的利用及其限制》，《政治与法律》2018年第4期。

（二）个人信息保护行政公诉的制度空间

1. 立法预留制度空间

新《行政诉讼法》第 25 条第 4 款以"等"字立法技术对其受案范围作了限定，当前对"等"字的理解虽有"等内等"与"等外等"之分，但将"等"字理解为"等外等"已成学界主流观点。有多名学者均主张拓展公益诉讼案件范围，认为《行政诉讼法》第 25 条第 4 款中的"等"应为"等外等"[①]。此外，《民法典》第四编第六章明确规定加强隐私权与个人信息保护，《个人信息保护法》也专门设立公益诉讼条款[②]，明确将个人信息安全纳入检察公益诉讼保护范围。

2. 政策提供制度空间

随着大数据时代的到来[③]，个人信息保护逐渐升温。十九届四中全会通过的《中共中央关于坚持和完善中国特色社会主义制度、推进国家治理体系和治理能力现代化若干重大问题的决定》明确提出，"拓展公益诉讼案件范围"。2020 年 5 月 25 日，最高人民检察院明确提出，"积极、稳妥办理安全生产、公共卫生、生物安全、妇女儿童及残疾人权益保护、网络侵害、扶贫、文物和文化遗产保护等领域公益损害案件"。随后最高人民检察院第八检察厅《关于积极稳妥拓展公益诉讼案件范围的指导意见》明确要求各地检察机关贯彻落实，多个省份随即出台《关于加强检察机关公益诉讼工作的决定》，明确要求检察机关探索办理包括"众多公民信息保护"在内的公益诉讼案件，明确将个人信息保护纳入检察公益诉讼探索新领域范围。2021 年 6 月 15 日，中共中央出台的《关于加强新时代检察机关法律监督工作的意见》即在"积极稳妥推进公益诉讼检察"部分明确提出，积极稳妥拓展公益诉讼案件范围，

---

① 温辉：《行政公益诉讼"等外"刍议》，《河北法学》2020 年第 9 期。

② 《个人信息保护法》第 70 条。

③ 大数据是指伴随可作为处理对象的数据外延不断扩大，依靠物联网、云计算等新的数据收集、传输和处理模式的一种新型数据挖掘和应用模式。有学者将大数据的特征概括为 4V，即大数量（volume）、多类型（variety）、高处理（velocity）、价值（value）密度低。

探索办理个人信息保护等领域公益损害案件。可见,个人信息保护行政公诉具备广阔的制度空间。

三 个人信息保护行政公诉之实践检视

鉴于实践中公开发布的个人信息行政公诉案件较少,以"违法情形""信息泄露地""行政主管部门""线索来源""侵犯权益""案件类别"为关键词,对最高人民检察院发布的11个个人信息保护公益诉讼典型案例进行梳理(见表1),发现呈现以下四个特征:一是行政公诉案件来源大量集中于刑事案件;二是同为个人信息保护领域却存在多个行政主管部门,且全部是当地行政主管部门;三是存在多领域多样化违法情形;四是侵犯权益存在隐私权与个人信息并存样态。事实上,这四个特征暴露了当前行政公诉在保护个人信息中存在的诸多缺陷。

表1 个人信息保护典型案例梳理

案件名称	违法情形	信息泄露地	行政主管部门	线索来源	侵犯权益	案件类别
1. 江西省南昌市人民检察院督促整治手机App侵害公民个人信息行政公诉案	手机App违规收集使用个人信息	当地手机软件	通信管理局、公安局、网信办	依职权调查发现	隐私权	行政公诉
2. 浙江省温州市鹿城区人民检察院督促保护就诊者个人信息行政公诉案	非法获取就诊者个人信息用于商业营销	当地医院	市场监管局(向医院发出社会治理类检察建议)	刑事案件办理中发现	消费者权益	行政公诉
3. 甘肃省平凉市人民检察院督促整治快递单泄露公民个人信息行政公诉案	快递单直接显示用户个人信息	当地快递企业	邮政局	群众举报	个人信息安全	行政公诉

续表

案件名称	违法情形	信息泄露地	行政主管部门	线索来源	侵犯权益	案件类别
4. 江苏省无锡市人民检察院督促保护学生个人信息行政公诉案	培训机构非法获取学生个人信息用于营销招生	当地培训机构	教育局	刑事案件办理中发现	学生合法权益	行政公诉
5. 江西省乐安县人民检察院督促规范政府信息公开行政公诉案	政府职能部门不当信息公开泄露个人信息	当地农业农村局	农业农村局	依职权调查发现	个人信息安全	行政公诉
6. 河南省濮阳市华龙区人民检察院督促整治装饰装修行业泄露公民个人信息行政公诉案	房地产及装饰装修等行业泄露消费者个人信息	当地房地产公司和装饰装修公司等	市场监督管理局、住建局、房地产管理中心办公室、装饰装修行业管理办公室	刑事案件办理中发现	消费者个人信息安全	行政公诉
7. 浙江省杭州市余杭区人民检察院诉某网络科技有限公司侵害公民个人信息民事公诉案	App 违法违规收集、存储个人信息侵权	当地网络科技有限公司	相关行政机关（案件没指明）	开展个人信息保护专项监督行动发现	个人信息权益	民事公诉
8. 河北省保定市人民检察院诉李某侵害公民个人信息民事公诉案	非法获取消费者个人信息并进行消费欺诈	信息来源渠道不明或跨地域	未列明	刑事案件办理中发现	消费者个人信息安全和合法权益	民事公诉

续表

案件名称	违法情形	信息泄露地	行政主管部门	线索来源	侵犯权益	案件类别
9. 上海市宝山区人民检察院诉 H 科技有限公司、韩某某等人侵犯公民个人信息刑附民公诉案	网络服务提供者、网络用户利用互联网侵犯公民个人信息	跨地域	未列明（当地检察机关移送给外省检察机关，后者立为行政公诉案）	刑事案件办理中发现	个人信息安全	刑附民公诉
10. 贵州省安顺市西秀区人民检察院诉熊某某等人侵犯公民个人信息刑附民公诉案	互联网非法获取、出售公民个人信息	未列明或跨地域	未列明	刑事案件办理中发现	个人信息安全	刑附民公诉
11. 广东省广宁县人民检察院诉谭某某等人侵犯公民个人信息刑附民公诉案	违法行为人以出售、购买等方式非法获取当地辖区多个住宅小区业主个人信息	当地住宅小区	市场监管局	刑事案件办理中发现	个人信息和隐私等人格权益	刑附民公诉

（一）适用范围有限

一方面，概念不明压缩监督空间。《民法典》第 1034 条第 2 款对个人信息概念作出规定，即个人信息是以电子或者其他方式记录的能够单独或者与其他信息结合识别特定自然人的各种信息，包括自然人的姓名、出生日期、身份证号、生物识别信息、住址、电话号码、电子邮箱、健康信息、行踪信息等。该条第 2 款规定，个人信息中的私密信息适用有关隐私权的规定；没有规定的，适用有关个人信息保护的规定。就以上概念，至少得出两个结论：其一，个人信息的主要特征在于"记录+识别"，亦即个人信息是指以记录形式能够直接或间接识别个人的各种信息；其二，个人信息与个人隐私存在区别，至少不能画等号。有些私密信息属于隐私，但并非所有信息均属私密信息，亦即并非所有个人信息均属隐私。然而，当前司法实践中对个人信息与个人隐私的界分仍未清晰，甚至存在相互混淆情形，存在将个人信息肆意纳入个人隐私范畴予以保护的趋势。当前，无论是刑事保护还是民事保护，抑或是行政保护，大多仍局限于以隐私权名义保护个人信息，多以侵犯公民的隐私权为名追究当事人的刑事责任或民事责任。例如，在钟某群、刘某萍、钟某兰等不履行法定职责案①中，法院虽认定自然人的姓名属于个人信息，但认为个人隐私包含个人信息，最后得出自然人的姓名属于个人隐私范畴。在原告纪某贵、倪某珍诉被告如皋市国土资源局政府信息公开一案中②，法院索性认定个人信息均可纳入隐私范围。有学者就直言："在传统隐私权保护中，对他人隐私资料的'利用'并未得到社会的普遍认可；而在信息社会，信息业者对个人信息收集和利用的正当性已得到立法和社会的普遍承认，促进个人信息的合理利用与保护个人信息是同等重要的立法追求。"③ 因此，侧重于个人信息隐私权保护的监督方式无疑在压缩个人信息合理利用的空间。基于此，行政公诉保护个人信息的监督场域亦十分逼仄。例如，在诸暨市陈某艳等人侵犯公民个人信息案中，诸暨市人民检察院向市场监管局发出检察建议保护个人信息，即以保护个人隐私权名义开展行政公诉，认为消费者的个人信息属于个人隐私范畴，并根据《消费者权益保护法》相关规定，认为诸暨市市场监管局负有保护消费者合法权益不受侵犯的职责，本质上未能将个人信息权益保护提升至应有的地位，如此局限于隐私权的保护方式从长远看只会限缩个人信息保护范围。

另一方面，监督滞后弱化预防价值。当前行政公诉在个人信息保护中仅

---

① 钟某群、刘某萍、钟某兰等不履行法定职责案，广西壮族自治区柳州市中级人民法院（2020）桂 02 行终 91 号行政判决书。

② 原告纪某贵、倪某珍诉被告如皋市国土资源局政府信息公开一案，江苏省南通市如东县人民法院（2014）东行初字第 00054 号行政判决书。

③ 张新宝：《从隐私到个人信息：利益再衡量的理论与制度安排》，《中国法学》2015 年第 3 期。

着眼于利益层面的监督方式仍十分突出，呈现"填补式""亡羊补牢式"的公益救济特征，一定程度上偏离了预防性规制，未能在法律监督层面真正实现制度的预防性价值。所谓预防性规制，通俗而言就是制度对行政违法行为或不作为的纠偏聚焦"防患于未然"，而并非局限于行政行为的末端。如前所述，行政公诉对个人信息的保护具备预防性功能，但当前该功能仍局限于微观层面，侧重于减轻损害结果的当量或防止日后发生类似行为，而与真正意义的预防性规制仍有一定偏差。譬如诸暨市人民检察院监督诸暨市市场监督管理局案件，针对当地装饰装修行业与房地产行业大量泄露个人信息的行为，诸暨市检察机关向市场监督管理局制发了诉前检察建议，督促后者整改履职。此种监督模式对当地相关行业信息泄露有一定警示作用，但仍是个人信息泄露后的无奈选择或"为时已晚"的"积极"应对。对行政机关在个人信息规范层面如知情同意原则、保密制度的科学制定与落实等行政行为的前端作业并未触及。鉴于此，在大数据时代，行政公诉在个人信息保护中的预防性价值仍有待进一步拓展。

（二）启动要件不明

主流观点认为，当前行政公诉启动标准主要为"行政机关违法行使职权/不作为+公益损害"和"行政机关不依法履职+公益损害"的双阶构造。概言之，存在公益损害情形时，行政公诉启动要件在于行政主管部门违法行使职权或不作为又或是不依法履职情形。对此，准确把握负有监管职责的行政机关以及准确界定行政机关履职标准，对该制度的有效启动就至关重要。显然，当前立法在这一方面仍存在诸多不足。

一方面，分散立法模式致使监管部门混乱。11 个典型案例呈现多领域多样化违法情形，彰显个人信息的多领域、分散式立法现状。笔者梳理发现，当前大量法规涉及个人信息保护规定。中央法规司法解释 1795 篇，地方法规规章 10814 篇①，即载有"个人信息"条款的法规多达 12609 篇。例

---

① 数据检索自北大法宝网，以"个人信息"为关键词检索，检索时间截止到 2021 年 6 月 5 日。

如：《出口管制法》第29条第3款规定，有关国家机关及其工作人员对调查中知悉的个人信息负有保密义务；新《未成年人保护法》第4条明确保护未成年人隐私权和个人信息；尚未实施的《契税法》第13条第2款规定，对纳税人的个人信息予以保密；《档案法》第28条第3款明确，利用档案涉及个人信息的，应当遵守有关规定；《民法典》则在第1034条明确规定，自然人的个人信息受法律保护；《社会保险法》（2018年修正）第81条明确，社会保险行政部门和有关部门及其工作人员负有保密个人信息的义务；《消费者权益保护法》第14条明确规定，消费者享有个人信息依法得到保护的权利。另外，《网络安全法》《出入境管理法》《居民身份证法》《护照法》等多部法规均对个人信息保护作出规定。保护个人信息的规定大量散见于多领域法规，意味着某领域的个人信息泄露，检察机关将有介入监督的法律依据，一定程度上为行政公诉铺设了坚实法律基础。但不可否认，多部门多条规的分散式立法模式，其弊端也十分明显。该模式使个人信息保护碎片化与表面化，尤其使"负有监督管理职责的行政机关"模糊化与抽象化。大量法规提及个人信息保护，但大多只是附带式、兜底性、宣示性提及，并未列明统一的行政主管部门，实践中常将个人信息泄露领域与行业主管部门对号入座，使多个行政机关在不同领域存在监管职责，呈现"1+N"①式多头共管共治局面，极易使监管部门泛化，甚至造成扯皮与权责不清等情形。尤其在大数据时代，个人信息类型多样，多领域个人信息交织碰撞不可避免，一起个人信息泄露案件将存在多个行政主管部门共管情形，这无疑加剧了个人信息监管部门的混乱，导致检察机关在个人信息保护行政公诉中对"负有监督管理职责的行政机关"认定的模糊与抽象。

另一方面，单一性、分散式的罚则设置进一步模糊了行政机关履职标准。主流观点认为，行政机关不履职的侧重点在于行政主体违反法定职责，并不是所有不作为均是违法，因此"行政机关违法行使职权或不作为"或"不依法履职"一定是具体的违法性不作为，而非一般性、抽象性的行政不

---

① "1+N"即一个公益损害领域有N个行政主管部门可能存在监管职责。

作为。对此，务必要求行政机关在某一公益损害领域有统一、具体而清晰的职责依据，明确行政机关可妥善保护个人信息安全法律依据，检察机关介入监督需有具体可行的履职标准。然而，当前诸多个人信息保护法规仍设置简单，诸如《护照法》"依法给予行政处分；构成犯罪的，依法追究刑事责任"的罚则条款，在单一个人信息泄露时尚可援引作为履职标准，但大数据时代的多类型个人信息泄露，如此零散式罚则将难以应对，即便可妥当应对也仅是公益救济末端的行为规制，而社会治理层面的预防性"应为"职责并未提及，结果通常是监管部门以"一罚了之"代替"已履职"，最终使个人信息泄露屡禁不止，行政机关疲于应对。

（三）配套机制阙如

一方面，有限的调查核实权制约线索来源。当前司法实践中，检察机关即便开展了不少行政公诉，但多数线索来源仍主要集中在刑事案件中发现，检察监督几乎形成一定的路径依赖，即"从刑事案件中发现个人信息泄露领域—确定该领域个人信息保护行政主管部门—对行政主管部门启动行政公诉开展监督"。11个典型案例中，来源于刑事案件中就有7件，主动调查2件，群众举报1件，开展专项监督发现1件，主动调查占比仅18.18%，与行政公诉极强的监督主动性与预防性不符。需要指出的是，局限于刑事案件中发现的线索将极大压缩个人信息保护空间，未构成犯罪的线索将难以进入监督视野，最终使个人信息保护行政公诉补位价值弱化。究其原因，主要在于行政公诉调查核实权疲软无力，缺乏有效的保障措施，检察机关对相关线索调查困难重重，无法全面有效掌握、固定证据。

另一方面，线索移送机制阙如致管辖权虚置。11个典型案例中，所有行政公诉案件的信息泄露地均为当地，如当地学校、医院、培训机构、住宅小区等。显然，在当地相关领域发生信息泄露时，检察机关自然较容易将责任归咎于当地行政主管部门，进而顺利开展行政公诉，但其局限也十分明显。若信息泄露源头不在当地，检察机关将难以开展行政公诉。例如，藤县人民检察院办理的吴某南侵犯公民个人信息案，吴某南仅作为信息泄露的

"中转站"，其对个人信息进行加工再出售，显然检察机关难以将信息泄露责任归咎于当地行政机关。从 11 个典型案例中民事公诉和刑附民公诉所涉个人信息泄露地为"未列明或跨地域"也可见一斑。事实上，在大数据时代，个人信息泄露具有爆炸性、跨地域性、流通迅捷性与超时空性特征，个人信息泄露通常涉及多地甚至全国，大量被害人通常不局限于同一地域，有的跨省跨区划甚至在境外，而远非仅在当地发生，意味着多地域多行政主管部门有管辖权。但鉴于相关跨区划协作机制、线索移交查办等机制付诸阙如，有管辖权的行政机关并未真正开展行政公诉，无法有效督促整治信息泄露问题。

四 个人信息保护行政公诉制度构建

本质上，立法旨在追求特定制度价值。为此，个人信息行政公诉制度的构建应以"三价值"为导向，从其保护范围、监督空间与配套机制三方面做到"二拓展一完善"。

（一）以衡平价值为导向适度拓展保护范围

1. 合理把握个人信息"可识别性"

"识别"是定义个人信息的核心要素，亦是个人信息保护的第一步，能够直接或间接识别到个人且以记录形式呈现的信息均属个人信息。纵观当前世界各国立法趋势，多数国家和地区以"识别"要素定义个人信息。关于"识别"的内涵与外延，较有代表性的是欧盟的广义解释与绝对化路径①和美国的"简化主义"，前者即个人信息控制者以穷尽所有可能的方法和手段

---

① Gerald Spindler, "Philipp Schmechel. Personal Data and Encryption in the European General Data Protection Regulation". *Journal of Intellectual Property*, *Information Technology and Electronic Commerce Law*, 2016（7）: 165-166.

来识别特定个人。后者即要求个人信息事实上与特定人相连接①。就衡平价值而言，以广义解释与绝对化路径把握个人信息的"可识别性"，无疑极大扩张了个人信息保护范围，不仅浪费保护成本，势必限缩个人信息开发利用的价值空间，不利于个人信息合理流通与数据产业发展。而简化主义则过于狭隘，无法充分保护个人信息权益，使个人信息存有安全隐患。鉴于此，对个人信息"识别"的把握应恪守一定的边界理念，既不宽泛也不狭隘，对其内涵与外延的把握，宜采取狭义解释，要求个人信息事实上与特定个人存在关联，该关联应属较强关联性而非弱关联性，且"识别"须遵循动态性与场景性，并保持与时俱进，适应大数据时代日新月异的新型"识别"技术。

2. 严格区分个人信息与个人隐私

理论上，个人信息与个人隐私的界分已渐清晰。主流观点认为，个人信息与隐私权应当是包含与被包含的关系，个人隐私属于个人隐私性信息，但个人信息却不一定是个人隐私，如已公开的姓名、电话号码等。许多学者认为，个人信息与隐私应属于两个不同范畴，隐私往往仅被理解为隐和私的集合，隐即不为他人所知悉，私即私密信息。有人指出，"个人隐私为个人私生活中不愿公开的私密空间"②。在范围上，隐私与个人信息有交叉但不重合③。换言之，有些涉及个人私生活的个人信息诚然属于隐私，但生活中还存在许多公开的个人信息，如电话号码、工作单位、家庭住址等，为了便于交流，人们常在一定范围内予以公开。这些信息难以归入隐私权的范畴，即便如此也应得到严格保护。以上对个人信息与个人隐私的区分仅侧重于"私密性"，固然有其合理性，但忽视了个人信息的"记录性"特征，亦即个人信息必须是电子或者其他形式记录的个人信息，而未记录的信息即便属

---

① Paul M. Schwartz, Daniel J. Solove. "The PII Problem: Privacy and a New Concept of Personality Identifiable Information". *New York University Law Reviews*, 2011（86）: 1817-1827.

② 尹田：《民法典总则之理论与立法研究》，法律出版社，2010，第289页。

③ 张新宝：《从隐私到个人信息：利益再衡量的理论与制度安排》，《中国法学》2015年第3期。

于隐私，也无法符合个人信息特征要求，如个人私密录音等。事实上，在大数据时代，个人信息范围随着技术的飞速发展也在不断扩大，诸如指纹信息、面部信息、个人行踪轨迹、个人步态、地理位置以及个人偏好等新型个人信息大量出现，如抖音软件平台向用户推送各类偏好的短视频，实际上是用户个人偏好被平台不断收集、利用、分析的结果。鉴于此，拓展行政公诉对个人信息的保护范围就尤为迫切。

（二）以预防价值为导向拓展监督空间

1.制度类型上坚持预防性行政公诉

对于何为预防性行政公诉，当前理论界已有相当多学者主张在不同领域主张构建预防性行政公诉制度或预防性环境行政公诉制度[1]。在个人信息保护领域，已存在构建预防性行政诉讼的理论基础，有人即在政府信息公开领域提出建立健全我国的预防性行政诉讼制度，以"事中救济"方式保障当事人权益，推进政府信息公开工作的开展[2]。以上学者所主张的预防性行政公诉或行政诉讼，其显著特征在于均基于公益损失的难以弥补性而主张事中救济甚至事前救济。在大数据时代，个人信息泄露所带来的损失往往存在这样的特征，尤其是生物识别信息等新型信息的大量出现，泄露后难以修复的特征将更加明显，这决定了个人信息行政公诉保护方式应由结果性救济转向预防性规制。检察机关发现个人信息领域存在"现实危险或紧迫危险"情形即可启动行政公诉，而无须待到公益损害切实发生，更不应等到刑事案件查办结束后才介入督促整治。此外，应聚焦行政机关在个人信息规范层面诸如知情同意原则、保密制度的科学制定与落实等行政执法的前端作业，以制度的超前性实现制度的预防性价值。

---

① 王春业：《论 PPP 领域预防性行政公益诉讼制度的构建》，《安徽师范大学学报》（人文社会科学版）2020 年第 3 期。
② 禹竹蕊：《建立我国的预防性行政诉讼制度——以反政府信息公开诉讼为视角》，《广西大学学报》（哲学社会科学版）2017 年第 3 期。

2.诉讼策略上坚持"过程性规制"

就现有个人信息保护行政公诉而言，几乎仅局限于救济阶段①，大量案件线索来源于已然发生损害结果的刑事案件查办过程中。而过程性规制，实质上是将监督视野前置、覆盖行政行为的全过程，不仅监督行政行为的推进过程，还监督个人信息相关规范性文件的制定实施以及诸如知情同意规则的设计等有关个人信息处理，检察机关在其中任一环节发现行政机关存在履职不到位即可介入纠偏。但不可否认，"过程性规制"本质上是检察权径直介入行政权内部的动态监督，势必存在逾越检察权边界、干扰行政权的风险隐患。为保持检察权应有的谦抑性，恪守法定监督范围，这就要求以法律授权方式拓宽公益诉讼受案范围，将个人信息安全纳入公益诉讼"等内"领域，确保法律监督在法律框架内运行。同时，应以司法解释明确公益损害量化标准，促使检察实践合理把握个人信息私权益与公共利益之界分，审慎启动公益诉讼。此外，可探索建立个人信息综合管理平台、基层治理平台与检察机关的联通，实现行政执法信息与检察机关共享，并畅通各级行政机关依法向检察机关开放相关行政执法信息和数据库，实现个人信息安全领域的过程性、动态性监督。

（三）以补位价值为导向完善配套机制

1.以"跨+特"机制畅通线索来源

其一，推行跨行政区划检察机关。当前中国跨行政区划检察机关已有丰富的实践样本。党的十八届三中全会对深化司法体制改革进行全面部署，提出"探索设立跨行政区划的人民法院和人民检察院"后，中国开始探索设立跨行政区划专门检察机关，根据中央全面深化改革领导小组第七次会议《设立跨行政区划人民法院、人民检察院试点方案》（以下简称《跨区试点方案》）。2014年底，中国依托铁路运输检察分院先后成立了两家跨行政区

---

① 有学者从宏观角度，将行政过程的法律构造依序划分为标准阶段→行为阶段→执行阶段→救济阶段四个阶段；江利红：《行政过程的阶段性法律构造分析——从行政过程论的视角出发》，《政治与法律》2013年第1期。

划检察院，集中管辖八类特殊案件①。之后，北京、上海，河南、湖北等多地纷纷开展了跨行政区划检察试点工作，成效显著。可见，当前跨行政区划检察机关的探索已有丰富的实践样本。从受案范围看，"跨地域性"是其受案范围的主要条件，正契合大数据时代个人信息通常跨地域泄露等特征。理论上，不少学者均主张构建跨行政区划公益诉讼专门检察院或有关协作机制②。

因此，设立跨行政区划检察机关，集中管辖个人信息等跨地域公益损害案件，理论与实践均有其必要性与可行性。具体而言，应结合机构改革现状，以精简化、扁平化为原则，整合现有铁路运输检察分院职能，拓展受案范围，明确职能定位，使其成为集中管辖跨行政区划公益诉讼案件的专门检察机关，以此为跨地域个人信息泄露提供整体保护，同时规避地方行政主体干扰。

其二，推行特别案件集中管辖机制。为破除行政主管部门众多、介入监督受阻等管辖权虚置问题，可将个人信息泄露案件纳入《跨区划试点方案》确定的 8 类特殊案件集中管辖范围，并畅通跨区划线索交办、移交协查办理机制，破除跨区划管辖物理障碍，填补跨区划行政公诉介入监督空白点。与此同时，通过建立线索举报机制，完善 12309 线索举报平台，加大普法力度，提高公众保护意识，合理引导群众积极举报，扩大线索来源，以此推进形成个人信息泄露等重大公益损害事项以跨区划管辖为主、属地行政区划管辖协查办理为辅的新型监督格局。

2. 以"统+分"机制织密体系化保护网

其一，实施"统+分"立法。当前制定专门的个人信息保护法已成为世

---

① 上海市人民检察院第三分院和北京市人民检察院第四分院，管辖行政诉讼监督案件，跨地区重大民商事监督案件，知识产权类诉讼监督案件，海事诉讼监督案件，指定管辖的跨地区重大职务犯罪案件，跨地区的重大环境资源保护和重大食品药品安全刑事案件，民航、水运所属公安机关侦查的重大刑事案件、海关所属公安机关侦查的刑事案件，指定管辖的其他重大案件。

② 刘军、秘明杰：《检察机关跨行政区域环境公益诉讼法律分析》，《山东科技大学学报》（社会科学版）2021 年第 3 期。

界各国立法主流，全球范围内已有 90 多个国家出台了个人信息保护法。中国应结合国情实际，进一步完善个人信息保护法，明确个人信息保护的原则、行政机关的"应为"范围、职责依据及救济方式等。应以机构精简化为原则，通过整合现有资源，依托国家互联网信息办公室平台，整合信息产业、工商管理等部门的部分职能，构建独立健全、担纲个人信息主要保护职责的综合行政主管部门，由该部门负责监督个人信息保护法的实施、展开个人信息保护执法调查、进行个人信息保护与利用研究等，并适时提出立法意见和建议，不断完善部门法，保障专门法律的统一正确实施。同时，明确各行业主管部门职责依据，构建"一综合主管部门+N 行业行政主管部门"密切配合、运行高效的多方监管格局，推进形成统一部门法与多领域法规保护网。

其二，完善"统+分"式行政公诉配套机制。诉前程序中统一向综合主管部门制发检察建议为主，向行业行政主管部门制发为辅，在整改环节，则由综合行政主管部门组织牵头、统筹协调、督促多个行业行政主管部门开展联合执法，既全面深入监督，同时充分尊重行政机关的首次判断权以充分自我监督、自我纠错方式推进个人信息领域治理的系统性、整体性，推进形成个人信息领域的统一监管为主、分散共治为辅的行政公诉监督网。

五　余论

当前的个人信息行政公诉存在诸多不足，可在合理把握个人信息"可识别性"基础上，在个人信息与个人隐私界分中适度拓展个人信息保护范围，并通过预防性行政公诉与过程性规制拓展监督空间，同时推行特殊案件集中管辖的跨行政区划检察机关与实施"统+分"立法与诉前程序配套机制，可有效突破该困局。但个人信息保护绝非一家之事，更不能仅寄望于行政公诉一种方式。仍可通过设立个人信息保护专员与行业协会方式，充分发挥政府的统一示范引领作用，构建行业协会与信息保护专员参与的多方配合、内外联动社会保护格局，从而为行政公诉开辟广阔的"可监督"空间。

B.14
预防性环境行政公益诉讼制度的
思辨与构建

闫洪升 王晶*

摘 要: 生态环境事关人民福祉与可持续发展,有效防范生态环境风险已成为法院参与国家生态文明治理的新理念。作为预防性司法救济方式,预防性环境公益诉讼制度目前主要应用于民事领域,司法审查的重点在于民事行为与生态环境损害风险之间的关系。但实践中部分"生态环境风险"根源于"行政行为风险",当前的民事化"一元模式"无法同时防范"行政行为"与"民事行为"引发的两种非现实风险,无法从根本上发挥风险预防功能。基于此,有必要在环境行政公益诉讼领域探索预防性救济制度,在探究制约预防性行政公益诉讼生长因素的基础上,从"权重"与"程度"的角度厘清司法权与行政权各自的地位与边界,并分别从受案范围、启动要件、审查标准、举证责任、裁判方式等方面进行制度构建。

关键词: 行政公益诉讼 预防性救济 生态环境法治 诉讼制度

面对日益严峻的生态环境问题,环境治理理念由过去的损害补救发展到现如今的风险预防,有效防范生态环境风险已提高到国家生态文明战略层面,预防性司法救济成为法院参与生态文明社会治理的重要方式。《民法

---

* 闫洪升,中国政法大学宪法与行政法专业博士;王晶,中国政法大学行政法专业研究生。

典》绿色原则的确立为预防性环境民事司法提供了生长土壤，但实践中部分"生态环境风险"起源于"行政行为风险"①，民事一元模式无法同时调整两种"未来"关系，亦无法从本源上发挥风险预防功能。因而有必要在环境司法专门化大背景下，建构预防性环境行政公益诉讼制度，让司法权与行政权各归其位并形成治理合力，探索行政与民事二元并存的预防性环境司法新模式。

一 问题检视：预防性环境公益诉讼的司法实践现状

2015 年施行的《最高人民法院关于审理环境民事公益诉讼案件适用法律若干问题的解释》（以下简称《环境民事公益诉讼司法解释》）第 1 条、第 18 条规定突破了"无损害即无救济"的诉讼理念，成为预防性环境公益诉讼的实践蓝本。但在司法实践中，预防性环境司法救济适用率偏低②，未能真正发挥其风险预防的实际效能。本文从三个典型案例挖掘典型问题，进而映射预防性环境行政公益诉讼所需的必要生存空间。

（一）"重大风险"判断受制于"合法的权利外观"

【案例1：云南蟑螂川水质案】 自然之友研究所以中石化云南石油有限公司的建设行为对蟑螂川水质有重大损害风险为由，诉请被告立即停止相关建设行为。法院经审理认为，被告提交的环评报告已经取得国家环保部门的批复同意，不能说明被告的建设行为具有损害社会公共利益的重大风险，故裁定不予受理。

---

① 比如，行政机关在某医疗机构污水处理系统不合格的情况下作出执业许可（行政行为风险），导致该污水排放产生周边水体及土壤污染的风险（生态环境风险）。

② 目前全国受理的 3 起比较典型的预防性环境民事公益诉讼案件分别为：中国生物多样性保护与绿色发展基金会（以下简称"绿发会"）诉雅砻江流域水电开发有限公司案、北京市朝阳区自然之友环境研究所（以下简称"自然之友"）诉中国水电顾问集团新平开发有限公司与中国电建集团昆明勘测设计研究院有限公司案、自然之友诉中石化云南石油有限公司案。

《环境民事公益诉讼司法解释》以民事主体的民事活动"具有损害社会公共利益重大风险"为提起预防性环境民事公益诉讼的基本标准，但实践中"重大风险"的判断转嫁于环境行政主管部门是否作出行政许可等行政行为，进而判断该民事活动是否具有一定的"权利外观"。事实上，在行政审批这一"权利外观"的包裹下，原告径直提起预防性环境民事公益诉讼，并不能发挥预防性环境司法救济应当具有的本源上的风险预防功能。

（二）行政前置行为游离于预防性司法监督之外

【案例2：四川五小叶槭案】绿发会以雅砻江流域水电开发有限公司修建水电站及配套公路将对五小叶槭的生存构成严重威胁为由，诉请被告暂停建设工程。法院经审理认为，被告应当将五小叶槭的生存作为水电站项目可研阶段环境评价工作的重要内容，环境影响报告书经环境保护行政主管部门审批通过后，才能继续开展下一步的工作。

预防性环境公益诉讼往往关注民事主体的"民事行为风险"，忽略了其前一顺位的"行政行为风险"，对行政主体的行政权行使缺乏有效监督，未形成激发行政机关有效监管的内生动力。本案中，在水电站建设工程尚未开工的情况下，历时五年之久的民事判决仅仅作出一个未来性的行为指引，无法对民事主体当下尚未开展的民事活动作出具有约束力的裁判，该民事公益诉讼不具有实质性的"生态环境风险"预防功能，而环境影响报告审批等"行政行为风险"则游离于司法审查之外。

（三）民事预防性司法救济产生行政非诉执行效果

【案例3：云南绿孔雀案】自然之友研究所以嘎洒江水电站建设对绿孔雀等珍稀濒危野生动植物造成生存风险为由，诉请被告停止该水电站建设。被告辩称，嘎洒江水电站项目已取得国家相关管理机关许可，环境影响评价报告合法有效。法院经审理判决被告立即停止水电站建设项目。

在水电站项目已取得相关行政许可的情况下，法院以民事判决的形式直接禁止建设单位实施建设行为。事实上，责令停产停业属于《行政处罚法》

规定的行为罚，它是行政机关经调查取证、听取陈述申辩等行政程序后作出的一种行政处理决定。法院直接以司法裁判的形式对是否禁止民事主体从事生产建设活动作出判断，本质上是司法权介入行政处理事项范围并直接赋予其强制执行力，间接产生了行政非诉执行的效果。民事公益诉讼既无暇顾及行政行为的合法性问题，又未对行政权力行使给予一定尊重。

目前，预防性环境公益诉讼司法实践主要将目光投射于民事行为的作出与生态环境的损害之间的关系，而当民事行为依托于行政监督管理而作出时，往往会产生"行政行为风险—民事行为风险—生态环境风险"三进阶风险顺位模式。当前的做法并没有将生态环境风险预防触碰到风险的最前端，即没有将"行政行为风险"纳入环境司法的风险管控范围，其中的弊端漏洞也从侧面反映了构建预防性环境行政公益诉讼制度的必要性。

二 溯源求本：预防性环境行政公益诉讼的制约因素

预防性环境公益诉讼存在一定的制度漏洞，而要突破这种民事化"一元模式"桎梏，则须进一步探究制约预防性环境行政公益诉讼制度生长的因素。

（一）环境公益诉讼的功能定位受限

环境公益诉讼预防功能发挥不足的根本原因在于其以传统民事侵权理论为基础，表现出以损害结果为中心、预防性责任承担方式"浅尝辄止"的特征。

1. 传统侵权法框架下的"损害结果基础论"

传统民事侵权理论认为，侵权行为的成立须以发生损害为必要，若无损害则无救济[①]。现行环境公益诉讼以弥补传统民事侵权制度对"生态损害"的救济空白为制度设计初衷，从设立之初即带有"侵权法"烙印，属于在

---

① 王泽鉴：《侵权行为》，北京大学出版社，2009，第175~176页。

环境侵权诉讼模式下开辟的以生态利益救济为拓展的特别领域。在此制度框架下，环境民事公益诉讼以《侵权责任法》为蓝本，以发生环境污染损害结果为基础，由环境公益组织等提出损害赔偿请求，而环境行政公益诉讼亦以"国家利益或社会公共利益受到损害"为提起公益诉讼的必要条件，仍以损害结果论。故以侵权法基础为制度支撑的环境公益诉讼压缩了预防性救济的生存空间。

2. 传统侵权法框架下的"重大风险局限论"

《环境民事公益诉讼司法解释》虽然规定了重大风险行为的预防性责任承担方式，但对"重大风险"与"预防性责任"的适用程度仍囿于传统民事侵权制度框架的束缚。事实上，这里将救济时机设定在已经发生民事损害行为但尚未出现损害后果阶段，将"重大风险"局限于民事损害行为已经开始、正处于持续状态且可能存在损害继续扩大的风险，并未包括潜在的、间接的或尚未发生但可能会发生的损害行为。因此，这里的"预防"带有一定的滞后性与非本源性，仅仅局限于制止、排除已经出现的民事侵权行为，未脱离侵权法基础框架的束缚来探寻预防性责任的实质承担，未从根本上实现重大环境风险的实质预防。

（二）预防性公益诉讼制度的诉讼法理模糊

中国预防性环境诉讼制度借鉴了域外制度经验，但并非以系统移植与构建方式进行本土创设，而是通过满足权利或利益保护需求来倒逼诉讼制度的生长[1]。因此，当预防性裁判进入环境行政公益诉讼视野时，出现了诉讼法理"水土不服"等困境。

1. "移植"于域外诉讼经验

美国生态环境损害结果是否实际发生并不构成提起公益诉讼的必要条件，不论在民事诉讼还是行政诉讼中，只要存在作为或不作为等违法事实，

---

[1] 杨凯：《民行一体化：环境司法诉讼禁令制度的重构与完善》，《武汉大学学报》2019年第4期。

法官均有权依据《清洁空气法》《清洁水法》等法律规定，对违法企业或行政机关作出预防性裁判，禁止或要求当事人作出一定行为①。相比之下，我国的预防性环境公益诉讼制度缺乏独立的地位，目前仅仅在《环境民事公益诉讼司法解释》中作出突破性规定，尚未在独立的实体制度层面对停止侵害、排除妨碍、消除影响等责任形式进行体系化归纳，亦未对预防性诉讼程序规则作出相关规定。

2."嫁接"于本土行为保全

目前中国的预防性民事公益诉讼一定程度上以行为保全制度为基础。相较于民事公益诉讼制度，行政公益诉讼的规制对象具有特殊性、规制内容具有专业性、规制权力具有对抗性，若仅仅以行为保全为理论根基，则大大限缩了预防性行政公益诉讼的适用范围与功能发挥。一方面，预防性行政公益诉讼的规制对象是行政主体，行政主体享有行政权，若不分情形地沿用民事诉讼方式作出预防性裁判，极易引起司法权和行政权在权限划分与功能定位上产生一定的张力或冲突。另一方面，行为保全的特点决定了保全请求权证明标准的降低②，而环境监管行政行为涉及大量的科技专业性问题，证明标准的降低意味着法院无法对专业性争点作出正面回应③，更无从判断行政行为是否会直接或间接造成环境损害风险。

（三）预防性救济的司法角色错置

目前环境司法实践状况一定程度上反映了行政权在环境监管中的弱化与削减，归根结底则是司法权的作用顺位与监督对象发生了位移。

1.司法权的作用次序发生转变

在传统行政法理论中，行政权被视为公共利益的主要代表，并以维护公

---

① ［美］詹姆斯·萨尔兹曼、巴顿·汤普森：《美国环境法》（第4版），徐卓然、胡慕云译，北京大学出版社，2016，第86页。

② 周翠：《行为保全问题研究——对〈民事诉讼法〉第100～105条的解释》，《法律科学》（西北政法大学学报）2015年第4期。

③ 金自宁：《科技专业性行政行为的司法审查——基于环境影响评价审批诉讼的考察》，《法商研究》2020年第3期。

共利益、实现公共政策为基本任务①。在环境公共事务管理与决策过程中，行政权在事实认定、程序参与、利益衡量等方面处于主导地位，只有当行政主体不履行职责或违法行使职权时，司法权才作为第二顺序保护者介入。而实践中往往出现司法权过度介入环境行政管理事务的情形，司法权与行政权的作用次序发生了转变。

2. 司法权的监督对象发生偏倚

环境公益诉讼的功能既包括禁止民事主体实施损害环境的行为、修复补偿已经造成的环境损害等，也包括监督行政机关依法履行环境监督管理职责。但在预防性环境公益诉讼领域，目前将目光更多投射于民事主体，一定程度上削弱了对行政权本身的监督。这种针对不同监督对象呈现一偏一倚、一轻一重的司法监督模式，不利于从根本上预防环境风险，不利于充分发挥行政权的专属监管职责，也不利于维护客观环境法秩序与公共利益。

三　宏观考量：构建预防性环境行政公益诉讼的基本遵循

构建预防性环境行政公益诉讼制度需要从司法权与行政权的二元关系入手，从"权重"与"程度"角度厘清二者的地位及边界，实现环境公益诉讼预防功能最大化。

（一）"权重"的考量：司法权与行政权共同作用

"权重"解决的是司法权与行政权各自的地位问题。只有行政权与司法权一并协同配合，才能做好风险预防型环境治理。

1. 行政权的主导功能

"行政，依其性质及作用，最适于防治危险。"② 行政机关作出决策或实施管理均要进行利益衡量，如以何种方式维护公共利益、以何种程度防范环

① 〔日〕南博方：《行政法》（第6版），杨建顺译，中国人民大学出版社，2009，第5页。
② 王泽鉴：《危险社会、保护国家与损害赔偿法》，《月旦法学杂志》2005年第2期。

境风险、允许公共利益受风险威胁至何种程度等均属于行政机关作出行政决定时在公共决策范围内所要考量的因素。因此，行政机关是环境风险预防的第一道防线，依法履行环境监管职责对生态环境风险防范具有根本性作用。

2.司法权的监督功能

行政权在环境风险预防方面占据主导地位，而司法权只有将更多的监督力量作用于行政权，才能从根本上实现风险预防目标。造成环境污染的民事侵权行为与行政违法行为往往"一脉相连"，很多时候单一处理民事侵权并不足以真正解决问题，环境违法的背后往往是行政机关的违法行政行为或行政不作为，只有撤销行政机关违法的行政行为或督促其履行职责才能从根本上解决问题①（见图1）。因此，有必要以司法监督的方式介入行政程序，充分发挥预防性环境行政公益诉讼的风险防范功能。

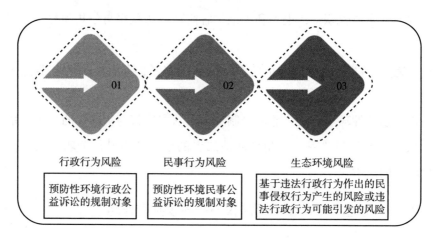

行政行为风险	民事行为风险	生态环境风险
预防性环境行政公益诉讼的规制对象	预防性环境民事公益诉讼的规制对象	基于违法行政行为作出的民事侵权行为产生的风险或违法行政行为可能引发的风险

图1　生态环境风险的产生逻辑

（二）"程度"的考量：司法权与行政权实现平衡

"程度"解决的是司法权与行政权各自的边界问题。行政权与司法权的

① 晋松：《困惑与突破：环境司法保护的诉讼模式——基于行政公益诉讼制度构建的反思》，《法律适用》2014年第2期。

作用范围并非漫无边界，而是要在各自"有所为"的同时保持一定的谦抑性，在一"扬"一"抑"之间发挥作用力（见图2）。

图2　司法权与行政权的制约与平衡

1.司法权之"扬"——以预防性诉讼为法理基础

这里所要解决的问题是：司法能否提前介入行政活动以预防环境风险。而解决该问题的前提是：在中国行政诉讼尚未建立预防性诉讼的制度背景下，能否在环境行政公益诉讼中引入预防性救济。预防性诉讼在德国行政诉讼制度中发展较为成熟①，它是人民在权利尚未受损害时，因预见其权利即将受损害而先提起争讼②，目的在于阻却尚未实际发生但可能发生且不可逆的损害结果，仅在确有必要时才能提起诉讼。建立预防性环境行政公益诉讼制度的必要性体现在以下三方面：首先，生态环境与人类生存发展息息相关，不可逆转的环境损害后果会对人类生存造成重大威胁，故环境风险预防具有现实必要性；其次，违法行政行为直接或间接造成民事侵权主体实施环

---

① 德国《行政法院法》虽未对预防性诉讼作出明确规定，但司法实务界和理论界均认可该制度并予以适用。德国的预防性诉讼包括预防性确认之诉和预防性不得作为之诉两种，前者指原告向法院提起诉讼，请求法院确认相关法律关系存在与否，以阻止该行政行为的作出的诉讼，后者指原告向法院提起诉讼，请求法院判令被告不得作出某一行政行为的诉讼。

② 林三钦：《行政诉讼上"诉讼类型"之研究》，《中国台湾"行政院科学委员会"专题研究计划成果报告》，2003，第2页。

境损害行为，行政行为与损害风险之间具有一定的因果性，故审查源头性的行政行为具有客观必要性；最后，行政诉讼的功能之一在于监督行政主体依法行政，尚未产生损害后果的环境监管行为具有纳入司法审查的制度必要性。

需要说明的是，当确定性的行政行为与不确定性的环境损害风险之间相互对抗制衡时，预防性诉讼制度为环境司法领域的预防性行政公益诉讼提供了理论支撑，而当行政行为或行政不作为尚未成形时，提起预防性环境行政公益诉讼多基于环境保护的紧迫性，此时行为保全制度则更契合其诉讼目的。

2. 司法权之"抑"——以行政行为成熟理论为制约因素

司法监督应当在行政行为成熟原则与预防性救济之间寻找平衡点，防止司法过度干预。行政行为成熟理论起源于美国法院的判例，主要解决的是司法权介入行政活动的时机问题。"成熟性原则是指行政程序必须发展到适宜由法院处理的阶段，即已经达到成熟阶段，才能允许进行司法审查。通常假定行政程序达到最后决定阶段才算成熟。"[1] 行政行为是否成熟的判断标准有三：一是是否属于法律问题的争议，二是是否属于行政机关最后的决定，三是推迟审查是否会造成直接、即时造成当事人日常生活的困难[2]。而环境损害结果是一个长期性、持续性的形成过程，通常不会在损害行为发生之后出现"立竿见影"的即时效果，故行政行为成熟理论并不否定法院以救济环境公共利益为目的提前介入行政活动。当行政行为违法性与环境损害风险性之间存在因果关系时，应当在行政行为的成熟度与公共利益救济的紧迫性之间找准司法审查的介入时机，在尊重行政行为成熟性原则的基础上对"成熟性"进行适度限缩，以契合生态环境风险防范的价值追求。

3. 行政权之"扬"——以环境行政事务管理为主导要件

环境行政具有系统性、复杂性、科技性、风险性等特点，现代环境问题

---

① 王名扬：《美国行政法（下）》，中国法制出版社，2005，第637页。
② 王名扬：《美国行政法（下）》，中国法制出版社，2005，第644~645页。

的治理主要直接依赖于行政权这一积极、灵活、富有效率的公共权力①。与环境司法相比，环境行政具有其无法比拟的优越性。一是具有事实认定的科学性技术性。当科学技术问题延伸至极具不确定性的环境风险领域时，引发的争议更加多元化、复杂化，而环境行政能通过专业技术手段进行认定。二是具有利益诉求的广泛代表性。环境行政是一个相对开放的过程行政，通常在公众程序参与的基础上进行利益衡量，而环境司法则处于以诉讼参与人为架构的封闭空间内，缺乏一定的民意基础。三是具有规则形成的普遍适用性。环境行政依托于制度创新对环境治理问题形成规则之治，具有普遍性和重复使用性，而环境司法则囿于对一般案件的个案裁量，无法应对和处理大量的环境问题。

4. 行政权之"抑"——以行政公益诉讼为矫正保障

环境行政的专业判断并非不受制约与监督，而是要在引发风险争议的情况下接受司法审查。加强司法审查的目的在于使行政国家的扩大不偏离维护公共利益的轨道，而并非要限制行政国家的发展②。这里需要明确的是，在预防性诉讼中，司法权仅限于否定行政主体将来的"作为权限"，而不能指令行政主体将来"应如何作为"③。这也是环境行政公益诉讼相较环境民事公益诉讼的独特之处，即法院对行政机关的行政行为作法律评价，而无须介入环境行政管理的具体事务。

四 微观探索：构建预防性环境行政公益诉讼的路径选择

基于环境民事公益诉讼预防功能的局限性，在考量行政权与司法权关系的基础上，从受案范围、启动要件、审查标准、举证责任、裁判方式等方面对预防性环境行政公益诉讼进行程序设计，以回应环境行政司法救济的实践需求（见图3）。

---

① 〔美〕斯图尔特：《美国行政法的重构》，沈岿译，商务印书馆，2002，第33页。
② 韩铁：《新政以来美国行政法的发展与司法审查的新领域》，《史学月刊》2008年第6期。
③ 刘飞：《行政诉讼类型制度的功能》，《法学研究》2013年第5期。

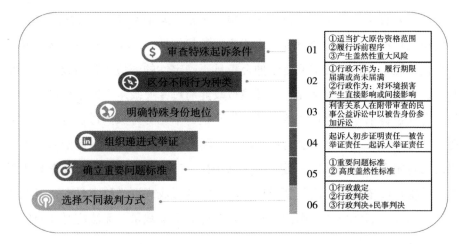

图3 法院审理预防性环境行政公益诉讼案件的思维导图

（一）明确受案范围

预防性环境司法的规制对象主要是环境行政行为的违法作为或不作为，其纠纷范围和受案标准主要有三类。

1.尚未成形的环境行政作为或不作为

针对处于酝酿过程中的环境行政作为或期限未届满的不作为，基于环境保护的情势紧迫性或现实必要性，应当在尊重行政首次判断权的基础上提前介入"未来"行为，以司法监督的方式要求行政机关"审慎作为"或"提前作为"。以期限未届满的环境行政不作为为例，其特殊性体现在：一是审查时机提前，该不作为状态持续时间与环境损害后果呈直接正相关，不作为时间持续越长，可能造成的损害后果越严重，此时就需将审查时机提前至行政机关履行期限尚未届满之时；二是以行为基准判断是否全面履行义务，传统意义上对是否全面履行义务存在行为基准、结果基准、复合基准①的纷

---

① 通说认为，行为基准是将行政机关的作为义务视为若干行为的组合，任何一个环节出现不作为即构成"未全面履行作为义务"；结果基准则关注环境损害是否恢复等作用效果，只要未实现与环境公共利益相关联的效果即构成"未全面履行作为义务"；复合基准是行为基准与效果基准的结合，从行为和效果两方面进行考量。

争，预防性环境行政不作为则更多关注行政机关是否在一定期限内作出行政行为以达到环境监管目的。

2. 依环境监管职责作出的直接影响生态环境的行政行为

环境行政主管部门违法行使职权导致生态环境可能遭受重大损害风险，应当将该违法行政监管行为纳入预防性公益诉讼的司法救济范围。以该行政行为为先决条件，一般情况下会关联产生一定的民事侵权行为，此时可以一并对行政行为和民事侵权行为作出评判。选择单独提起行政公益诉讼或一并审理相关民事争议，要以能否实现公共利益最大化为衡量基准①，同时考量风险程度、司法效率、行政作用范围等因素。在《民法典》全面实施的大背景下，有必要重新激活目前行政诉讼法框架内的"行政诉讼一并解决民事争议"制度，在审查行政行为合法性的同时一并审查民事侵权行为。

3. 依其他行政管理职责作出的间接影响生态环境的行政行为

基于经济社会发展等其他行政管理目标，行政机关作出可能间接引发环境污染之虞的行政行为，应当对该已具有成熟性的行政行为作出司法审查判断。比如，某行政机关批准某地建造飞机场、垃圾焚烧厂或火力发电厂等"嫌忌设施"，因其对珍稀动植物或周边居民可能产生大气污染、噪声污染等风险，故在损害结果尚未实际发生之前，允许司法权对该行政决定的合法性作出认定，一定程度上可避免陷入"风险在即"又"救济无门"的尴尬境地。

（二）审查启动要件

预防性环境行政公益诉讼既要符合"公益诉讼"的基本启动程序，又要体现"预防性"在启动要件方面的特殊之处。

1. 资格型要件——突破单一原告资格

预防性环境行政公益诉讼与传统行政公益诉讼的最大区别在于其"预

---

① 乌兰：《行政附带民事公益诉讼若干问题研究——基于最高人民检察院检例第 29 号指导性案例的分析》，《法律适用》2019 年第 22 期。

防性",而作为"扣动司法审查程序或司法反思过程扳机之一"① 的原告主体资格问题,对"预防性"司法救济功能的发挥起着至关重要的作用。《行政诉讼法》赋予检察机关以提起行政公益诉讼的原告主体资格,但基于检察机关线索来源的有限性及由此产生的公益保护的滞后性,有必要适当拓宽预防性行政公益诉讼的原告主体资格范围。社会环保组织在知识结构、调查手段、技术应用等方面具有天然的专业优势,且其作为团体组织更易触碰风险最前端、更易集中问题线索,故建议赋予社会环保组织提起预防性行政公益诉讼的资格。

2. 程序型要件——设置前置准入条件

这里的"前置准入条件"是指公益诉讼起诉人提起预防性环境行政公益诉讼必须履行的诉前程序。就检察机关而言,应当依照《行政诉讼法》的相关规定提出诉前检察建议,只有当行政机关收到检察建议后一定时间内仍不履行或违法履行职责的,才可进入预防性诉讼阶段;就社会环保组织而言,应当首先向属地主管部门进行备案,不可径直向法院提起预防性诉讼。

3. 结果型要件——产生盖然性重大风险

"预防性"的特征之一在于生态环境损害后果尚未出现、尚可预防,故在启动阶段须着眼于风险发生概率和风险损害程度两方面问题。一是风险发生概率达到"盖然性"标准。即某种环境损害风险有可能出现但又不必然出现,存在一定的发生概率但又不排除出现阻却事由或超越逻辑认识。二是风险损害程度达到"重大风险"层次。关于"重大风险"的认定,需要结合目前的经济社会发展状况、环境保护水平与公民意识等因素,确定考量"成本—收益"关系,即生态环境利益损害须达到不可逆转的严重程度(弱风险预防原则)。具言之,"重大风险"程度包括但不限于超越某类环境标准阈值、突破生态保护红线、违反环境法律法规的强制性规定等。

---

① 沈岿:《公法变迁与合法性》,法律出版社,2010,第179页。

（三）厘清审判方式

进入审理阶段后，预防性环境行政公益诉讼在审查标准、举证责任、裁判方式等方面存在一定的特殊性。

1. 确立"双阶式"审查标准

第一阶段采用"重要问题"标准对行政行为是否存在违法情形进行审查。当证据证明行政行为违法时，法院无须要求起诉人再提供存在环境损害风险的证据，也无须作出是否存在环境损害风险的判断，仅依据行政行为违法这一"重要问题"标准即可实施预防性救济。

第二阶段采用"高度盖然性"标准对是否构成重大风险进行判断。当现有证据不足以证明行政行为明显违法时，则须进一步提供证据证明生态环境可能遭受不可逆转的损害后果。与诉讼启动阶段不同，这里将审查标准提升至"高度盖然性"，即具有损害生态环境利益的高度概率，且可能产生不可逆转的严重后果即可认定构成"重大风险"。

2. 确立"三层次"举证责任分配规则

第一层次由公益诉讼起诉人承担初步证明责任，证明存在行政不作为或违法行政行为等事实，若一并审查民事侵权行为，则还须证明存在民事侵权行为等事实；第二层次由行政机关承担举证责任，围绕被诉行政行为的合法性进行举证；第三层次是当现有证据不足以证明行政行为违法时，由公益诉讼起诉人就存在环境损害重大风险承担举证责任，必要时可辅之以专家论证意见等（见图4）。

3. 确立"双轨制"裁判方式

第一种情形，当行政机关尚未作出但可能作出某种行政行为，或者在履行期限届满之时存在不作为的可能时，由于不存在具体审查的行政行为，司法审查判断的依据更多涉及的是行政公共决策与生态环境保护之间的较量，通常出于保护重大公共利益的紧迫性或必要性而采取临时救济措施。此种情形下的预防性环境行政公益诉讼制度与行为保全制度相对应，以行政裁定的形式责令行政机关履行相应的监管职责。

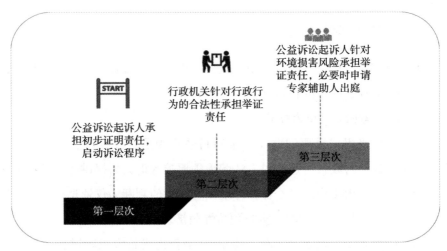

图 4　举证责任分配

　　第二种情形，当行政行为直接或间接地造成环境损害风险时，要从事实认定、法律适用、程序公正、职权依据等方面判断行政行为是否具有明显违法性，若一并审查民事侵权行为，还应当在审查行政行为合法性的同时对民事争议作出裁判。

结　语

　　构建预防性环境行政公益诉讼制度是在审视目前环境公益诉讼现状的基础上，探索更利于发挥预防功能、更符合环境保护客观规律、更易于激发行政监管动力的生态文明治理之路。在平衡司法权与行政权关系的基础上，有待在司法实践中进一步探索研究，以期回应预防性环境行政公益诉讼适用的多元需求。

司法社会治理

Judicial Social Governance

B.15

江西法院助力行业治理效能
提升的实践思考

江西省高级人民法院课题组*

摘　要： 提升行业治理效能是优化法治化营商环境的有益尝试。本文以归
纳司法服务助力行业治理效能提升的预期为起点，在对照完成现
状梳理和原因剖析基础上，提出司法服务助力行业治理效能提升
的优化路径。一是在市域社会治理框架下构建扁平化治理方案，
理顺提质增效逻辑，明确关键环节要求。二是充分凝聚治理共
识，打造扁平化解纷矩阵，强化司法服务单兵作战水平，提升社
会治理成员团队协作能力。三是突出机制创新，以化解并自动履
行于诉前为关键，推动效能评价、标准前置和宣传引领等多维
优化。

---

*　课题组负责人：赵九重，江西省高级人民法院党组成员、副院长。课题组成员：陈健、吴志
华、曹凯、张冰华。执笔人：张冰华，江西省高级人民法院立案一庭法官助理。

关键词： 行业治理　一站式解纷　扁平化治理

在市域社会治理背景下，行业治理效能的优劣主要从三方面评估。一是市域社会治理视角的"可联动一盘棋"，各主体在不缺位不越位的深度融合中凝聚最大治理合力。二是司法服务视角的"可消案能止增"，实现降低一审收案数量，稳住万人成诉率低位运行态势。三是纠纷主体视角的"可感知看得见"，群众从渠道多元、高效便捷、耗时更短、成本更省的解纷体验中感受到"多快好省"。基于此，本文以归纳司法服务推动保障行业治理的效能预期为起点，对照完成现状梳理和原因剖析后，探寻司法服务助力行业治理效能提升的路径。

一　行业治理效能的现状梳理

（一）行业治理的一盘棋联动状态分析

习近平总书记指出，治理和管理一字之差，体现的是系统治理、依法治理、源头治理、综合施策。落实从管理到治理的升级，需要各社会治理主体不缺位不越位共同努力，构建联动治理格局。目前，在行业治理联动方面还存在短板。

一是非诉解纷的应用总量不大，还存在较大挖潜空间。化解纠纷有和解、调解、仲裁、诉讼等多种方式，诉讼以外的方式统称非诉解纷。不同解纷方式有不同职能定位，如司法是社会救济的最后一道防线，人民调解是纠纷化解的主渠道。实践中非诉解纷的应用潜能挖掘还不够，突出表现为应用总量不大。以人民调解为例，目前，全国共有人民调解委员会 69 万个，人民调解员 316 万余人。近年来，全国人民调解组织每年调解各类矛盾纠纷 900 多万件①。据此核算，平均每家调解组织年调解纠纷 13.04

---

① 《多元化解纠纷：各类矛盾纠纷调解成功率达 95% 以上　各地加快调解中心建设》，《人民日报》2022 年 3 月 23 日，第 11 版。

件，年均人案比 2.85 件/年。据江西司法行政部门统计，2021 年全省人民调解组织 24224 个，人民调解员 104513 名，近年来每年调解纠纷约 18 万件。由此核算，平均每家调解组织年调解纠纷 7.43 件，年均人案比 1.72 件/年。

二是纠纷化解难以只进一扇门，线上线下流转衔接障碍较多。近年来，市域社会治理优化的重要努力方向是只进一扇门、最多跑一次，各治理主体也结合职责作了相应部署。例如，全面推进社会救助事项线上"只上一张网"、线下"只进一扇门"和"最多跑一次"改革①。规范行政审批事项，优化办事服务流程，提高管理服务效率，努力实现各类民政审批服务事项"一口受理、协同办理"，让群众"只进一扇门""最多跑一次"② 等。但是，"只进一扇门"的实际兑现还存在诸多难题。以法院为例，线下场所多点开花，既有法院诉讼服务中心大本营，也有人民法庭前沿哨、党政综合治理桥头堡、流动派驻诉源治理点。线上平台多而广且互不相联。

三是司法兜底的保障功能发挥不足，诉调对接合力有待加强。司法兜底主要体现在诉调对接方面，针对诉前达成的非诉解纷协议，法院要通过司法程序保障其效力，最典型的方式是司法确认。实践中法院深陷司法确认供需失衡困境。外部对司法确认的期待较高，解纷力量寄希望于司法确认赋予其调解强制执行力，纠纷主体看重司法确认的零成本优势。法院内部出于防范虚假诉讼需要，更倾向于登记立案后作诉中调解处理。近年来江西法院的司法确认案件数量极低，与诉前调解纠纷数量的差距显著加大（见表1）。司法确认保障不足的后果是大幅提高一审收案数量，增加纠纷主体的诉讼费支出。

---

① 《国务院关于加强社会保障体系建设 助力打好精准脱贫攻坚战 推进社会救助工作情况的报告》，第十三届全国人民代表大会常务委员会第十五次会议民政部报告，2019 年 12 月 25 日。
② 《民政部关于深入学习贯彻党的十九届四中全会精神的意见》。

表1　近五年江西法院诉前调解与司法确认案件数量统计

年份 类别	2017年	2018年	2019年	2020年	2021年
诉前调解（万件）	1.26	7.85	14.03	19.48	24.66
司法确认（件）	1654	3302	4491	5919	5495

（二）行业治理的消案止增作用评价

国情决定了我们不能成为"诉讼大国"。中国有14亿人口，大大小小的事都要打官司，那必然不堪重负！可见办案越多越好已非正确观念。行业治理能否促进矛盾纠纷在诉前的实质预防化解，降低法院一审收案增幅，将万人成诉率稳控在合理区间，是治理成效好坏的重要风向标。理想状态下行业纠纷诉源治理与多元化解纷数量的提升，必然带动法院一审收案同步下降，但实践反馈并非如此。从全国法院看，2021年诉前调解同比增长39.79%，一审民事收案增长28.83%。这只能证明较大的诉前调解增幅延缓了一审收案量的提升，尚未达到根本扭转程度。江西省法院情况亦同（见图1）。

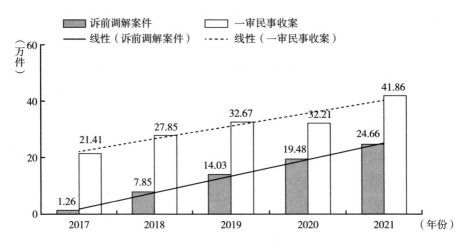

图1　江西法院2017~2021年诉前调解与一审民事收案趋势

（三）行业治理效能的可感可见程度研判

市域社会治理背景下，人民群众是纠纷化解的积极参与者、直接受益者和成效评判者。行业治理效能的可感可见程度主要受数据治理与宣传引领水平影响。

一是行业治理的数据统计还不科学。在数据不是一切但一切皆可数字化的新时代，精准数据化是辅助行业治理效能提升的重要举措。实践中普遍存在数据失真、可信度低、可用性差等问题，精准数据治理因此弱化为大数据态势分析。例如，江西司法行政部门统计数据显示，全省每年人民调解纠纷约 18 万件、行政调解约 30 万件、司法诉前调解约 17 万件、诉中调解约 16 万件。上述数据独立看待均无问题，但实际上法院的诉前和诉中调解多以委派委托人民调解方式完成，存在重复计算。

二是行业治理的宣传引领还不统一。在人人都有麦克风、处处都是自媒体的背景下，宣传引领是展示行业治理效能的重要渠道。实际宣传引领中存在概念先行习惯，以纠纷化解"只进一扇门""最多跑一次""可以不用跑"等目标代替现状，加深宣传一个样、运行一个样的误解。各解纷主体也未形成整体宣传理念，习惯于以各自职能为中心。对于纠纷主体而言轻则陷入同纠纷不同处理的困惑，重则降低对行政、司法及各解纷力量的信任度。

二　行业治理的困境和原因剖析

司法服务在推动保障行业治理过程中表现出的一盘棋联动格局不健全，消案止增作用不突出，可感可见程度不高等问题，主要彰显了行业治理的合力之困、应用之困、发展之困，其原因可从治理架构、理念认知和配套保障方面探寻。

（一）行业治理架构已经发生根本变化

一是传统纠纷化解属于流水线独立作业格局。传统认知下司法是权利救济的最后一环、公平正义的最后一道防线。纠纷发生后，当事人通常在自行和解、行政调解、人民调解、仲裁、诉讼中自主选择解纷方式。各解纷方式均独立存在，后续多数建立在前一方式无效、全部推倒重来基础上。位于权利救济最后一环的司法，即使异化成一步到庭的唯一环节，也不影响其独立性。除司法确认、劳动仲裁等被动联系外，通常不主动与和解、调解、仲裁等解纷方式发生关联（见图2）。

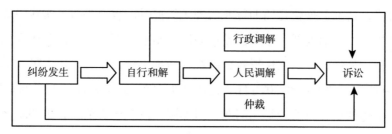

图2 流水线运转示意

二是当前纠纷化解属于扁平化融合发力格局。市域社会治理要求充分发挥人民调解的第一道防线作用。以调解为出发点，完善调解、信访、仲裁、行政裁决、行政复议、诉讼等社会矛盾纠纷多元预防调处化解综合机制①。在以调解为中心的不断融合中，流线型脉络被改变，形成扁平化治理格局，矛盾纠纷化解不再是层层运转互不相干的独立程序，而是需要全程完成机制、平台、人员、工作衔接的合作体。尤其是司法在担当引领、推动、保障职能过程中，还必须主动完成全流程前置（见图3）。

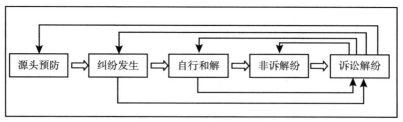

图3 扁平化运转示意

———————————

① 《法治中国建设规划（2020~2025年）》。

（二）市域社会治理主体之间有认知差异

一是对司法的功能定位有偏差。认为"诉源治理"即"诉讼的源头治理"，是集社会力量为法院服务，解决法院案多人少矛盾。法院逐年加大典型案例和司法规则输出力度，健全特邀调解队伍等努力，反而加深了职能扩张包打天下的印象。诉调对接异化为调裁兜底，司法保障的强弱简单等同于是否开通司法确认绿色通道。

二是对扁平化治理的优势理解不到位。诉源治理与多元化解是系统工程，涉及党委政府多个单位和社会多元主体。解纷合力的形成有赖于综治中心枢纽作用、网格底座作用、信息化优势作用等充分发挥。扁平化治理的核心优势是提升合力，促进矛盾纠纷一站式解决，重点挖潜空间应在降低解纷成本、缩短解纷耗时、完善前一环节工作成果的互认等方面。

（三）支撑扁平化治理的配套保障不完善

一是线上平台的集约集成功能发挥不足。首先，线上平台数量繁多、功能分散，易于形成数据壁垒，增加数据流转难度。以法院为例，一站式解纷与服务体系建设已涉及内部平台 12 个，外部平台难以计数（见表 2）。其次，对于在线操作能力不强、没有高端智能设备的解纷主体和群众而言，远程调解、电子签名、App 等数字化便利实为难以逾越的数字鸿沟。

表 2　江西法院一站式解纷与服务体系支撑平台名录

最高人民法院统建	江西法院自建	内网审执办案
移动微法院	多元化解 e 平台	华宇办案系统
律师服务平台	12368 诉讼服务热线	通达海办案系统
保全系统	收转发 e 中心	诉服质效评估平台
道交一体化平台	委托鉴定平台	／
网上申诉信访平台	／	／
法院外部已知平台	中国证券投资者保护网、江西省人民调解综合信息管理系统、各地综合治理平台、信访网上服务中心系统……	

二是纠纷化解的队伍建设有冲突。实践中参与行业治理的主要力量是法院特邀调解队伍与司法厅主管的人民调解团队。特邀调解是人民法院吸纳符合条件的人民调解、行政调解、商事调解、行业调解等调解组织或者个人成为特邀调解组织或者特邀调解员，接受人民法院立案前委派或者立案后委托依法进行调解，促使当事人在平等协商基础上达成调解协议、解决纠纷的一种调解活动①。截至2022年6月，全国法院特邀调解员共计21.1万人，与全国人民调解员316万人的规模相比，占比仅为6.68%，同期江西法院特邀调解员仅为6391人。法院特邀调解队伍的规模虽然很小，但近几年的解纷实践表明，其化解能力更为突出。例如，江西法院特邀调解的人案比是4.53件/月，远高于人民调解的1.72件/年。特邀调解队伍功能的日益凸显已引发司法行政部门关于队伍归属、管理甚至是否合法等诸多质疑，形成了较严重的队伍建设分歧。

三是促进纠纷化解的机制不健全。主要是合力机制不多，法院仍处于单方发力状态。在外部的衔接推动上，主要依靠法院自身发力。各解纷环节的前后端未形成规范合作共促局面，而是习惯于在各自职能范围内推动工作，立足本职思考解决问题，进一步加剧纠纷化解的条块分割和标准各异。亟待通过制度协同方式来共同培育优化多元化纠纷解决机制②。创新机制不足，普遍存在求稳心态。例如，不少保险公司存在超过10万元的调解书不理赔的土政策，依据和解或非诉调解协议理赔的创新难度较大。数据治理机制不规范，缺失数据采集与汇聚标准，纠纷化解的同质化、标准化程度较低。宣传引领机制不佳，未能常态化开展司法大数据分析，加强典型案例发布，用足用好司法建议。未能充分融合传统现代媒体，加大宣传力度，营造良好氛围。

三　司法服务助力行业治理的路径优化

以司法服务助力行业治理效能提升，首先应当在市域社会治理框架下构

---

① 《最高人民法院关于人民法院特邀调解的规定》。
② 杨凯：《论公共法律服务与诉讼服务体系的制度协同》，《中国法学》2021年第2期。

建扁平化治理方案，理顺提质增效逻辑，明确关键环节要求。其次是充分凝聚治理共识，打造扁平化解纷矩阵，强化司法服务单兵作战水平，提升社会治理成员团队协作能力。最后是突出机制创新，以化解并自动履行于诉前为关键，推动效能评价、标准前置和宣传引领的多维优化。

（一）明确扁平化治理方案的提质增效逻辑和关键环节

一是扁平化治理的提质增效逻辑。扁平化治理的提质增效逻辑，应围绕提升司法服务品质、降低解纷成本、增强化解效能进行梳理。以降低解纷成本回应纠纷主体"可感知看得见"需求，以增强化解效能做实"可消案能止增"目标，以"可联动一盘棋"提升司法服务品质，以司法服务品质的提升进一步回馈降低解纷成本，增强化解效能，最终形成品质、效能与成本的良性循环（见图4）。

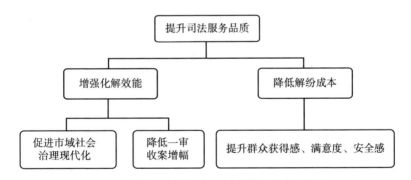

图4 司法服务品质与成本效能的逻辑关系展示

二是提升司法服务品质的关键环节要求。行业纠纷各不相同，不少行业都有现存的纠纷预防化解模式。但对于立足司法服务前置而言，在前端的处理环节，所有行业的扁平化治理原则及流转衔接关键点是相通的。出发点不会改变，都是为了满足群众多元司法需求。实现方式不会改变，必然是坚持以习近平法治思想为核心，站稳人民立场，注重系统观念、法治思维和强基导向。围绕提升司法服务品质降低解纷成本，增强化解效能，最终形成良性循环效应等需求，着重把握从源头到末端的全流程衔接关键（见表3）。

表3　扁平化治理从源头到末端的全流程衔接关键

环节	关键要求
源头预防	加强对行业治理的宏观形势研判和大数据共享力度,常态化推动纠纷的排查、监测、分析、预警,及时梳理多发性风险和问题。通过针对性的法律输出,提升行业自律治理能力,努力将风险隐患预防化解在源头
多元化解	能够树牢诉讼是纠纷解决最后一道关口和慎用公权力的理念,主动协调凝聚各方合力,善用符合行业规则和交易习惯的方法做好行业纠纷化解工作,充分发挥主体多元、渠道多元、方式多元优势,努力实现案结事了人和,法理事理情理相一致目标,保障纠纷化解的政治效果、社会效果和法律效果有机统一
分调裁审	法院和行业监管部门能主动加强工作联络,积极完善调解平台和社会解纷数据的对接共享,打造互联互通、安全可靠的矛盾纠纷化解流转路径。规范委派委托调解,提高诉调对接效率
监管指导	能够有效推动鉴定保险前置,构建市场诚信档案数据库等特色机制,助力行业解纷化解。契合诉讼服务建设运行,促进前端与后台数据的高度融合。立足技术支撑,梳理数据流转衔接渠道,协助前后端形成完整数字服务闭环,做实数据不断联、建用能合一

(二)凝聚治理共识,打造扁平化解纷矩阵

一是诉源治理不等于法院推案甩包袱。可积极运用数据分析结论回应观念差异。以全省医疗纠纷预防化解为例,2017~2020年,全省法院医疗纠纷案件数分别是1286件、1138件、971件、852件。一审平均调撤率43.77%,二审平均调撤率12.67%。一审上诉率分别是19.39%、25.77%、25.93%、22.26%。数据显示,全省医疗纠纷案件体量不大且呈逐年下降趋势,医疗纠纷接近半数的调撤率以及较低的上诉率进一步印证法院裁判质量稳定可靠。各级法院在此基础上持续推动医疗解纷向前延伸,与降低自身诉累并无直接关联,重点还在于促进诉中调解纠纷的前移,进一步缩短解纷时间,节约诉讼成本,帮助诉争双方尽早脱离"官司"缠身局面。毕竟2020年全省法院诉前调解案件平均办理时长8.58天,2021年进一步缩短为6天。

二是司法保障不等于法院职能扩张。法院应主动阐明工作立场,消除合

作疑虑。例如，向网上延伸的目的不是吞并各自工作系统，而是依托信息赋能重塑解纷格局。在确保全部委派委托调解工作通过网络进行的基础上，充分利用线上流转优势突破线下场地、人员、工作时间等限制，完成所有调解数据的同步生成和平台汇聚管理。再如，司法保障的重点方向是提升解纷综合辅导输出水平，普及诉前调解自动履行要求，尽最大可能促进矛盾纠纷调处并自动履行在诉前和当地。

三是诉调对接不等于调裁兜底。一纠纷"一案件"诉调对接保障理念应进阶至"零案件"。"一纠纷一案件"诉调对接是指诉前调解一个纠纷，诉中司法确认或民事调解跟进一个案件兜底的模式。鼓励按照"多元调解+司法确认+示范判决"或"多元化解+简案快审快执"等模式促进纠纷的批量化解。进阶版"一纠纷零案件"诉调对接目标是指在机制、规则、平台、力量的重新调配组合下，扎实提高诉前调解质量，加强源头预防，止矛盾纠纷于未发；加强前端化解，解矛盾纠纷于萌芽；加强关口把控，终矛盾纠纷于始发的工作模式①。扭住成诉关键，做实非诉解纷。

四是依靠党委政府统筹构建"一核多元"解纷矩阵。依托党委总揽全局、政府协调各方的优势，在法治轨道上统筹各方资源力量，推动纠纷化解从法院"一枝独秀"走向"百花齐放"。同时充分发挥法律专业作用，将司法触角延伸到社区、农村、基层。重塑整体司法观，着力实现"实质化解、一次解纷；防止衍生、减少诉累；法官减负、群众受益"目标。此外，还需调动非诉解纷力量，促进矛盾纠纷的有效分流、多元化解，深化"无讼"行业建设，提升自治水平，实现从源头上减少诉讼增量。

（三）提升扁平化治理机制的创新水平

一是尊重线上服务差距，促进行业解纷场所建设创新，坚持线下强基线上辅助。重点推进法院诉讼服务中心与本地综治中心、信访接待中心、公共法律服务中心、行政争议调解中心、检察服务中心的融合，打

---

① 《关于加强诉源治理推动矛盾纠纷源头化解的意见》。

造一站式社会矛盾纠纷调处化解中心。以实体化运行的解纷平台为群众提供全覆盖、全领域、全过程的优质服务，以扎实的线下服务补齐信息化平台融合不足与操作能力短板，以实体服务场所的网络、设备、操作人员等软硬件保障，积极帮助有需要的群体填补数字鸿沟。重点发展跨域协作打造服务亮点。通过异地调解、派驻工作室等方式，统筹全省纠纷化解资源，破解非诉调解信任危机。依托跨域协作，提高多发纠纷的标准化、同质化水平。

二是融合人民调解主渠道职能，促进调解队伍建设创新。重视法院特邀调解队伍长久存在的客观事实。法院特邀调解的人员来源包括但不限于人民调解员，任何品行良好、公道正派、热心调解工作并具有一定沟通协调能力的个人均可申请加入特邀调解员名册。正视法院特邀调解队伍与人民调解队伍的法定差距。核心差别在于只有依法设立的人民调解组织作出的调解协议，双方当事人才可以申请司法确认，实现零成本解纷。有序促进人民调解与特邀调解队伍素质的融合提升，突出专业化、正规化、影响力导向。加大专业人士占比，吸纳律师、仲裁、公证等人员，尤其在证券、医疗、劳动等专业性较强的领域，鼓励和支持专业人士为行业纠纷主体提供公益解纷服务。特邀调解队伍既要积极吸纳符合条件的人民调解员，也要勇于承担优秀人民调解员的培养职责，适时引导优秀特邀调解员加入人民调解组织，促进两支调解队伍素质的融合提升。健全特邀调解组织和人员的培训、考核、退出机制。在传统培训指导等能力提升基础上，深度推广特邀调解人案比考核，配合适当财政保障和激励机制，鼓励优秀调解人员在纠纷化解领域沉得下心、做得出实效。

三是注重扁平化治理的应用机制创新。树牢"一个纠纷零案件"理念，以化解并自动履行于诉前阻断非诉转诉。紧扣实质解纷，完善鉴定和保全前置、审判资源和力量配置前伸、强化社会风险共担、全面降低权益兑现难度等服务保障机制。改变成本计量只盯纠纷主体需求的传统，从紧盯纠纷化解平均时长、纠纷化解诉讼费用成本，拓展到广泛开展解纷成本效能评判，推动社会解纷成本下降。引导各解纷力量综合研判政府及社会的解纷成本投入与产出性价比，消减多元化解经费保障压力。健全行业纠纷化解质效指标体系，明确司法服务推动保障的介入点，厘清司法介入的依据及权责边界。明确各环节解纷服务的启动标准、调解时限、鉴定流程，制订队伍共建、跨域管辖和宣传引导等方案，全面深化工作合力。

B.16
公证公益服务考察
——以四川公证公益服务实践为例

李全一*

摘　要： 公证机构开展公益法律服务，是其自身非营利组织本质属性的必
然要求，中国公证业都把公益法律服务视作不可推卸的社会责
任。四川公证公益法律服务的实践表明，公证公益法律服务不但
利国利民，也有利于公证机构公信力的提升和行业的可持续发
展。目前公证公益法律服务中存在的问题主要是：对公证公益属
性定位不清、公证公益服务与公益公证证明界定不明、公益公证
与公证法律援助相互涵摄、公益公证服务与政府购买公证服务相
互含混。本文认为，开展公证公益服务，需要区别公证机构提供
一般公益服务与公益公证证明服务的范围，厘清公证公益服务与
公证法律援助和政府购买公证服务的边界，形成多元性、多层次
的公证公益法律服务格局，协调推进。

关键词： 公证公益　非营利性　法律援助　社会责任

引　言

根据《公证法》第 6 条的定位，中国公证机构是非营利法人组织①，属

---

* 李全一，四川省公证协会副秘书长，司法部公证研究与人才培训基地特邀研究员。
① 《公证法》第 6 条规定："公证机构是依法设立，不以营利为目的，依法独立行使公证职
能，承担民事责任的证明机构。"

于国家公共法律服务机构的范畴。按照民法理论对法人组织的划分，但凡非营利法人，一般带有一定的公益色彩，要么直接以公益为目的，要么服务于社会公共事务①。公证以维护社会公共利益为天职，以专家型法律服务的方式，对当事人的私权行为、事实与文书进行检视审查与协助完善，并依法赋予其国家公共利益原则确认的真实性与合法性效力，从而自源头上排除和防范交往纷争、避免交易矛盾、和谐并规范民商事法律关系。由此可见，公证行业与社会公共利益存在千丝万缕的联系，也正是基于此，公证是国家公共法律服务体系的重要组成部分。长期以来，中国公证业一直秉持公证为公的理念，不但植根于社会公共法律服务的沃土中，同时把公益服务作为重要职责之一笃定推行。本文主要以四川公证行业开展公证公益法律服务的实践情况为考察对象，以实证方式，梳理和分析中国公证公益法律服务的现状，并就进一步完善公证公益法律服务提出建议。

一　公证公益服务概述

公证公益活动作为公证的一个重要基因，一直伴随着中国公证业的成长。早在新中国成立之初的人民公证初创时期，公证人就积极探索开展公益活动。例如，在一份 1950 年上海市人民法院的工作总结中记载，法院公证员"简化公证手续，建立独立收案制度，作到随到随证，减低公证费用"②。再如，1956 年 1 月 10 日，司法部在向周恩来总理提交的《关于司法行政工作方面几个问题的请示报告》中特别提出，公证收费应"采取轻费原则，公证机关的开支不敷，可以由政府补助"③。20 世纪 70 年代末 80 年代初公证恢复重建后，公证行业一如既往地提倡开展公益法律服务。这一时期的公益服务，主要是通过法律援助方式为弱势群体减免公证服务费。例如，1990

---

① 参见黄薇主编《中华人民共和国民法典释义及适用指南》（上册），中国民主法制出版社，2020，第 132 页。
② 参见蔡煜《中国公证史编年 1902~1979》，上海人民出版社，2019，第 240 页。
③ 参见蔡煜《中国公证史编年 1902~1979》，上海人民出版社，2019，第 309 页。

年 12 月 12 日，司法部印发的《公证程序规则（试行）》第 20 条规定，当事人缴纳公证费困难的，经提交书面申请后，由公证处负责人决定是否减免[1]，即公证机构可以对缴费困难的当事人实行减免费的公证公益法律服务。1997 年 3 月 3 日，国家计委和司法部联合印发《公证服务收费管理办法》，其第 12 条规定，公证机构应当按照法律援助有关规定，对办理领取抚恤金、救济金、劳动保险金和办理赡养、抚养等协议，以及办理申请人经济困难无力负担公证费的其他事项减免公证费[2]。1998 年 6 月 22 日，司法部、国务院三峡工程建设委员会办公室、国务院三峡工程建设委员会移民开发局联合印发的《关于在三峡工程移民中加强法律服务工作的通知》要求，包括公证机构在内的法律服务机构，要将三峡工程的迁建和移民安置等事务列入法律援助范围，提供法律服务实行减免或者缓收服务费[3]。

明确将公益纳入公证内涵范畴的最早规范性文件，为国务院办公厅于 2000 年 7 月 31 日批复司法部的《关于深化公证工作改革的方案》。该方案提出，要加快公证机构体制改革步伐，将公证机构改制为执行国家公证职能、自主开展业务、独立承担责任、按市场规律和自律机制运行的公益性、非营利的事业法人[4]。其后，公证参与公益活动的提法在司法部、中国公证协会的规范性文件中出现的频次越来越高。例如，2002 年 9 月 12 日，司法部印发《关于加强大中城市社区法律服务工作的意见》强调，公证机构

---

[1] 参见江晓亮等《公证实务指南》，中国社会科学出版社，1993，第 416~417 页。

[2] 该《公证服务收费管理办法》第 12 条规定："有下列情况之一的，公证处应当按照法律援助的有关规定减收或者免收公证服务费：（一）办理与领取抚恤金（或劳工赔偿金）、救济金、劳动保险金等有关的公证事项；（二）办理赡养、抚养、抚养协议的证明；（三）办理与公益活动有关的公证事项；（四）列入国家'八七'扶贫攻坚计划贫困县的申请人申办的公证事项；（五）申请人确因经济困难而无力负担的；（六）其他特殊情况需要减免的。"参见司法部律师公证工作指导司、中国公证协会编《公证规章汇编》，法律出版社，2010，第 837 页。

[3] 参见司法部律师公证工作指导司、中国公证协会编《公证规章汇编》，法律出版社，2010，第 233 页。

[4] 参见司法部律师公证工作指导司、中国公证协会编《公证规章汇编》，法律出版社，2010，第 194 页。

"要坚持服务的公益性、便民性，把服务的社会效益放在第一位"①。2003年9月1日，司法部印发的《关于拓展和规范公证工作的若干意见》明确提出，公证机构要积极参加社会公益活动，为残疾人、老年人等弱势群体提供公证法律服务帮助②。此后，公证参与法律援助的实践做法被上升为法律规定。2006年3月1日起施行的《公证法》第34条第2款规定，公证机构对符合法律援助条件的当事人应当按照规定减免公证费。

2012年以后，我国公证机构开展公益服务的内涵和外延不断拓宽。2015年4月，司法部和全国老龄办联合印发《关于深入开展老年人法律服务和法律援助工作的通知》，规定凡是对80岁以上的老年人办理遗嘱公证，应予以免费。同时还要求对70岁以上以及行动不便的老年人开展网上预约、上门法律援助等便捷服务③。2017年7月，司法部会同中央编办等四部门联合印发《关于推进公证体制改革机制创新工作的意见》，该意见再次强调公证机构的公益性和非营利性。据司法部的统计，2018年，全国公证机构共向社会提供公益法律服务30余万件（次），其中浙江、四川、江苏省提供公益法律服务数量列前三位，分别为35862件、27368件和26640件④。

2020年3月24日，司法部党组印发《关于加强公证行业党的领导　优化公证法律服务的意见》，要求拓展公益服务范围⑤。2021年5月28日，司

---

① 参见司法部律师公证工作指导司、中国公证协会编《公证规章汇编》，法律出版社，2010，第239~240页。

② 参见司法部律师公证工作指导司、中国公证协会编《公证规章汇编》，法律出版社，2010，第208页。

③ 新浪网：http://finance.sina.com.cn/roll/20150415/053921957598.shtml，最后访问日期：2022年2月25日。

④ 参见《成绩可喜，未来可期——2018年公证行业成绩单出炉》，《中国公证》2019年第3期，第11页。

⑤ 该意见要求，"鼓励公证机构为老年人、未成年人、残疾人、农民工及生活困难群众提供公益性法律服务；支持公证机构在减灾救灾、生态环境和资源保护、食品药品安全、国有资产保护、脱贫攻坚等领域发挥职能作用；指导公证机构主动参与法治宣传、信访调处、案件化解、重大突发事件处置等工作，努力发挥公证在推动经济社会发展、服务保障和改善民生、维护社会和谐稳定中的重要作用。"

法部印发《关于优化公证服务更好利企便民的意见》，首次对公证机构的公益公证服务提出指标考核要求①。2021 年 6 月 29 日，司法部印发的《关于深化公证体制机制改革 促进公证事业健康发展的意见》再次强调，要坚持公证的公益属性②。随后，各地纷纷出台公证公益服务办法，并将公证员提供公益公证服务作为量化指标，纳入年度考核体系③。据相关统计，2017~2019 年，北京市公证公益法律服务年均办理量在 1.8 万余件。根据司法部《公证统计报表》数据，2020 年，全国公证行业共办理公证公益事项544103 件，约占全国当年公证办证总量 1173 万件的 4.64%。

二 四川公证公益法律服务概况

长期以来，四川公证行业的公益法律服务一直处于全国行业靠前位置，形成了一些特色和地域亮点。例如，在 2008 年 "5·12" 汶川地震的抗震救灾和恢复重建中，四川公证行业办理了大量的公益公证事项。据 2008 年 5 月至 2009 年末一年半时间的统计，全省公证机构共办理各类涉及 "5·12" 汶

---

① 该意见第 15 条强调，要强化公益服务。司法行政机关、地方公证协会要将公证员开展的公益法律服务纳入考核指标。将公益法律服务事项和技能作为公证员职业培训重要内容，深化公证员职称制度改革，把公证员参与公益法律服务作为职称评审的考核指标之一。

② 该意见要求，要完善政府购买公证公益服务机制，支持公证机构在减灾救灾、脱贫攻坚、污染防治、疫情防控等领域发挥职能作用。组织党员公证员、青年公证员进驻公共法律服务平台，深入基层开展法治宣传教育、法律咨询等工作。引导公证机构和公证员优先保障劳动、就业、社保、教育、医疗等民生类基本公证法律服务需求。公证员参与公益法律服务情况作为年度考核重要内容，培养和树立公证公益法律服务先进典型。通过政府购买服务等方式，加大对公益类公证服务的保障力度，满足基本民生公证需求，更好发挥政府作用。

③ 如山东省司法厅印发的《关于深入开展公证公益法律服务的通知》明确规定，公证机构作为不以营利为目的的社会组织，要提高政治站位，积极参与公证公益法律服务。https://www.360kuai.com/pc/9945f3ca061364f54？cota＝4&kuai_ so＝1&tj_ url＝so_ rec&sign＝360_ 57c3bbd1&refer_ scene＝so_ 1，最后访问日期：2022 年 2 月 25 日。北京市司法局印发的《公证公益法律服务管理办法（试行）》将 12 类公证事项纳入公证公益事项范畴，并 "纳入考核评价公证机构、公证员的重要指标"。http：//ks.yifaxueyuan.com/news/1/316.html。最后访问日期：2022 年 2 月 25 日。

川地震救灾和恢复重建的公证事项达 10 万件以上①，其中绝大多数采取减免公证服务费的方式办理。2021 年，四川省公证行业办理公证公益法律服务的数量，约占全国公证行业公益服务总数的 6.64%，高于全国平均水平 2 个百分点。

（一）2013~2016 年公证公益服务情况

据统计，2013~2016 年，四川全省公证行业共办理各类公益法律服务事项 142290 件，其中：为救灾减灾提供公益服务 4347 件，为残疾人提供公益服务 8216 件，为老年人提供公益服务 41992 件，为弱势群体提供公益服务 39336 件，为政府公益事务提供公益服务 31495 件，为其他公益事务提供服务 16904 件（见表 1）。

表 1　2013~2016 年四川省公证机构公益公证服务统计

单位：件

年度	合计	为救灾减灾	为残疾人	为老年人	为弱势群体	为政府公益	其他
2013	40919	1964	1913	9515	10829	10883	5815
2014	30910	935	1871	9744	10140	4880	3340
2015	32632	867	2063	11161	10087	4473	3981
2016	37829	581	2369	11572	8280	11259	3768

（二）2017~2021 年公证公益法律服务情况

2017 年开始，司法部设计的公证服务统计表有所调整，主要调整的内容包括：一是增加了公益宣传咨询的数据，但不计入公益公证服务的合计数据中；二是取消原来为"其他弱势群众"提供公益服务统计事项，将为未成年人提供公益服务单列统计；三是从 2018 年起增设为"三农"提供公益服务和为环境保护提供公益服务的统计项目；四是将公证中调解成功的数据纳入公益服务统计事项（见表 2）。

---

① 参见《2009 年四川公证协会工作总结》。

表2　2017~2021年四川省公证机构公益公证服务统计

年度	合计	公益宣传咨询	减灾救灾	为残服务	为老服务	未成年人	政府工程	"三农"服务	环境保护	办证调解	其他公益
2017	30386	76726	347	2497	2745	4981	10552	—	—	953	8311
2018	27368	129069	453	1880	11475	2249	4959	1768	121	2096	2367
2019	43728	224324	315	1837	9012	745	4745	1964	153	3710	21247
2020	36149	219879	1073	1314	7320	732	3797	1428	148	8298	12039
2021	26150	210949	418	835	5936	836	1234	884	216	9048	6743

说明：表中虽然列入了宣传咨询的公益数据，但未计入公益服务的合计数据中，由此可推断，司法部所指的公证公益服务活动主要指的是公益公证证明类服务事项。

（三）公益公证服务量与年办理公证总量比较

2013年以来，四川公证行业每年办理公益公证服务事项的数量，约占当年全部公证办证量的3%；公证员人均年办理公益事项38件左右（见表3）。

三　当前公证公益服务中需要厘清的几个问题

从上文对全国尤其是四川省公证公益法律服务的考察来看，可以对我国公证行业开展的公证公益法律服务活动，梳理归纳出以下几个结论：第一，公证公益法律服务得到普遍推行，公证机构和公证员都能自觉履行公益法律服务的社会职责；第二，公证公益法律服务的范围不断拓展，由传统的主要针对老年人、残疾人等弱势群体的法律服务向其他社会公益事务如环保、扶贫、赈灾、抗疫等领域迅速扩展；第三，公证公益法律服务的方式，由主要依托法律援助制度下的政府补偿，向自主自觉减免公证服务收费方向发展，形成政府购买公益服务和公证机构主动履行社会责任相结合的良性局面；第四，司法行政主管部门加大推进力度，普遍将公证公益法律服务纳入主管部

表 3 2013～2021 年公证办证总量与公益公证数量比较

年度 数据	2013	2014	2015	2016	2017	2018	2019	2020	2021
办证总数（件）	1037454	1009908	936942	1016749	1143296	1263040	1249222	1251207	1184423
公益总数（件）	40919	30910	32632	37829	30386	27368	43728	36149	26150
公益占比（%）	3.94	3.06	3.48	3.72	2.66	2.17	3.50	2.89	2.21
公证员平均 办理公益 公证量（件）	51.34	36.97	38.89	43.98	32.92	28.93	46.97	38.54	26.44

原统计表中 2017 年的公益总数中计算了提供公益宣传咨询的数据，其他各年度的公益总数中则未计算公益宣传咨询的数据。为统一分析数据，表中将 2017 年公益总数中的宣传咨询数据予以扣除计算。

门对公证机构、公证员的年度考核指标体系①，公证公益法律服务开始由自发性向制度化转化和演进。

但在总结成效的同时，我们也应当看到，我国公证公益服务中仍然存在一些问题需要改进和完善。基于此，以下几个关系有必要予以进一步厘清。

（一）关于公证机构的公益属性定位

如何界定公证机构的公益属性，是判断公证机构开展公益法律服务是其全部义务职责，还是其应当履行的社会责任的一个核心问题。从这个意义上讲，准确定位公证机构的公益属性就是考察公证公益法律服务价值意义的前提。公证机构这一非营利组织确实带有一定的公益属性，但绝非严格意义上的公益性组织，而是承担一定公益职能的非营利组织。理由如下。第一，《公证法》未将公证机构明确定性为公益性组织，这在一定意义上可以表明公益性并非公证机构的根本属性。第二，公证机构虽然根据法律的规定向社会提供公证法律服务，但公证服务的受益者并非社会全体成员，更不是社会全体成员均必须受领的服务，而只是为那些对公证有需求的社会成员提供服务。第三，由于法律没有规定国家要为公证的一般受益者买单，而是仅规定须为困难人群提供法律援助，因此公证服务所涵摄的公益性是一种有限的公益性。这种有限性体现在：一方面，国家限制了公证服务的收费标准（关涉民生的公证服务事项部分收费为国家定价），使其具有一定的公益性；另一方面，又强调凡属法律援助对象以外的受益者，均需按照规定价格购买公证法律服务，对不按规定缴纳公证服务费的公证申请人，公证机构有权拒绝公证。第四，公证机构虽然应当向社会弱势群体提供法律援助，但这种援助并非系无条件、无限制的，受助者必须符合国家《法律援助法》规定的基本受援条件。

---

① 如山东省司法厅印发的《关于深入开展公证公益法律服务的通知》规定，每名公证员每年办理公益法律服务事项不应少于2件或参加公证公益法律服务不少于5天；四川省司法厅印发的《四川省公证公益法律服务管理办法（试行）》规定，每名公证员每年办理公益事务不少于5件。

（二）公证公益与公益公证

公证公益和公益公证，应当是两个不同的概念。前者，是广义的公证公益服务概念，涵盖了公证机构和公证员参与所有与公益事务相关的公证法律服务活动，其中也包括公证参与公益普法宣传、免费法律咨询、公益调解等；而后者则是狭义的公证公益服务活动，特指公证机构和公证员办理的公益公证事项，主要指公证机构对当事人申办的公益公证法律事项所进行的证明活动。

从司法部印发的规范性文件中可以看出，行业主管部门提倡的是广义的公证公益服务。例如，司法部党组于2020年3月24日印发的《关于加强公证行业党的领导优化公证法律服务的意见》中指出，要把公证机构主动参与法治宣传、信访调处、案件化解、重大突发事件处置等工作纳入公证公益服务的拓展范围①。再从司法部设计的公益服务统计表来看，提倡的也是广义的公益服务方式，如2017年以后的统计表列入了公益宣传咨询的数据和公益调解的数据。但令人不解的是，该统计表似乎主要统计的又是公益公证事项的数据，并未将公证机构提供的公益宣传咨询计算在合计数内。由此不难看出，司法行政主管部门的意图是提倡公证机构开展全方位的公证公益法律服务，但纳入对公证处、公证员目标考核的应当仅仅是公益公证事项。基于此，有必要就公证公益服务和公益公证证明事务加以区别，以便更加合理地划分公益公证与非公益公证的界限。

关于公益公证，目前尚无明确统一的定义。借助学界对公益诉讼的解读来加以探讨，以窥视其端倪，原因是二者具有一定的相似性。目前学术界对何为公益诉讼大致有两种观点。一种观点认为，凡是为维护公共利益所提起

---

① 该意见指出，要拓展公益服务范围。各地要结合经济发展水平和服务能力，科学制定并大力拓展公证公益服务事项范围。鼓励公证机构为老年人、未成年人、残疾人、农民工及生活困难群众提供公益性法律服务；支持公证机构在减灾救灾、生态环境和资源保护、食品药品安全、国有资产保护、脱贫攻坚等领域发挥职能作用；指导公证机构主动参与法治宣传、信访调处、案件化解、重大突发事件处置等工作，努力发挥公证在推动经济社会发展、服务保障和改善民生、维护社会和谐稳定中的重要作用。

的诉讼均应称为公益诉讼，其中既包括没有直接利害关系的社会组织提起的保护公共利益的诉讼，也包括有直接利害关系的自然人或者法人提起的此类诉讼。另一种观点则认为，只有与原告没有利害关系，其诉求涉及维护社会公益的诉讼方能称作公益诉讼①。实际上，上述两种观点所指涉的诉讼均可以称为公益诉讼，只不过前者应视为广义上的公益诉讼，而后者则可看作狭义的公益诉讼。如果我们借鉴法院公益诉讼的这一定义，结合公证证明客体和内容的一般特征，可以得出公益公证的概念：其是指当事人申请公证机构办理的，公证事项内容涉及社会公共利益的公证证明活动。

虽然，公益公证所证明的客体与公益诉讼的标的存在一定的共性，如都不能离开公共利益这一总的社会评价标准和基本范畴、其所关联的相对人通常属于不特定的群体等。但二者的区别亦是十分明显的。首先，公益公证的受理范围一般情况下要比公益诉讼的受案范围宽泛，不像公益诉讼那样会受到明显的限制。根据《民事诉讼法》第 58 条的规定，公益诉讼的诉讼客体主要被限制在"污染环境、侵害众多消费者合法权益等损害社会公共利益的行为"这一范畴内，而公益公证则不应受这一限制，可以将一切关涉公共利益的合法行为均设为公益公证的客体。其次，公益诉讼的主体一般由法律明确规定，如《民事诉讼法》将其限定在"法律规定的机关和有关组织"，而公益公证的申请主体则无须法律特别规定，从理论上审视，不但机关、企事业单位可以作为其申请主体，在特定情况下非法人组织和自然人也可以作为申办当事人，如证明法人、非法人组织或者个人向公益组织的捐赠行为等。

毫无疑问，公益公证与非公益公证是有区别的，非公益公证是公证证明的基本类型和主要业务范围。那么，公益公证与非公益公证的区别可以按照以下标准来加以判断：第一，公益公证的内容必须涉及社会公共利益，而非公益公证则一般只涉及私权事务（民商事务）；第二，公益公证的申请人与

---

① 全国人大常委会法制工作委员会民法室编《中华人民共和国民事诉讼法条文说明、立法理由及相关规定》（修订版），北京大学出版社，2012，第 81 页。

被证明事项不一定存在直接的利益关系，而非公益公证的申请人一般与被证明事项存在直接的权利义务关系；第三，办理公益公证，公证机构应当基于公益责任而予以主动免收公证费或者只收取手续费、工本费，而非公益公证除法律援助事项外，当事人必须按照公证收费标准缴纳公证服务费；第四，公益公证通常采取协议确认、现场监督、保全证据等证明方式办理，而非公益公证的证明方法则可视当事人证明事项的具体情况，采取丰富多样的证明手段办理。

（三）公益公证与公证法律援助

目前公证机构办理涉及公益事项的公证，所给予的收费优惠或减免，主要依据的是《公证法》第 34 条以及《公证程序规则》第 22 条的相关规定①。然而问题在于：第一，公益公证并非法律援助公证，法律援助类公证虽然属于广义的公证公益服务范畴，但在公证事务中其仍属于普通公证事项的范围，而公益公证事项则属于与之相区别的特殊公证事项类型；第二，法律援助减免费用的前提是当事人经济困难、无力承担公证服务费用，而公益公证的申办主体则并非经济困难且无力承担公证服务费用，因此显然不符合这一要件。有鉴于此，有必要厘清公益公证与公证法律援助的区别。

从办理公证免缴或少缴公证费的角度考察，公益公证与公证法律援助均是对当事人一种经济上的施惠行为，二者并无明显差异。但是如果从二者的性质、目的与内容上审视，其区别还是比较明显的。第一，公益公证，其证明事项必须涉及社会公共利益，因此可视为一种独特的证明事项类型，目前法律上尚无具体的类型规定，需要在制度层面上予以重新设计；而公证法律援助事项虽然包含在广义的公证公益服务中，但并非严格意义上的公益公证事项，法律已经有明确规定。2022 年 1 月 1 日起施行的《法律援助法》已经将公证机构明确列为法律援助的施援主体之一。第二，公益公证是一种由

---

① 《公证程序规则》第 22 条第 2 款规定："对符合法律援助条件的当事人，公证机构应当按照规定减收或免收公证费。"

公证机构主动发起的施惠行为，无须当事人进行特别申请，更无须任何机构指派；而公证法律援助，公证机构则往往是被动行为，既需要当事人的减免费申请，也需要政府法律援助机构的审查与指派。第三，公益公证的证明客体往往是惠及不特定人群的利益，并与人身关系不发生紧密联系；而公证法律援助的事项则多指向社会弱势人群这一特殊群体，且往往与人身关系有一定关联①。第四，公益公证的减免费用是一种彻底的施惠行为，而法律援助的实质是政府出钱购买法律服务，虽然政府支付的援助补偿费不一定足以弥补公证机构的证明成本②，但并非不收取公证服务费，因此公证法律援助并非一种彻底的、严格意义上的施惠行为。毋宁说，法律援助的施惠者主要是国家，公证机构仅作为其所指派的援助实施者，尽到具体落实法律援助的义务。

由上可知，公证法律援助与公益公证服务是两个虽有联系但也存在明显差异的公证公益服务形式范畴。帮助困难、政府低价买单、被动为之、事项特定，是法律援助的基本特征，这与公益公证主动减免公证服务费的做法明显不同。虽然有观点认为公证法律援助方式应由被动转为主动③，但如果过分主动则必然会使政府增加购买法律服务的成本支出，同时过宽的援助范围也会造成对其他公证当事人购买公证服务的不公平。

（四）公益公证与政府购买公证服务

如前所述，公益公证是公证事项中与法院公益诉讼可以类比的专门从社会公共利益出发，特别设定的一种公证事项类型，属于狭义的公证公益法律服务

---

① 《法律援助法》第 31 条规定：下列事项的当事人，因经济困难没有委托代理人的，可以向法律援助机构申请法律援助：（一）依法请求国家赔偿；（二）请求给予社会保险待遇或者社会救助；（三）请求发给抚恤金；（四）请求给付赡养费、抚养费、扶养费；（五）请求确认劳动关系或者支付劳动报酬；（六）请求认定公民无民事行为能力或者限制民事行为能力；（七）请求工伤事故、交通事故、食品药品安全事故、医疗事故人身损害赔偿；（八）请求环境污染、生态破坏损害赔偿；（九）法律、法规、规章规定的其他情形。

② 《法律援助法》第 53 条第 2 款规定："公证机构、司法鉴定机构应当对受援人减收或者免收公证费、鉴定费。"

③ 参见段伟、王潇《公证法律援助制度研究》，《中国公证》2012 年第 12 期，第 30~32 页。

范畴，其主要功能是公证机构基于其社会责任和公证事项所涉公益目的，主动向当事人提供减免公证费的证明服务，因此其与公证法律援助不属于同一范畴的公证公益服务。此外，鉴于法律援助制度的法定性，其与当前比较流行的政府购买法律服务（包括公证法律服务）的做法也存在一定差异，故也有必要将公益公证与政府购买除法律援助外的其他公证服务区别开来。

之所以需要辨析二者的关系，是因为司法部的有关规范性文件在提出公证公益服务的同时，也要求公证机构要争取政府购买法律服务。例如，司法部《关于深化公证体制机制改革　促进公证事业健康发展的意见》就明确提出，要完善政府购买公证公益服务机制，以此来满足基本民生公证的需求。显然，政府购买公证公益服务也是一种必要的保障措施，目的是在确保公证机构生存发展的基础上，有能力开展更多更为有效的公证公益法律服务。但政府购买公证公益服务仍然是支付了对价或报酬的服务，从服务者的角度审视，其显然属于有偿服务的范畴，相当于政府的公益事项服务外包。而公益公证服务，则是公证机构和公证员必须履行的社会职责，是向社会所作出的一种自觉奉献，其基本特征就是无偿性和无回报性。基于此，政府购买公证公益服务并非严格意义上的公益公证服务。

四　完善公证公益服务的思考与建议

（一）需要在法律层面确立公益公证事项

在《公证法》中明确设立公益公证事项，其积极意义如下。首先，公证机构是带有公益属性的组织，参与公益是其组织属性的必然要求。其次，公证机构应当承担一定的社会责任。在当今社会，即使是像企业这样完全以利润最大化为追求目标的市场主体，也开始越来越多地关注社会公益，强调社会责任的承担。公证机构作为国家法律授权从事证明活动的准公权组织，更应当将公益事业和社会事务视作一种不可推卸的责任。再次，社会效益和经济效益的均衡追求，要求公证机构应当主动参与公益。毋庸讳言，公证机构也需要追求一定的经济利益，并依此而生存和更好地为社会提供服务，正因如此，《公证法》第31条才将"当事人拒绝按照规定支付公证费"作为公证机构不予办理公证的法定免责情由之一。但是，公证机构无论如何也不应将经济利益最大化作为自己的追求目标，而应当将社会效益放在重要位置，努力寻求经济效益与社会效益的均衡化。最后，主动服务公益、对公益事项开展自觉的证明服务活动，无疑会对公证机构自身的社会价值产生积极的正向效应，其正能量带来的社会回馈不可低估，因此，其也是公证行业自我升华和可持续发展的应然需要。

（二）公益公证事项的客体范围需要合理设定

可以将以下法律事项设定为公益公证事项：①涉及减灾救灾、脱贫攻坚、污染防治、疫情防控等方面的公证事项；②由政府开展的面向低收入人群或困难群体所施行的各类福利分配行为，如公租房、廉租房的分配抽签类公证等；③由社会慈善组织、个人慈善家开展的各类公益捐赠行为公证；④各类基层组织开展的民主选举行为等现场监督公证；⑤80岁以上老年人免费遗嘱公证；⑥其他与社会公益相关的公证事项。有必要指出的是，政府征地拆迁、旧城改造与强拆等行为中，与商业利益无法划清界限的所谓"公益"事务，应当排除在公益公证的范畴之外。

目前，在各地制定的公益服务意见中，有的规定每名公证员每年至少办理2件以上公益事项①，有的则规定每年每名公证员须办理5件以上公益事项②，这一指标所指向的均应当属于公益公证事项。至于公证机构、公证员提供的免费法律宣传、咨询，以及在办理公证活动中公证员主动进行的调解等事项，可以作为公证机构和公证员需要开展的公益法律服务内容，但不应列入公益公证考核的范畴。

---

① 山东省司法厅印发的《关于深入开展公证公益法律服务的通知》规定，每名公证员每年办理公益法律服务事项不应少于2件或参加公证公益法律服务不少于5天。

② 四川省司法厅印发的《四川省公证公益法律服务管理办法（试行）》规定，每名公证员每年办理公益事务不少于5件。

（三）需要确立公益公证的基本办证原则

公益公证事项的证明活动，除必须遵循客观、公正、依法等公证证明的一般原则之外，还应当秉持以下办证原则。第一，及时原则。公益活动大多具有一定的时效性，因此必须提高公证的证明效率。第二，现场直接证明原则。公益公证通常均需采用现场监督或保全证据等证明方式，故而直观性、现场性与客观性是其应当遵守的准则。第三，无偿原则。公益公证既然是公证机构的一种社会责任，当然不应当追求其证明对价，必要时可以适当收取工本费。第四，公开证明原则。公证机构办理非公益类公证无须采取公开公证的方式，且通常还应当为当事人保守其隐私或商业秘密；然而，由于公益活动的公信力往往体现在公开、公平、公正上，以公益公证事项的证明活动，应当遵循公开证明原则。

结　语

公证公益法律服务，在一定意义上已经成为中国公证行业向社会提供公共法律服务的突出亮点和特色品牌。公证公益服务的广泛开展，充分展示了公证行业服务为民的使命担当和责任秉持。从前瞻性的角度审视，现行的公证公益法律服务需要在制度上进一步完善。完善的主要方法，应当是在大力倡导开展广义公证公益法律服务的前提下，建立狭义的公益公证服务事项制度，从而形成公证援助、政府购买公证服务和公证机构主动开展公益服务的有机结合，构筑起更为清晰和有效的公证公益服务体系架构，从而更好地促进中国公证公益法律服务事业的健康、有序发展。

B.17
粤港澳大湾区司法规则衔接的探索实践

吴翔 王涵*

摘　要： 粤港澳大湾区建设从三个层面对司法规则衔接提出了需求：提升
跨域纠纷解决质效、推动民事诉讼制度完善和助力湾区一体化发
展。为回应前述需求，近年来广州南沙自贸区法院开展了包括属
实申述、委托当事人送达、证据开示等6项司法规则衔接。本文
以证据开示规则为例，发现规则比较、规则改造和效果评估是司
法规则衔接的基本环节，并发现当前司法规则衔接还存在上位法
保障缺失、碎片化构建、制度环境不适配等问题。为推动司法规
则衔接更加系统化、理性化，应将法律商谈理论作为其理论基
础，明确应遵循的基本原则，构建授权自贸区法院为试点，以点
带面、由下至上的渐进式衔接路径，并完善规则衔接前期研究、
落地实施、成效检验等技术层面的机制设计。

关键词： 粤港澳大湾区　规则衔接　规则移植　碎片化

一 需求回应：粤港澳大湾区建设对司法提出的新挑战

（一）一重需求：提升跨域纠纷解决质效

正确适用法律，妥善化解矛盾纠纷是司法的第一要务。由于"一国两

---

* 吴翔，广东省广州市中级人民法院党组成员、副院长；王涵，广东省广州市中级人民法院涉
外商事审判庭法官助理。

制三法域"的独特背景,内地与港澳在法律制度、司法理念上存在较大差异。这种差异短期内并不会消失,且随着粤港澳大湾区建设的纵深发展,人员、经贸往来的日渐频繁,相关跨域民商事纠纷势必增加,由此引发的法律冲突将愈加明显,司法无疑将直面这种冲突与挑战。如何在司法实践中减少甚至消弭此种冲突对纠纷化解的负面影响,弱化由此导致的规则适用不确定、不统一等问题,司法规则衔接的作用得以凸显。

在粤港澳大湾区语境下,规则衔接可以从三个研究领域展开探索。一是以"异"为出发点,在法律制度各异的情况下确定如何适用法律的冲突法。二是以"同"为出发点,追求法律适用同一的共同法。大湾区协同立法是实现大湾区规则衔接的重要方式,也是大湾区规则的重要来源之一[①]。三是以"求同存异"为出发点,在法律相异的基础上,寻求找到最优的共同性的比较法。通过司法规则衔接,可在一定程度上缩小三地尤其是内地与香港的司法规则差异,从而提升纠纷解决的可预期性和港澳当事人对内地司法的认同感与满意度。

(二)二重需求:推动内地民事诉讼制度完善

习近平总书记指出:"文明因交流而多彩,文明因互鉴而丰富。文明交流互鉴,是推动人类文明进步和世界和平发展的重要动力。"[②] 法律文化是人类文明的有机组成部分,不同社会制度法律文化的交流是不同文明互鉴融合的题中应有之义和高级形式。司法规则作为法律文化的重要载体,不同社会制度司法规则的衔接,促进了不同国家或地区不同法律文化的相互学习和进步。粤港澳大湾区是两大法系三种法律制度的汇聚区,不仅是内地与港澳司法规则衔接的绝佳实践平台,也可以为世界不同法系的协同发展提供样本。

对内地而言,与港澳的司法规则衔接,尤其是比较法领域的法律移植,即对诉讼规则等程序性规则的借鉴、吸收,对推动民事诉讼制度改革、发展大有

---

① 贺海仁:《我国区域协同立法的实践样态及其法理思考》,《法律适用》2020年第21期,第71页。

② 《习近平2014年3月27日在联合国教科文组织总部的演讲》,《求是》2019年第9期。

裨益。从《民事诉讼法》和《最高人民法院关于民事诉讼证据的若干规定》（以下简称《民事证据规定》）等相关司法解释的修订来看，内地民事诉讼制度处于由"职权主义"逐渐向"当事人主义"转变的改革发展中。而香港作为普通法系地区，"当事人主义"是其民事诉讼制度的显著特征之一，有较为成熟的规则设计，因此，可以作为内地民事诉讼制度改革的有益参考。

（三）三重需求：助力大湾区发展一体化

欧盟及世界其他国家或地区一体化进程显示，统一的规则和标准对经贸合作具有促进作用。法律一体化可以说是区域发展一体化的客观要求和必然结果。法律一体化不仅意味着制定层面的一体化，也要求适用层面的一体化，即对区域一体化的司法环境以及配套制度建设提出了要求，尤其是争端解决机制的一体化建构。考察全球发展一体化也可以发现，世界贸易组织（WTO）的争端解决机制是其不可或缺的部分，《关于争端解决规则与程序的谅解》作为《建立世界贸易组织的协议》的附件二，是各个协议得以切实执行、世界贸易体制安全和正常运转的基本保障。

司法一体化是司法规则衔接的发展目标和最终形态。习近平总书记在深圳经济特区建立40周年庆祝大会上指出，"抓住粤港澳大湾区建设重大历史机遇，推动三地经济运行的规则衔接、机制对接，加快粤港澳大湾区城际铁路建设，促进人员、货物等各类要素高效便捷流动，提升市场一体化水平"。规则衔接被认为是推动大湾区一体化发展的重要手段和有力支撑。因此，粤港澳大湾区建设过程必然伴随着司法规则衔接向司法一体化的过渡。对司法规则衔接的探索也将为大湾区争端解决机制的一体化建构积累有益经验。

二 实践检视：以广州南沙区法院为考察样本

（一）实践现状

经梳理发现，自2016年起，南沙自贸区法院共开展了6项诉讼规则衔接探索，对港澳尤其是香港的相关诉讼规则进行了借鉴、吸收，即进行了规则移植，分别为律师调查令制度、交叉询问规则、属实申述规则、当事人主义送达、文件透露规则以及遵循先例原则。除交叉询问规则外，就借鉴的上述规则，南沙自贸区法院分别制定了《民商事案件证据开示指引》《涉港商事案件属实申述规则适用规程》《委托当事人送达实施细则》《类似案例辩论指引》等文件，以实现相关规则在该法院的制度化、常态化适用①。

以上规则衔接首先透露了这样一个倾向，即湾区内地法院希望通过移植香港诉讼规则中关于当事人权利义务的相关内容，激发内地法院诉讼参与人的积极性和能动性，推动案件进程和案件事实的查明，并促进诚信诉讼。这也是内地民事诉讼模式朝着当事人主义方向改革在司法实践中的具体表现。针对上述规则衔接，从诉讼进程角度分析，不同的规则衔接对应不同的诉讼阶段（见图1）。

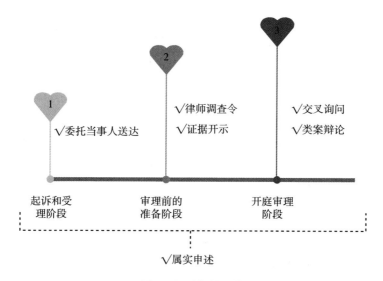

图1　规则衔接一览

---

① 关于律师调查令制度，广东省高级人民法院和广东省司法厅已于2020年4月16日联合发布《关于在民事诉讼中实行律师调查令的规定》。

具体实践中，前述 6 项规则衔接的适用情况差异较大。据统计，截至 2021 年 6 月，律师调查令已在 2472 件案件中适用；属实申述规则在所有涉港商事案件中 100%适用；委托当事人送达在 389 件案件中适用，其中成功送达 133 件；证据开示规则和类案辩论制度分别在 2 件案件中适用。交叉询问规则尚无明确统计数据，部分原因在于该项规则的衔接尚未制度化，操作指引不明确，缺乏适用标准。从具体适用数据来看，诉讼阶段越靠后，规则衔接的适用效果呈现逐渐减弱趋势，这与诉讼后期当事人之间的正面对抗性越强，对当事人诉讼能力的要求越高不无关联。

（二）路径解读

为更好地总结提炼实践经验，反思存在的问题，下文将以证据开示规则为例，解读上述司法规则衔接的探索路径。

1. 规则比较

开展规则衔接，知己知彼至关重要，因此相应的比较法研究十分必要。证据开示是指在民事诉讼开始以后、事实审理之前，当事人双方各自向对方出示证据和要求对方当事人提出所持有的证据，以此获得案件信息的程序和制度①。内地与之对应的为庭前证据交换相关规则。根据《民事诉讼法》《民事诉讼法司法解释》《民事证据规定》的相关规定②，证据交换指在答辩期届满后开庭审理前，在审判人员的主持下，当事人将各自持有的证据与对方进行交换，以明确争议焦点。中国的证据交换制度与英美法系国家和地区的证据开示制度的主要区别表现在以下三点。一是英美法系由诉答程序确定争点，以确定证据开示的范围，中国则需要通过证据交换确定争点。二是证据开示制度的核心是证据资料的全面提取，中国需要通过当事人举证规则、举证时限、法院调查收集证据规则共同配合完成证据全面提取收集功能。三是中国证据交换的运行系法官主持下双方当事人共同参与，法官为主

① 张卫平：《民事证据法》，法律出版社，2017，第 8 页。
② 具体内容见《民事诉讼法》第 132 条，《民事诉讼法司法解释》第 224 条，《民事证据规定》第 56~58 条等。

导；证据开示的进行则是当事人主导，当事人根据证据提取规则要求对方当事人披露相关证据①。

明确了规则差异，尚需了解己方规则实施存在的问题，以问题为导向，确定可予借鉴的彼方规则。从当前的司法实践来看，证据交换制度的运行主要存在以下问题。一是证据交换对时域、人员的要求较高。按照《民事证据规定》的要求，证据交换需要审判人员主持，证据交换时间的确定也就需要协调审判人员与各方当事人，地点通常也在法院，运行成本较高。在案多人少矛盾持续存在的情况下，这也导致该规定的落实打了折扣，即大量案件的证据交换是由法官助理或书记员主持。虽然《最高人民法院司法责任制实施意见（试行）》第13条规定法官助理可以协助法官组织庭前证据交换，但由法官助理单独组织似乎已成为常态。二是证据交换功能异化。体现在两个方面：一方面，证据交换庭审化，当事人往往将证据交换也作为庭审辩论的场域，导致交换效率较低；另一方面，证据交换未真正起到固定争议焦点的作用，访谈的多位法官表示，证据交换实质只是节省了庭审中核对证据原件的时间。囿于没有实际主持证据交换以及交换记录质量不高等，部分法官还会按自己的庭审思路再进行详尽的法庭调查，甚至会重新组织举证质证。

针对上述问题，对香港文件透露规则的借鉴、吸收能否提供一种解题思路？答案是肯定的。香港作为英美法地区之一，其规则内容沿袭了英美法系证据开示制度的主要内容，一大特征就是法官并不主导证据开示，当事人之间直接进行证据披露。将该特征植入证据交换制度无疑会提升当事人的参与感和规则运行的灵活度，也可减轻由于审判人员在场各方当事人模糊证据交换程序焦点致使证据交换庭审化的倾向。目前，部分地区的智慧法院建设正在试图搭建线上质证平台，所欲实现的功能是依靠平台预设的模板和智能指引实现当事人自主完成证据交换，无须审判人员的参与，其改革方向与证据开示规则衔接殊途同归。

---

① 丁宝同：《民事诉讼审前证据交换规则研究》，厦门大学出版社，2013，第70~71、166页。转引自最高人民法院民事审判第一庭《新民事诉讼证据规定理解与适用》，人民法院出版社，第522~523页。

2. 规则改造

任何一项具体规则都从属于一套完整的规则体系，有与之配套的其他规则共同发挥作用，因此规则的本土化改造必须置于一定的制度环境中。对类似证据开示等具有更多技术工具特征的司法规则的改造，必须考量现行规则及其配套规则以及在该种规则体系长期运行下相关主体形成的思维、行为定式，确保改造的正当性和有效性。

改造的正当性主要源于对民事诉讼基本原则之一，即处分原则的遵循。当事人在民事诉讼中有权处分自身的实体权利和程序权利。基于此，南沙自贸区法院在其《民商事案件证据开示指引》中规定，证据开示的启动需征得各方当事人的同意[①]。改造的有效性主要源于与现行规则和习惯做法的有机结合。例如，《民事诉讼法司法解释》关于逾期举证的规定在证据开示中的适用，以确保规则衔接的实施效果[②]。同时通过限制适用条件以契合制度现实，如案件类型和当事人情况，尤其是当事人情况，只有在当事人诉讼能力相当的情况下，对抗性才能在证据开示中得以体现，规则才能发挥实效。因此，南沙自贸区法院在《民商事案件证据开示指引》中将其适用范围限制在各方当事人均有法律专业人员代理的案件[③]。此外，有效性也对规则的可操作性提出了要求，对此，《民商事案件证据开示指引》附上了"证据开示笔录"模板，作为当事人自主进行证据交换的参考，也在一定程度上保障了证据开示结果的可利用性。

[①] 南沙自贸区法院《民商事案件证据开示指引》第 2 条规定："……经法院征得各方当事人同意，由各方当事人自行在举证期限届满后一周内进行……当事人可自行商定证据开示的时间、地点、次数、参加人员……"

[②] 南沙自贸区法院《民商事案件证据开示指引》第 4 条规定："一方当事人在法院规定的期限内未提供并开示证据，且没有合理理由的，法院可在之后的诉讼程序中依照最高人民法院《关于适用〈中华人民共和国民事诉讼法〉的解释》第一百零二条的规定视情况决定拒绝对该方当事人逾期提供的证据进行质证，或者予以质证，但进行相关处罚。当事人存在拖延开示证据行为，造成诉讼对方或第三人直接损失的，法院可根据具体情况对无过错方依法提出的赔偿合理的律师费用、其他损失等正当要求予以支持。"

[③] 南沙自贸区法院《民商事案件证据开示指引》第 2 条规定："证据开示一般适用于案件事实、证据较为复杂的案件。对各方当事人均有法律专业人员代理（包括律师、公司法务人员等）的案件……"

3. 效果评估

司法规则衔接的效果评估应主要围绕适用主体的体验，以相关主体的获得感作为最终标准。具体而言，当事人层面，有助于对案件形成合理预期，促进和解或调解；法官层面，有助于提升庭审效率和查清事实；律师层面，有助于提升职业能力和培养职业道德。为检验具体成效，用客观数据反映主观感受，量化标准有其必要性，从法院的角度，具体指标可包括适用数量、庭审时长、审理时长、息诉服判率（如上诉，具体理由与证据和事实认定无关）以及调解率等。

南沙自贸区法院对证据开示规则的探索衔接自 2019 年 12 月开始，目前积累的实践样本有限，仅在两件案件中适用，尚不能做整体、全面的效果评估。但从该两件案件的适用情况来看，对于提升庭审效率有明显作用，开庭过程中，法庭直接采用了双方当事人在开庭前自行完成的证据开示笔录内容。

（三）存在问题

目前，粤港澳大湾区司法规则衔接主要以问题为导向，为解决司法实践中的"送达难""取证难"、裁判尺度不统一等沉疴旧疾提供新思路，毋庸置疑，起到了一定效果。但结合具体的探索实践，当前司法规则衔接尚存在一些急需解决的问题。

1. 上位法保障缺失

目前主要以行政强制力和政策导引推动内地与港澳规则衔接，而非以系统的理性化、法治化路径来推行。司法规则衔接探索尚缺乏法定授权。任何司法改革都应于法有据，但目前推动粤港澳民商事争议解决规则衔接并无上级法院或全国人大明确授权，主要是基于支持自贸区建设的相关政策文件和司法文件，导致改革探索缺乏上位法支撑和保障。相关做法是否会被认定为违反法定程序而被上级法院改判或发回重审暂不明确，一定程度上存在合法性存疑问题，制约规则衔接的深入探索。尽管在本土化过程中，相关规则的运用通过当事人的意思自治得以正当化，但提高了规则适用的门槛，大大限缩了相应机制的适用范围。

2. 机制构建碎片化

尽管目前法院在司法规则衔接方面已经开展了不少有益探索，但整体而言缺乏理论支撑和统筹规划，规则衔接的目标、清单、工作措施以及如何本土化和贯彻落实的机制并不明确，尚未形成调研分析、成果转化、实效评估、推广适用的完整路径。以交叉询问为例，相较于其他衔接的程序规则，交叉询问目前并无相应的规程或指引，无法从制度文件的角度探寻本土化重构的路径，也尚无公开案例展示内地法官和律师如何在庭审中适用该项规则，相应地，该规则对于推动查清案件事实的功效难以衡量。而且，由于各法院探索步调不一致，尚未形成工作合力，资源、机制的共享和整合不足，一定程度上导致了适用地域局限、盲目复制推广和重复建设等问题。此外，在适用逻辑上，也存在无序、混乱的情况，以案件类型为例，部分衔接的规则仅适用于涉港商事案件，如属实申述规则；部分衔接的规则适用于所有民商事案件类型，如委托当事人送达，相关实施细则反而规定对涉外涉港澳台民商事案件探索采用委托代理律师送达制度①。如果将案件中的涉港澳因素作为衔接港澳规则的突破口，那么同样是借鉴香港的诉讼规则，上述两项规则的本土化路径则是矛盾和令人疑惑的。

3. 制度环境不适配

目前，内地缺乏与港澳司法规则衔接相配套的制度环境，专业法律人才匮乏，尚不能提供港澳先进规则衔接和运行的匹配法治环境和充足司法经验。例如律师制度，香港法律规定律师主动、全面且深度参与诉讼，如证据开示、交互询问等均需律师深度参与、配合甚至主导。从已有程序规则衔接的本土化路径来看，律师的作用也同样备受重视，南沙自贸区法院《民商事案件证据开示指引》和《类似案例辩论指引》均规定相关案件需由律师等专业法律人士代理。而从司法实践来看，内地尚未规定强制律师代理，律

---

① 南沙自贸区法院《关于开展委托当事人（或委托律师）送达工作的实施细则（试行）》第6条规定："对涉外、涉港澳台民商事案件探索采用委托代理律师送达制度。"

师制度目前亦仍处于生长和发展之中，供给不足，部分内地律师能力素质还存在短板，对涉港澳案件的特殊程序要求，如域外送达、域外法查明等不了解、不熟悉，缺少普通法知识背景和相关培训，故对相应规则的接受度不高，影响衔接机制的推动落实。

三 发展进路：总体思路和具体方案

（一）总体思路：理论基础与基本原则

如前所述，当前司法规则衔接存在的主要问题就是碎片化，尚未形成系统性，缺乏总体的指导思想与原则，容易导致"头痛医头，脚痛医脚"的无序局面。为此，可从理论基础与基本原则两方面确定总体思路。

1. 理论基础

进入现代社会之后，普适性法律文化的根基不再是特定的民族及其生活方式，而是基于交往理性及其共识。这种现代法律文化为现代社会相互之间移植对方的法律提供了广阔的空间[①]。因此，哈贝马斯基于交往理性建立起来的法律商谈理论作为规则衔接的理论基础具备合理性。根据哈贝马斯的研究，规则可以分为三个向度，一是道德向度的规则，指对所有人有益无害的规则，具有跨文化和跨国家的普适性；二是伦理向度的规则，指的是对特定国家有益无害的规则，适用范围仅限于特定的主权国家范围内的次级伦理共同体；三是实用向度的规则，指道德和伦理之外不具有价值含量的规则，适用范围不受文化、国家或民族的限制。道德向度的规则因其具有普适性，易于实现跨文化和跨国家的移植，实用向度的规则因其只具有技术性而不具有价值内涵而更容易被不同的国家或民族所移植。在法律全球化的过程中，这两种法律内容最先表现出全球化的趋势[②]。司法规则更多地作为实用向度的

---

① 高鸿钧：《法律文化与法律移植：中西古今之间》，《比较法研究》2008 年第 5 期，第 21~22 页。

② 高鸿钧：《法律文化与法律移植：中西古今之间》，《比较法研究》2008 年第 5 期，第 22 页。

规则，可以在规则衔接中"打头阵"。

司法规则衔接是不同法系的法律制度和具体规则在实际纠纷解决中互鉴、融合的动态过程，在一定程度上体现的是区域民事诉讼模式发展方向的趋同。这意味着粤港澳大湾区司法规则衔接的具体方向或路径就是当事人主义诉讼模式和职权主义诉讼模式分别适当借鉴吸收对方的合理成分。内地的民事诉讼模式目前仍偏向于职权主义，因此司法规则衔接的方向之一无疑仍是合理借鉴、吸收当事人主义诉讼模式的相关程序规则，提高当事人的参与度，促进不同诉讼主体的良性互动。

2. 基本原则

一是坚持"一国两制"方针，坚守"一国"之本，善用"两制"之利。在不同社会制度、法律体系的背后，粤港澳三地历史、文化和社会等诸多要素互融互通，为互鉴与融合发展提供了独特的土壤与条件。二是坚持依法改革创新，"凡属重大改革都要于法有据"。司法规则衔接是司法改革在域外领域的创新举措，在探索实践中应遵循合法性原则，不能以破坏基本法律制度为代价进行改革，超越事权的部分，要先经过相关授权后方可进行。三是坚持合理适度，习近平总书记指出："进行文明相互学习借鉴，要坚持从本国本民族实际出发，坚持取长补短、择善而从，讲求兼收并蓄，但兼收并蓄不是囫囵吞枣、莫衷一是，而是要去粗取精、去伪存真。"[①] 内地与港澳司法规则的衔接，同样应该立足实际，借助法经济学相关分析理论和方法，考察相关规则与本土的适配性，多维度分析规则衔接带来的综合社会效果，合理适度开展互鉴探索，避免"南橘北枳"的局面。四是坚持循序渐进，不一样的规则，衔接难度不一，可区分先后，先易后难、重点突破，渐进式发展。具体而言，其一，港澳法与内地法具有较大程度的一致性的情形，与内地法律和司法政策存在内在价值的紧密一致性和具体制度的对应性，该情形下的本土化过程相对容易，可予以先行探索衔接；其二，港澳法与内地法之间差异明显的情形，与内地规则在具体内容和配套制度上差异较

---

① 习近平在纪念孔子诞辰 2565 周年国际学术研讨会上的讲话（2014 年 9 月 24 日）。

大，尤其是港澳法所蕴含的法律精神与内地法律价值观、传统和习惯相悖，该情形下规则本土化的过程较为艰难，可以待条件相对成熟时再行探索衔接。

（二）具体方案：顶层设计与贯彻落实

本文旨在探讨推动粤港澳大湾区融合发展的司法规则衔接相关内容，区域法律一体化或者法治共同体的最终构建并非本文主题。故在具体方案的设计上，将主要围绕如何保障司法规则衔接合法、顺畅、有序，从顶层设计层面和技术操作层面探索构建系统化、理性化的粤港澳大湾区司法规则衔接机制。

1. 顶层设计层面

建议中央与港澳共同推进建立粤港澳规则衔接的原则、方向和路径的纲要性指引，就法律冲突、争端解决、民商事司法协作等中央事权领域，进行法治化体系化制度构建，规定其原则和方向，为协调探索推进规则乃至制度衔接提供上位法保障[①]。

2. 贯彻落实层面

建议采取由下至上、试点先行、以点带面的逻辑，从广东的角度，仍可以深圳前海、广州南沙和珠海横琴自贸区作为试点，并且可根据各自贸区不同的区位优势、案源优势对港澳司法规则的衔接各有侧重。完善"前、中、后"机制设计。一是加强前期研究，可成立规则衔接研究委员会，引进通晓三地法律的人才，如同时拥有香港法律和内地法律学习背景或者工作经历的法官、律师、专家学者等，吸纳其成为委员会委员，共同研究制订规则衔接的具体方式和细则。同时，确立规则衔接提案讨论和咨询程序，委员会委员可提案拟衔接的规则和具体方式，由委员会全体大会讨论审议。相应的规则衔接机制在正式实施前应充分向社会公众公布，并且适当征求不同法域专业人士的意见，畅通公众意见反馈渠道。二是强化贯彻落实，规则衔接机制

---

① 文雅靖、王万里：《论粤港澳大湾区的规则衔接》，《开放导报》2021年第2期，第75页。

效用的充分发挥离不开适用主体的积极、准确适用。而当事人主义方向的改革不可避免地需要强化律师的作用，因此，在司法规则衔接方面，需加强与律师协会等机构的合作，避免其成为法院系统的"自娱自乐"。在吸引港澳高端法律人才来穗执业的同时，也需加大内地涉外法治人才培养力度，创新人才培养模式，如定期开展普通法裁判思维研修班、为涉外人才继续学习深造提供条件等，进一步完善律师培养和管理制度，打造高层次涉外法治人才队伍。三是及时检验成效，规则衔接落地一定时间后需从当事人、律师和审判工作人员等角度全面总结评估其运行效果，经验充足、条件成熟的予以复制推广，逐步扩大适用范围，实现相应规则衔接机制的深度应用。这个过程中则需注重资源的优化整合和各法院之间的合理分工，避免重复建设，推动相应机制统一化、标准化构建。

结　语

推动内地与港澳司法规则的衔接，并非以内地的法律制度代替港澳现行的法律制度和法律体系，也并非内地生搬硬套港澳法律制度和法律体系，而是坚持"一国"原则和尊重"两制"差异的有机结合，是全面依法治国和维护特别行政区法治的有机结合，是推动实现内地与港澳司法规则和法律体系"各美其美，美人之美，美美与共"共同发展的融合。从更广的意义看，粤港澳规则衔接实质上也是在经济全球化、法律全球化趋势下，在推动构建人类命运共同体过程中，我国对接、引领国际规则的先行先试。

B.18
诉源治理视角下证券纠纷的
"当事人一件事"集成改革探究

宁波市中级人民法院课题组[*]

摘　要： 提升上市公司质量是防控化解金融风险的重要保障，也是营造法
治化营商环境的内在要求。当前，因证券纠纷案件存在收案量骤
增、审理时间较长、涉众型同质化程度高、审理难度较大，亟须
高效、便捷、资源充分利用的诉讼模式。本文结合现行证券诉讼
模式特点，探寻证券纠纷"当事人一件事"解纷流程，探索实
现对该类纠纷审判模式和诉讼流程提档升级的进路。

关键词： 诉源治理　证券纠纷　示范判决

　　上市公司是经济高质量发展的"领跑者"，是实体经济的"压舱石"，
提升上市公司质量是防控化解金融风险的重要保障，也是提升营商环境法治
化水平的内在要求。党的十八大以来，党中央、国务院扎实推进资本市场执
法司法体系建设，依法打击资本市场违法活动，取得积极成效。中共中央办
公厅、国务院办公厅专门印发了《关于依法从严打击证券违法活动的意
见》，要求扎实推进资本市场执法司法体系建设。为继续深化浙江省委部署
的"最多跑一次"改革，根据《浙江省高级人民法院关于进一步推进诉源

---

* 课题组负责人：蔡惠娜，浙江省宁波市中级人民法院清算与破产庭庭长。执笔人：莫爱萍，
浙江省宁波市中级人民法院清算与破产庭副庭长；张颖璐，浙江省宁波市中级人民法院清算
与破产庭员额法官；常黎阳，浙江省宁波市中级人民法院清算与破产庭法官助理；王舒蒙，
浙江省宁波市中级人民法院清算与破产庭法官助理。

治理工作的意见》《浙江省高级人民法院深入推进诉源治理工作指引》《宁波市中级人民法院关于审判领域"当事人一件事"集成改革的工作指引（一）（试行）》等文件精神，结合本地区证券纠纷实际，课题组基于证券纠纷的案件特点，分析当前证券纠纷案件数量剧增的原因，提出可通过在证券纠纷领域实施"当事人一件事"集成改革，建立健全证券纠纷多元化解机制，从源头防范化解金融风险。

一 现状分析：证券纠纷案件的基本特点

（一）收案量迅速增长

从浙江省宁波市中级人民法院（以下简称"宁波中院"）证券民事诉讼案件收案数来看，自2012年受理一起证券虚假陈述案件后，连续5年未有当事人就该类纠纷向法院提起诉讼，直至2018年开始涉诉公司的数量急速增多。2018~2021年，证券纠纷分别收案162件、19件、163件、555件，诉讼标的额共计人民币3.16亿元，已判决生效的赔偿总金额达1.24亿元。2021年同比增长240%，证券民事诉讼案件量快速上升。

（二）审理时间较长

证券纠纷案件属于新类型疑难复杂案件，对于多数金融审判法官来讲，此类案件类型新、审理难度大，案件审理周期远长于一般民商事案件。究其原因，证券纠纷案情复杂，如虚假陈述事实对于股票价格的影响具有持续性，案件所涉投资者在不同的时间点买入卖出，股票价格也受到整体市场因素、板块因素、基本面因素以及上市公司其他事件等诸多因素的影响，导致证券纠纷案件的审理整体呈现新、难、多、长的特点。

（三）具有涉众型特征

证券纠纷是典型的群体涉众类金融纠纷案件，对防范化解证券市场风险具有重要意义，也会影响到金融秩序和社会稳定。截至 2022 年 6 月，宁波中院受理的上市公司证券诉讼案件共涉及 1000 余名原告，投资者遍布全国各地。若仅按照普通的民事一审诉讼程序审理该类案件，会造成诉讼成本高、耗费精力大、审理效果偏离预期的结果，金融审判中亟待构建起针对性强、处理效果好、平衡多方利益的诉讼模式①。

（四）同质化程度高

由于证券纠纷涉及的投资者数量众多，且被告上市公司的违法事实相同，原告的诉请也基本相同，该类案件同质化程度较高。若按照普通诉讼程序作个案处理，不断重复的诉讼实际是一种程序空转，对当事人而言，无论是诉讼成本还是效率都极不经济。对法院而言，证券纠纷案件诉讼洪峰的来临，无疑会给诉源治理工作和法官工作量带来巨大挑战。

（五）审理难度较大

证券纠纷的审理需要法官有一定的金融学知识，最好有投资股票经验且了解中国股市的波动规律，否则无法仅凭借日常生活经验判断哪些可以构成"有效抗辩"，哪些可以构成"无效抗辩"。比如，审理过程中一般需要识别 2015 年股市异常波动、经济形势整体变化、行业属于夕阳衰退产业等情形是否对投资者损失的认定有影响，这给法官的专业水准带来了很大考验。

二　源头化解：证券纠纷案件的背景因素

（一）引发证券纠纷案件的原因分析

从宁波中院受理的证券纠纷案件来看，当事人的涉诉成因来源分散。其

---

① 参见曹明哲《证券虚假陈述民事赔偿"示范判决+多元调解"的诉讼模式构建》，《中国证券期货》2020 年第 1 期。

中，证券虚假陈述责任纠纷案件占据证券纠纷案件的绝大多数，上市公司的违规披露情形多种多样，既存在故意违反法律规定情形，也有过失操作被认定不合规现象。结合近几年审理的证券纠纷案件来看，上市公司的主要违法情形包括涉嫌财务造假、隐瞒关联交易不报、违规对外担保、未披露重大事项、未发现被收购方虚增利润、权益变动情况不及时披露等，原因如下。

第一，个别公司仍存有财务造假侥幸心理。一直以来，由于对证券欺诈行为的规制手段重行政执法、轻民事司法，而中国证券监督管理委员会（以下简称"证监会"）在法定范围内的处罚力度有限，使得部分上市公司存在侥幸心理，明知最终可能会受到行政处罚，仍不惜为此实施虚增利润、收入等行为，财务造假现象层出不穷，频频试探证监会执法底线。

第二，部分公司披露信息的合规意识偏弱。结合上市公司涉证券纠纷的大数据分析来看，对于公司虚增利润粉饰财务报表的行为，法院在一般情形下均会严格遵循财务造假"零容忍"原则。但仔细分析证券纠纷系列案件的产生因素可以发现，部分上市公司涉诉仅因法律意识偏弱所致，有的系因披露法定事项时机不对，导致股价产生本不应该的大幅波动；有的系因股市本身的波动性较强，导致股价发生无法挽回的惯性下跌。虽然并非出于上市公司的主观故意，但引起了股价的非合理下跌以及投资者的财产损失，这与上市公司本身信息披露合规意识不足、对资本运作规律不熟悉有关。

第三，上市公司内部控制程序仍有缺陷。中国上市公司股权集中度较高，实践中管理层控制能力薄弱，控股股东、实际控制人侵占上市公司利益的情况时有发生。一直以来，上市公司的财务报告、重大决策管理、资金管理等内部控制体系建设较为薄弱，也助长了实际控制人或关联方长期占用巨额资金及关联担保等问题，上市公司实际营业状况不透明，严重干扰了投资者对公司发展的正常判断。

第四，上市公司的关键少数成为风险源头。从证券纠纷责任承担主体角度来看，上市公司是责任承担的第一责任人。但从防范诉讼风险角度来看，真正实施违规披露行为的主体呈现多元化特点，上市公司的控股股东、实际控制人、董事、监事、高管等关键少数均为诉讼多发的直接源头。上市公司不仅要提升自身信息披露合规意识，也肩负着完善公司内部控制程序、监督利益相关方的重大责任。

（二）证券纠纷案件审判导向的变化

如上文所述，过去对于上市公司证券违规行为的规制手段偏行政轻民事，而证监会受权力范围所限整体处罚力度较小，这也助长了部分上市公司的投机心理。近年来，通过完善证券法律法规体系，中国特色集体诉讼制度落地实施，证券纠纷的审判模式日渐专业化，上市公司涉诉风险大大提升。

第一，财务造假打击力度增强。伴随着股票发行注册制改革和中概股的回流等资本市场制度的完善，中国证券市场的司法保障机制建设也日趋完善。在商事审判中逐渐形成了通过判决上市公司向股民进行民事赔偿进而保障中小投资者权益的整体裁判导向，国家也多次强调要对资本市场违法犯罪"零容忍"。随着《证券法》的修改以及司法裁判领域行政前置程序的缓和，上市公司财务造假后只能由证监会顶格处罚 60 万元的时代已一去不复返，取而代之的是证监会高达 1000 万元的处罚权限和上市公司被判决承担上亿元民事赔偿的可能性。

第二，中小投资者维权途径广泛。近两年证券维权律师逐渐兴起，形成了和消费者权益保护或知识产权保护中"职业打假人"相似的群体，在证券纠纷系列案件中多以代理人身份出现。律师通过网站、微信公众号等方式寻找投资者原告进行起诉的成效显著，一位律师可能同时代理上百家上市公司的案件，遍布全国各地法院。而且它还有一定的"破窗效应"，一旦有一个系列案件中的投资者被判决赔偿，律师后续可能就有上百个案件等待立案。因此，专业证券维权律师在维护中小投资者权益方面发挥了越来越大的作用。

第三，民事赔偿体系日臻完善。通过《证券法》修订、完善证券纠纷多元化解机制等手段，中国规制证券欺诈的民事责任认定司法手段已基本完善。康美药业、飞乐音响等证券纠纷系列案件的审理，彰显了国家通过司法手段保护中小投资者权益、建设公平健康资本市场的决心。近些年，宁波法院先后就数家上市公司证券虚假陈述系列案件作出判决，要求上市公司分别向二级市场的股票投资者进行民事赔偿，涉及数千名投资者，总赔偿额高达数亿元，为上市公司敲响了谨防信息披露违规的警钟。

三　基本理念：证券纠纷集成改革的原则

在证券纠纷领域实施"当事人一件事"集成改革，可实现对该类纠纷审判模式和诉讼流程的提档升级，不断深化证券纠纷诉源治理工作，建立健全多元证券纠纷解决机制。证券纠纷案件的审理中，应注重保障弱势群体的权益，激励中小投资者积极参与资本市场建设，共同助力上市公司质量提升，持续优化法治化营商环境建设。证券纠纷领域的集成改革应遵循如下几点原则。

第一，依法公正原则。证券纠纷"当事人一件事"集成改革应遵循法律基本原则，在现有法定程序基础上改革创新，在强调法官引导诉讼程序的同时，又要尊重当事人自由选择的权利。日常证券纠纷调解工作中，要实现保护当事人利益和法院高效解决纠纷的平衡。

第二，高效便民原则。证券纠纷"当事人一件事"集成改革应根据纠纷实际情况，灵活确定纠纷化解方式方法，降低当事人解决纠纷的成本。充分运用人民法院在线服务系统等数字化工具，提高工作效率，节约司法资源。合理运用调解手段，能调则调，调解不成应及时进入诉讼程序，当判则判①。

第三，源头预防原则。协同证券监管部门加强对证券市场经营主体的培训和管理，不断提升市场主体的法治观念和法律意识。进一步发挥纠纷的源头治理功能，宣扬正确的投资理念，适度矫正市场主体行为，真正形成公开、公平、公正的市场秩序。

---

① 参见倪培根《论我国证券期货纠纷示范判决机制的制度化展开》，《河北法学》2019年第4期。

四 路径选择：现行证券诉讼模式的特点分析

近年来，为确保证券纠纷案件的高效处理，各地区法院已出台了一系列审判指导文件，探索构建证券类案件的多元化解纠纷机制①。同时，在审判实践中也探索了示范判决机制、代表人诉讼机制、证券支持诉讼机制等多种审理模式，为处理证券纠纷提供了丰富的审判实践经验。

（一）示范判决机制

示范判决机制是指人民法院在审理证券纠纷群体性案件中，可在每一批被起诉的上市公司系列案件中选取一个或几个示范案件，先行审理，先行判决。对于与已判决案件有相似事实和共同争议焦点的后续案件，可以按照已生效示范判决的处理思路集中调解，调解不成的，也可以简化审理流程，采用表格式或要素式等简式裁判文书作出判决。该机制有如下优点。第一，进一步提升诉源治理成效。在示范判决生效后，后续案件投资者可直接查看中国裁判文书网，以已公开的示范判决结果作为规则支撑，辅助其预测判决走向，引导其认真思考示范判决的处理思路并同意交由调解组织集中调解。第二，降低中小投资者维权成本。对于已通过示范判决机制审理的案件，平行案件的投资者可不再委托律师，而是直接根据示范判决结果向法院提起诉讼或申请调解，无须再支付高额律师费。第三，缩短中小投资者维权时间。通

---

① 2016年，最高人民法院、中国证券监督管理委员会出台了《关于在全国部分地区开展证券期货纠纷多元化解机制试点工作的通知》。2016年，最高人民法院《关于进一步推进案件繁简分流 优化司法资源配置的若干意见》提出，要探索实行示范诉讼方式。2018年，最高人民法院、中国证券监督管理委员会出台了《关于全面推进证券期货纠纷多元化解机制建设的意见》。2019年，最高人民法院《关于为设立科创板并试点注册制改革提供司法保障的若干意见》也提出，要"全面推动证券期货纠纷多元化解工作，推广证券示范判决机制"。2020年，最高人民法院颁布了《关于证券纠纷代表人诉讼若干问题的规定》，标志着证券纠纷领域诉讼代表人规则的落地。同日，证监会出台了《关于做好投资者保护机构参加证券纠纷特别代表人诉讼相关工作的通知》，中证中小投资者服务中心有限责任公司发布了《中证中小投资者服务中心特别代表人诉讼业务规则（试行）》。

过示范判决确定案件的典型争议焦点，同时结合令状式或表格式裁判文书格式对平行案件作出判决，有效缩短了案件审理期限，确保投资者能在较短的时间内获得赔偿。

审判实践中，当先前作出的示范判决生效后，法官可直接将前述判决结果向后续平行案件的当事人予以释明。对于已经进入审理程序的原告投资者，可通过人民法院在线服务系统及时告知；对于还未立案的当事人，可在立案窗口告知当事人示范判决案件的具体信息。在法院通过示范判决对一系列争议焦点进行实体确认后，可引导后续立案的投资者前往中证中小投资者服务中心（以下简称"投服中心"）进行调解，投服中心可利用其开发的系统风险核定软件，提升投资者可获得赔偿额的科学性，促成原被告达成调解，实现该类纠纷的快速解决。同时，也应看到示范判决机制的不足之处，证券纠纷处理程序审理周期过长，投资者大多不在审理法院所在地，由投资者单独发起诉讼仍存在一定困难，上市公司也可能采取多种拖时间的手段躲避诉讼时效①。

（二）代表人诉讼机制

2020年7月，《关于证券纠纷代表人诉讼若干问题的规定》正式出台，该规定对启动代表人诉讼、发出权利登记公告、推选代表人、投保机构等证券纠纷代表人诉讼程序作出了明确指引。同日，证监会出台了《关于做好投资者保护机构参加证券纠纷特别代表人诉讼相关工作的通知》，投服中心发布了《中证中小投资者服务中心特别代表人诉讼业务规则（试行）》。这一系列规定的出台，标志着中国证券代表人诉讼制度的正式落地。

证券代表人诉讼机制能有效拓宽中小投资者的维权途径。一方面，代表人诉讼机制可简化当事人诉讼程序②。相比一般民事诉讼的起诉、审理、执

---

① 樊健：《证券纠纷示范判决机制是投资者维权有效途径》，《中国证券报》2020年3月16日，第A09版。
② 参见张巍《美式股市集团诉讼问题与矛盾》，郭文英主编《投资者》（第10辑），法律出版社，2020，第165页。

行等标准流程，证券纠纷案件的同质化程度高，不同案件中一般只有原告投资者的交易记录有所差别。结合上海、南京等地法院专门搭建的代表人诉讼机制在线平台的实际运行情况，证券代表人诉讼机制大大简化了当事人参加诉讼的流程。随着各地法院数字化改革的成效逐步显现，对于参加代表人诉讼的投资者，只需在线填写证券交易数据，然后远程参加人民法院在线诉讼，实现足不出户即可获得上市公司的民事赔偿。另一方面，代表人诉讼机制可有效激励投资者选择使用司法手段寻求赔偿。代表人诉讼机制不仅可以有效提升法院处理证券纠纷案件的效率，也有助于提升投资者选择通过司法程序维护权益的积极性。结合飞乐音响的普通代表人诉讼案和康美药业的特别代表人诉讼案的代表人诉讼机制实践，采用代表人诉讼机制后，整体参加诉讼的原告投资者比例会大幅度提升。需要指出的是，代表人诉讼机制适合用于那些社会影响力大、虚假陈述行为严重、上市公司有一定赔付能力的情况，不宜一揽子全部适用。

（三）证券支持诉讼机制

与投服中心合作，适时引入证券支持诉讼。2014年，证监会组建了投服中心，为保护中小投资者作出了巨大努力。投服中心通过购买少量股票的方式，以公益机构身份积极倡导股东积极主义。相比普通的证券诉讼团队，投服中心有如下优点。第一，参与诉讼更为专业。投服中心作为证监会下属公益机构的专业性优势，提升了投资者对于胜诉维权的信心，减轻当事人进入诉讼程序的畏难情绪[1]。第二，损失核定更为科学。近年来投服中心开发的专业核定软件不断迭代升级，可以精准测算证券市场风险等其他因素影响的股票价格波动，更为科学地认定上市公司的赔偿金额，符合权责一致原则，提升了审理结果的科学性[2]。第三，示范效应更加明显。作为专门保护

---

[1] 参见辛宇、黄欣怡、纪蓓蓓《投资者保护公益组织与股东诉讼在中国的实践——基于中证投服证券支持诉讼的多案例研究》，《管理世界》2020年第1期。

[2] 杨宏、唐茂军、傅祥民：《证券虚假陈述案投资者损失计算软件的运行逻辑》，《证券日报》2018年11月21日，第B04版。

中小投资者的公益机构，投服中心拥有更多的媒体宣传资源和投资者教育需求，由其发起支持诉讼和直接参与案件审理，可有效提升相应案件的宣传水平，近年来人民法院审结的在全国范围内有较大影响的证券纠纷群体性诉讼，大多有投服中心的积极参与①。

（四）小结

结合上文所述，实践中可探索将调解手段与示范判决机制、代表人诉讼机制和证券支持机制相结合，通过召开庭前会议的方式展开评议，结合原告提交的起诉状、被告提交的答辩状、原被告提交的证据等案件的实际情况，对案件的审理难度、争议焦点数量、驳回/支持原告可能性进行初步判定，对不同的案情匹配合适的审理模式。同时可以依托现有平台，实现证券纠纷的"当事人一件事"集成改革。

五 进路探寻：证券纠纷"当事人一件事"解纷流程

基于前文所述的改革目标和工作原则，可通过在证券纠纷领域实施"当事人一件事"集成改革，实现对该类纠纷审判模式和诉讼流程的提档升级。不断深化证券纠纷诉源治理工作，建立健全有机衔接、协调联动、高效便民的多元化证券纠纷解决机制。平衡证券市场主体利益，维护当事人合法权益，进一步实现纠纷及时有效化解。

（一）开展证券纠纷"当事人一件事"集成改革，实现违规行为和证券纠纷源头化解

第一，加强日常教育，引导企业树立正确的上市发展观。健康的上市理念是公司实现高质量发展的内功和根基，要以与高质量发展要求相适应的培育理念为指导，正确处理"扩量"与"提质"的关系，筛选真正做专做优

---

① 参见吕成龙《投保机构在证券民事诉讼中的角色定位》，《北方法学》2017年第6期。

做精做强的公司通过资本市场获得发展壮大机会。通过开展公司上市"前、中、后"全流程教育，从源头阻断部分公司的"上市圈钱"投机心理，督促证券服务机构在辅导过程中宣扬合规运作意识，定期回访座谈避免公司"上市一成功业绩就变脸"，涵养可持续发展的良性生态。第二，延伸司法触角，深化证券多元解纷机制。坚持把非诉讼纠纷解决机制挺在前面，以最快审理时间、最少诉讼成本维护当事人合法权益，通过简化庭审程序、简式裁判文书等方式化解平行案件。结合司法大数据反映的辖区内上市公司在公司治理等方面存在的问题，分别向市金融监管局、市证监局、市上市公司协会发送司法建议，从加强信息披露合规教育、抓牢关键少数风险源头、多措并举压实"看门人"责任等方面提出对策建议，会同多部门协同治理，推动证券纠纷实质性化解。第三，平衡各方利益，助力化解金融市场风险。合理认定违规上市公司责任，审慎把握裁判导向，处理好民事赔偿力度、权益保护强度与市场健康发展的辩证关系。加强审执联动，对部分赔偿金额较大的案件协调促成投资者与上市公司达成分期履行方案，缓解上市公司资金压力，确保企业生产经营避免遭受重大影响。通过行政程序和司法程序协力合作，共同营造一个公开、公平、公正的资本市场氛围，促进上市公司高质量发展。

（二）开展证券纠纷"当事人一件事"集成改革，实现审理模式和诉讼流程提档升级

第一，构建"行业牵头、调解为主、示范判决"工作新格局，针对每一个被诉的上市公司选取一个或几个示范案件，先行审理，先行判决。选取示范案件时应注重选取在共通事实和法律争点方面有代表性的案件①。第二，结合示范判决所固定的案件事实和争议焦点，法院可根据当事人意愿，优先委派调解组织或者调解员根据生效判决确定的标准开展集中调解工作。调解不成的，法院可对平行案件简化审理程序，并适用简式裁判文书作出判

---

① 参见钟芸《我国证券期货纠纷多元化解机制探讨》，《中国证券期货》2019 年第 1 期。

决。第三，对于已形成生效示范判决的，法院应协同市证监局引导上市公司认可示范判决结果，在判决规定的履行期限内自动履行。第四，法院审理证券纠纷，可以适用代表人诉讼制度。对采用代表人诉讼制度审理的案件，投资者未能在代表人诉讼公示期间加入代表人诉讼的，应待代表人诉讼案件判决后，按照相关司法解释进行处理。对于那些属于权利人范围但基于正当理由未进行登记的投资者起诉的，若其主张的事实和争议焦点与代表人诉讼案件相似，可直接通过裁定方式进行处理①。

（三）开展证券纠纷"当事人一件事"集成改革，推动诉源治理工作走深走实

第一，法院应加强与证监局的诉调对接工作，建立健全化解证券群体性纠纷诉源治理工作机制。依托中国投资者网（www. investor. gov. cn）、浙江解纷码、浙江省高级人民法院建设的证券纠纷智能化解平台等，通过在线纠纷解决方式开展多元化解工作，提高工作质量和效率。第二，法官在审理证券纠纷群体性案件时，应主动运用释明权，在立案前、立案后、审理中等多个环节引导当事人选择调解手段处理纠纷。第三，法官可充分运用诉调对接机制，委派或者委托证监局专业调解团队对案件进行调解，并为法院提供投资者损失金额计算等技术支持。充分发挥矛调中心作用，打通矛调中心与市证监局、律师协会下属专业性行业调解力量的多元协作机制。对符合一定条件的情形，应同意证监局所在地法院有权对证监局促成的调解协议进行司法确认。对于证券市场经营主体无正当理由拒不履行已达成调解协议的，要求证监局依法加强对该主体的监管力度②。第四，证券市场经营主体存在违法行为需承担民事责任的，法院应及时向证监局通报相关情况。督促证监局将该违法主体对判决的自动履行情况作为监管内容之一，并加强对该违法主体的培训管理。

---

① 林文学、付金联、李伟、张凌云：《〈关于证券纠纷代表人诉讼若干问题的规定〉的理解与适用》，《人民司法》2020年第28期。
② 参见高振翔、陈洁《美国证券执法和解制度镜鉴》，《证券市场导报》2020年第11期。

（四）开展证券纠纷"当事人一件事"集成改革，促进调解与司法程序有效衔接

第一，与一般的诉讼案件相似，当事人同意调解后签订的协议属于民事合同，故在签订调解协议并经各方确认后，可直接向法院申请确认协议的效力。此时，若有当事人不同意遵守调解协议的约定，另一方当事人可直接请求强制执行。第二，达成调解协议的当事人可约定在债务履行期限届满前暂缓申请司法确认，符合一定条件的可由法院先予登记，暂时不出具裁定书，同时鼓励当事人在约定期限内主动履行。达成暂缓司法确认合意后，债务人未在约定期限履行，债权人在约定期限届满后 30 日内要求司法确认立案的，法院应及时启动司法确认程序。第三，对于系列案件的司法确认申请，法院可选取具有代表性的调解协议进行司法确认，并引导其他当事人自动履行或书面同意延期审查。同时探索将系列案件的调解内容制作成一份调解协议，并按照该调解协议作出一份司法确认裁定，创新设置"集约化司法确认"机制（见图1）。

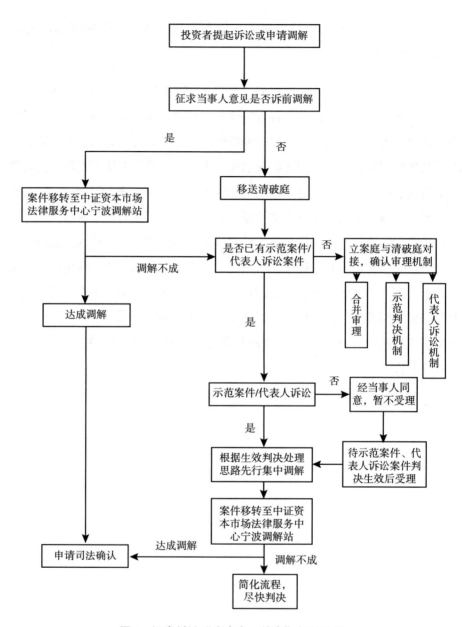

图1 证券纠纷"当事人一件事"解纷流程

B.19
金融风险防控治理数字应用调研报告

——以"融"易治应用为样本

浙江省台州市路桥区人民检察院课题组[*]

摘　要： 运用大数据提升防范化解金融风险能力、维护市域金融安全是浙江台州推进共同富裕的"时代命题"。检察机关从"个案办理"出发,通过数字化改革驱动地方金融风险防范化解机制的变革重塑,推动构建"数据分析、预警提醒、研判分流、分类干预、联动处置"多跨协同全链条治理体系,推动金融风险防控治理从事后救济向事前干预转变、从碎片化管理向全周期管理转变、从被动司法向能动司法转变,为检察职能融入金融治理提供了全新样本。与此同时,也在认识支撑、机制支撑、能力支撑等方面还存在不足。未来应当聚焦数字化、系统化、专业化,深化理念重塑、机制变革和治理效能提升,以检察之力助力完善、提高金融治理体系和治理能力。

关键词： 金融风险防控　"融"易治　数字检察　社会治理

十八大以来,中央高度重视金融风险防范化解工作。进入新发展阶段,金融创新层出不穷,金融环境日趋复杂,金融案件持续高发,犯罪手段不断翻新,

---

* 课题组成员：赵勇,浙江省台州市路桥区人民检察院检察长;林虹,浙江省台州市路桥区人民检察院检委会专职委员;何筱椰,浙江省台州市路桥区人民检察院第七检察部主任;陈宇燕,浙江省台州市路桥区人民检察院第三检察部副主任;颜贝贝,浙江省台州市路桥区人民检察院第四检察部副主任;吕贞笑,浙江省台州市路桥区人民检察院第一检察部助理检察员。执笔人：林虹。

隐蔽性、欺骗性、诱惑性和涉众性进一步增强,地方金融风险防控将是一项长期且艰巨的任务。浙江省台州市是全国小微企业金融服务改革创新试验区,"民营、民富、民享、民治"是其作为共同富裕先行市建设的鲜明特征,金融更是推动共富的重要支撑。在此背景下,立足司法办案,以数字化手段维护金融稳定是检察机关责无旁贷的政治责任,台州市路桥区人民检察院(以下简称"路桥检察院")能动建设"融"易治——金融风险分级监测干预联动应用场景①,推动构建集风险监测、分析研判、干预处置、防范化解、法律监督为一体的全链条防控体系。"融"易治已于2022年8月初在路桥检察院试点运行,计划逐步在台州全市检察院推广应用。现以该数字场景的建设应用实践为样本,探讨金融风险防范化解数字法治应用的建设成效、面临的问题及未来发展路径。

一 金融风险防控治理背景

(一)贯彻国家金融风险防控的战略部署

党的十八大后,中央高度重视防范化解金融风险工作。2017 年习近平总书记在全国金融工作会议上强调,把主动防范化解系统性金融风险放在更加重要的位置,着力完善金融安全防线和风险应急处置机制。党的十九大报告明确将防范化解重大风险作为三大攻坚战之首,防范化解重大风险工作被提到了更为重要的历史性高度,而防范化解金融风险正是其中的重要组成部分。2021 年国务院《防范和处置非法集资条例》正式施行。中央财经委员会第十次会议再次强调,要统筹做好重大金融风险防范化解工作。2021 年《浙江高质量发展建设共同富裕示范区实施方案》要求,完善金融风险闭环管控大平安机制。同年,浙江省委常委会会议专题研究部署防范化解重大金融风险工作,提出进一步压实重大金融风险防控责任、健全金融风险闭环管

---

① "融"易治应用场景入选浙江省数字法治系统子应用建设任务清单、浙江省政法现代化创新引导项目,亮相浙江省数字法治系统建设现场教学活动,获《法治日报》等宣传报道。

控机制、以数字化改革提升金融监管和服务水平。由此可见，无论中央层面还是浙江省层面，均把防范化解金融风险摆在了更加重要的位置，提出了更高要求，金融风险防控是今后一个时期金融工作的重要任务，更是促进经济健康平稳发展的重要保障。

检察机关作为国家法律监督机关，负有查处和预防金融犯罪、防范化解金融风险等法定职责。2019 年最高人民检察院针对金融犯罪案件对金融安全、社会稳定造成的影响，聚焦金融防范化解工作，向中央财经委制发"三号检察建议"。2021 年《中共中央关于加强新时代检察机关法律监督工作的意见》明确要求，检察机关依法参与金融风险防范化解工作。"融"易治正是检察机关在此大背景下探索的金融风险防控治理新路径。

（二）顺应数字化改革的时代浪潮

数字化改革是大势所趋、时代所向。2021 年浙江省在全国率先部署数字化改革，以重大需求为突破口，打造重大应用，推动多跨协同，强化全面贯通，以数字化手段加快落实中央重大决策部署、集中解决人民群众的高频需求和关键问题。这是一场全方位的变革，带来的是系统性的重塑，要求跳出单一部门、单一系统的局限，推进跨部门、跨系统、多业务的综合集成创新。习近平总书记也曾强调，推动大数据、人工智能等科技创新成果同司法工作深度融合。浙江检察工作因此迎来了数字化改革的发展局面，积极探索"以数字赋能监督，以监督促进治理"的法律监督新路径。正是基于此，台州市路桥区人民检察院主动践行"个案办理—类案监督—系统治理"的数字检察路径，创新构建"融"易治应用场景，以"数字革命"赋能新时代法律监督。

（三）契合金融风险防控的现实困境和实践需求

台州市路桥区人民检察院深入调研 2018 年至 2021 年台州发生的 113 起非法集资案件，涉案总金额累计 30.48 亿元，涉及投资人数 11862 人，分析发现金融风险防控主要存在以下治理难点。一是信息壁垒导致监测数据融合难、金融风险预警难。由于中心化的数据产生和垄断管理，银行侧监测数据自成一体，触发规则不一，且未与政府侧风险排查相融合，导致数据之间互不关联或者各自"沉睡"，孤立化、碎片化、单向化，对资金流转、业务信息、股权结构、实际控制人等关键信息无法"穿透"监测，难以对金融风险线索早识别、早发现、早预警。二是多头监管导致监管部门定责难、防范化解协同难。开展具体金融业务，涉及人民银行、银保监局、金融工作中心、市场监督管理局等多个部门，这种分业监管、分段处置的监管现状必然导致金融风险监管在整体上缺乏有效性、一致性，易出现监管空白、监管迟滞等问题。以民间投融资类中介机构为例，2021年至2022年，台州检察机关共办理该类机构非法集资案件17件，涉罪占比38%，此类主体易游离在管控之外，非法私设资金池的行为往往由于没有及时跟进监管、联动监管，最终酿成严重金融犯罪。三是事后救济导致司法追赃挽损难、案结事了难。金融犯罪案件具有涉案数额巨大、受害人数众多、持续时间较长、追赃挽损不易等普遍特征，一旦"爆雷"，极易引发次生金融风险，群访非访越级访是常态，甚至要求政府"买单"，案发后创伤性极大，严重损害社会稳定和政府公信力，很难真正做到"案结事了"。近5年台州市路桥区非法集资案件的平均资金兑付率不到40%。为此，台州市路桥区人民检察院以"融"易治加强金融风险线索归集管理，前置风险干预防范关口，深化职能部门协同处理，推动实现对金融风险"抓早抓小，防微杜渐"。

二 "融"易治主要做法与应用成效

（一）"融"易治主要做法

1.数源系统重塑

"融"易治打通银行机构以及政府部门之间的数据壁垒，通过融合多源数据实现"穿透"监测，及时"吹哨预警"，把风险阻断在萌芽状态。一是风险信息多源采集。"融"易治以跨部门、跨系统、跨层级的方式，有效获取银行账户异动、基层网格员线索、法院诉讼线索、共享法庭线索、公安接处警线索、市场监督管理局线索、第三方公开异动线索等多数源渠道，通过构建风险线索分析模型，变碎片化数据为整合化信息，精准识别金融风险。二是风险线索实时预警。设置规则引擎模型，搭配非法集资行为风险评价、严重性等级划分、预警监测等风控模型，通过数据分析研判和动态监测分析，从职业经历、人群特征、流转方式、交易总额等方面进行多维度比对，再从人、资金、行为3条主线绘制风险人员、风险企业画像，形成风险事件的"精准画像"，在碰撞匹配模型后系统自动预警，变难以发现、被动发现为主动抓取、实时预警，有效提升线索发现、处置的及时性。提炼的标准化组件可供各地复用。三是风险事件精准定级。建立风险定级规则和风险定级模块，按照违法违规程度高低，确定"红、黄、绿"三个色卡进行分级归类。红卡指构成刑事犯罪风险事件，由司法机关跟进处置；黄卡指违反行业监管风险事件，由职能部门跟进处置；绿卡指低风险或无风险事件，列入持续关注名录。"融"易治通过持续运行、动态更新和自我学习，不断提升"三色卡"风险预警精准度，实现精确打防。

2. 协同流程再造

"融"易治以数字化手段推动金融监管部门多跨协同，规范处置流程，压实主体责任，形成风险协同处置的最大"同心圆"。一是业务流程一线串连。围绕监测预警、风险定级、联动处置和流程监督四个环节，形成"数源需求"和"协同单位职责"两张清单，逐一明确"数据来源、线索获取、补充画像、模型分析、风险处置、处置反馈"对应的职能部门和协同要求，形成完整的金融风险干预处置全链条治理体系，实现从职权分散到多跨集成的转变，强化对各类金融违法犯罪活动的实时管控和有效处置。二是高效协同一屏掌控。建立标准化的协同处置流程，按照风险事件应对的处置原则自动匹配职能部门进行分流处置：职能部门→监管部门→属地乡镇→当地金融工作中心兜底管理。部门不明确的，可通过多部门会商模块确定；基层无处罚权或无派出机构的，归类并流转至上一级主管部门处置。"融"易治系统实时掌控每个风险事件的处置部门、处置时间、处置结果，设置三色卡风险响应和处置时间，流转全屏可视，形成"风险有处置、过程有掌控、结果有反馈"的管控闭环。三是行刑衔接一体互通。"融"易治支持对金融风险事件进行可视化跟踪，开发协同模块，设置线索沟通、案情互通、会商协商、检察建议等功能，强化检察机关与各执法司法机关信息共享、线索移送、高效协同，深化行政处罚与刑事处罚依法衔接，形成打击金融违法犯罪的最大合力。同时激活数据这一生产要素对法律监督工作的放大、叠加作用，利用系统延伸拓展检察监督职能，设置红卡事件监督、黄卡事件监督、立案结果监督等模块，高效践行能动检察。

3. 多元机制重构

从整体上推动各项制度逐步成熟定型，全力支撑"融"易治线上系统和线下机制相互配合、一体推进。一是健全线索共享机制。根据"融"易治实际运行需求，出台《金融风险"三色卡"分级监测干预联动机制》作为总机制牵引，辅助建立金融风险防范化解"检银协作机制""检法协作机制"，明确各部门线索共享范围、方式和频率，压实银行侧风险监测预警和相关部门线索上报、重大风险及时报告责任，健全金融违法犯罪情报研判和通报制度，确保金融风险数据实现全量融合。二是健全协同处置机制。制定《协同部门处置工作规程》，明确各部门职责清单，规范处置流程、处置措施和处置规则，以制度强化系统联动运行保障，以标准化处置流程推动构建"金融工作中心牵头、职能部门跟进、结果必须反馈、检察全程监督"的协力处置新格局。三是健全追赃挽损机制。出台《涉众型金融犯罪案件追赃挽损工作机制》《防范和打击逃废债工作意见》，建立涉案资金线索共享机制，明确前期联动、提前介入、审查逮捕、审查起诉、法院审判等各阶段冻结止付、依法追赃、财物处置的具体流程，通过完善追赃挽损流程，搭建退赔协调平台，促推追赃挽损规范化、专业化、系统化，突出金融风险防控的力度和成效。

（二）"融"易治应用成效

"融"易治以数据为基础，以场景为支撑，构建了"多源归集、多级联动"的金融风险治理链路大闭环，探索了一条精准识别风险、系统化解风险、长效防范风险的可行路径，助力完善、提高地方金融治理体系和治理能力。"融"易治应用端于 2022 年 8 月在"浙政钉上线"，上线首月即监测预警重点可疑线索 37 条，其中含 1 条高度可疑红卡线索。

1. 推动社会治理端前移，实现从事后救济向事前干预转变

以往，对于涉众型金融犯罪，案发后只能由司法机关进行刑事追究，然而刑事追究已经是最后的救济手段，更是一种事后救济，救济效果有限。习近平总书记曾指出，法治建设既要抓末端、治已病，更要抓前端、治未病。"融"易治秉持"诉源治理"理念，以抓前端、治未病为导向，立足防范化解金融风险、促进区域社会治理，以非法集资作为小切口，推动银行侧、政府侧、司法侧跨界协同，实时归集风险、监测风险、处置风险，前置金融风险防范干预关口，压实部门监管处置责任，及时将金融风险阻断在萌芽状态和早期阶段，避免从萌芽滚雪球式发展至暴雷、从金融领域小风险衍变成社会面大风险，实现对金融风险"防早打小"。比如，对监测预警的黄卡事件，通过多部门协同进行提前介入、源头处置，将其扼杀在摇篮，避免从行政处罚事件酝酿成刑事犯罪事件；对于红卡事件，在其尚未自行暴雷前就在政府可防可控可处置范围内进行处置，可以避免其自行暴雷或者提前隐匿资金。因此，"融"易治能够有效减少金融犯罪事件的案发数量，最大程度减少人民群众的财产损失、维护社会安全稳定。

2. 形成全流程闭环管控，实现从碎片化管理向全周期管理转变

"融"易治从监测预警，到系统定级，再到分流处置，实现对金融风险防控的系统集成、高效协同、起底重塑。一是在监测预警上，通过与人民银行联合建模方式，统一模型参数、统一触发规则、统一布置抓取，有效突破银行数据因保密要求无法直接对接的现实困境，确定在 20 家法人银行布置模型进行跑批，一期银行端覆盖面达 80%。同时协同法院端诉讼立案信息、共享法庭端、信访及矛调端、公安端报案信息、网格端等 24 个市区两级单位，系统归集 119 项数据，打通 4 个省市县数源系统，对接浙江省一体化数字资源系统 15 类共 21.7 万条数据，对接第三方数源 200

类共 10 亿条数据，充分发挥数据的辅助思考、决策作用。二是在风险定级上，结合个案、类案，深入分析相关法律条文，共梳理出 17 条识别定级规则，构建三色卡识别定级模型。目前三色卡风险预警精准度约 60%，长期运行后可提升至 80% 以上。三是在协同处置上，按照"分级管理、分类处置、明确职责、分工协作、科学研判、依法处置"工作原则和 24 家协同部门的工作职责，设置了四级自动分流标准化处置流程，进一步压实部门职责。金融风险响应时间平均缩减至 36 小时内，红卡处置时间平均缩减至 3 个月，黄卡处置时间平均缩减至 30 天，绿卡处置时间平均缩减至 15 天。处置结束后，处置结果必须反馈至金融工作中心及线索提供人，实现对金融风险处置的闭环管控。

3. 深化检察监督职能，实现从被动司法向能动司法转变

检察机关通过"融"易治平台进行全程法律监督，推动构建"线索能发现、过程有留痕、关联可追踪"的司法金融数智体系。刑事检察方面，利用"融"易治平台中企业穿透、企业金融风险综合评价模型和第三方数据集成优势，实时发现、预警金融犯罪成案线索，在侦查阶段提前介入，及时开展侦查活动监督、立案监督或不立案监督，精准打击金融犯罪活动。对涉案小微企业进行合规体检，提供一键查询，既服务当地民营企业合规经营，又为政府提供决策参考。通过多数据源融合研判，及时掌握资金流向、股权结构和实际控制人等关键信息，打通可疑痕迹间的关联路径，可视化追踪隐匿资金和财产流向，增加可退赔的财产范围，大力提升追赃挽损工作质效。行政检察方面，开展行政机关违法行为监督，这是《中共中央关于加强新时代检察机关法律监督工作的意见》赋予检察机关的新职能。检察机关通过"融"易治实时监督各职能部门依法处置金融风险，对怠于处置或处置不到位的，发出检察建议。行刑衔接方面，行政机关对履职中发现的涉金融犯罪线索通过"融"易治移送司法机关，司法机关对于下行处理或不起诉案件及时通过"融"易治移送行政机关进行行政处罚，形成刑事处罚与行政处罚在实体处理上的双向衔接闭环。"融"易治运行后，行刑信息线索互通量提高 40%，协同效率提高 45%。

三 检察视角下金融风险防控数字化面临的问题

（一）认知支撑力度不够

1.党政主体牵引力不足

《防范和处置非法集资条例》由国务院发布，各省份都设有地方防范和处置非法集资工作领导小组作为核心牵引，在此总框架下涵盖党委线、政府线、司法线、银行线，纵横交叉的防控体系设置完整，并有相对明确的职责要求。但实际执行上仍显空泛，大多属于纸面文件，也未设置履职评价指标和考核要求，属于无事天下太平，有事与己无关，各相关部门无论是意识上、行动上都未将金融风险防控作为硬性考核指标对待。作为金融工作中心也只停留在发文、统计、核查等空职上，无法压实防控责任。地方党委政法委在整个体系中属于较为核心的金融维稳督促主体，负有将此项工作纳入社会治理、网格管理和平安建设的考核职责，但实际也无硬指标可依靠。

2.传统观念仍未破解

一方面，相关行政监管部门主动接受法律监督的意识淡薄且较为敏感，认为检察机关应负责后端犯罪打击，跟法院一样属于被动司法，与前端社会治理无关，对检察机关全面融入国家治理体系、参与社会治理的认识不足。"融"易治数字场景在启动建设初期对相关协同部门进行技术调研时，各行政监管部门普遍带有怀疑甚至警觉心理，或者在数源提供上配合度低，或者对检察机关出面启动金融防控治理数字项目提出质疑。另一方面，相关职能部门囿于旧的体制机制，习惯被动履职，加之职责规定过于原则宽泛、监管机构和框架均不明确、缺乏行之有效的追责机制、履职容错机制不清晰等原因，往往选择"一动不如一静"。比如，金融工作中心作为金融监管核心部门，却认为其只是金融协调部门，对金融风险事件尚未自行暴雷时是否要主动干预存在心理畏难，在建设过程中对具体业务流程设计有支撑、有指导但总体仍处于观望状态。

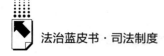

3. 经费保障未纳入统筹

虽明确要求地方财政负责落实防范和处置非法集资工作经费保障，但实际上金融风险防控相关经费在保障上未纳入地方统筹。例如，原浙江省金融办负责的"天罗地网"监测防控系统在运行中涉及地方网格员排查工作，各地对网格员补贴保障就不统一，无经费统筹保障必然导致运行支撑不足。"融"易治项目作为金融风险防控治理的数字化创新项目，已经争取到省补创新引导项目资金 200 万元，但项目进入评审、立项阶段时，地方财政部门的支撑也囿于"本位主义"，在地方财政保障上作了削减，并未从数字改革的实际需求和重要性角度予以考量，导致对技术团队的支撑度大打折扣。

（二）机制支撑尚需完善

1. 系统真正打通仍存在障碍

数字化改革的目的就是要打破重塑，一定程度上需要在原有框架上有所突破，"融"易治最初的架构设计是以数据全量融合来推动精准抓取风险，但现实却无法一步到位。作为金融风险的监测预警平台，银行侧无疑是风险数源的核心，但银行侧有客户信息保密要求，从一开始的无法打通到目前采取变通方法，通过与人民银行协同建模布模方式实现跨界合作，在建设上增加了布模费用，取得了一种实质性突破和进展。在推动过程中银行侧在数据提供方式上对从线下交接直接到线上对接的突破仍顾虑重重，亟须法律甚至政策层面的支撑。其他协同部门数源提供也均有各自的物理空间限制，需逐步打破，这也正是数字化改革的目标，是一个过程。

2. 标准化流程尚待实践检验

在流程设置上，为强化约束力和执行力，目前依据 2021 年 5 月 1 日国务院发布的《防范和处置非法集资条例》和《台州市关于建立健全台州市防范和处置非法集资工作机制　维护区域金融稳定的实施意见》（台处非〔2022〕5 号），明确 24 家协同部门的职责，按照部门职责、行业（或领域）主管、属地管理、金融工作中心兜底处置的四级分流原则确定处置部门，必要时或情况复杂时可发起多部门会商，各类处置结果都会及时反馈至"融"易治平台，系统会定期分析研判、动态更新结果数据，形成工作闭环。但具体实现程度如何以及是否可形成常态需要时间积累。

3.部门多跨协同联动乏力

考虑线上运行与线下支撑一体推进，陆续出台《金融风险"三色卡"分级监测干预联动机制》作为母机制，检法机制、检银机制等多项子制度予以配合支撑，但是制度能否真正执行到位，业务壁垒和人员协同壁垒能否真正打破，"融"易治或者说所有数字化应用平台运行都普遍面临的多跨协同配合程度、实现程度以及长效运行程度都需要实践的充分检验。实践执行中可能仍受到条块分割限制，政府与司法条线的鸿沟是否可以在短时间内打破，多部门多层级形成联动无缝衔接仍需通过线上流转压实。

（三）能力支撑有待加强

1.定级规则仍在持续摸索

金融风险预警后会按照风险定级模型自动进行"红、黄、绿"三色卡风险定级，用以界定达到刑事犯罪事件、违反行业监管事件、低风险或无风险事件。但非法集资案件往往比较复杂，而且大多存在高关联性、高隐匿性，以及以合法主体掩盖非法行为等情况，仅仅识别单主体的风险已经满足不了实际的案情需要，所以设计了以单主体事件认定为前提，增加了多主体事件的风险认定，并应用了以关联图谱为基础的图算法中的 LPA 标签传播半监督算法，但实际的智能化解决方法仍需持续摸索。

2.技术力量支撑上明显乏力

当前浙江数字改革虽全面铺开，尤其以大数据、人工智能等为代表的数字化技术快速发展，对现有的金融生态和金融结构竞争格局产生颠覆式冲击。有些金融科技企业趁机启动数字化转型战略，打造数字化产品服务，提升运营、风控等能力，但是金融科技数字化转型是机遇也是挑战，在实践工作中明显还属于一个未曾打开的新领域。例如，"融"易治是针对金融风险防控治理为目标建设的数字化项目，在风险识别、风险预警、风险处置尤其

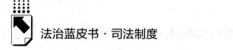

是针对风险抓取方面如何实现从业务流向科技流的成功转换，技术力量明显支撑不足，技术团队虽有金融科技经历但并不代表就已经掌握了相应的科技能力。

3. 检察融合监督理念构建不足

传统司法办案模式造成的"本位主义"，使检察机关缺乏参与社会治理的深刻认识，限制了对个案办理反映的趋势性、领域性问题的深刻思考，没能跳出检察看检察，认为检察职能的发挥仅限于发送检察建议而不应该"越界"什么"都管"。在检察机关履职能力上，当前虽然要求更具有多维性，强调实现"四大检察"融合发展，但具体业务融合以及当前数字检察工作推进中，由于自身职能形成就案办案的狭窄工作视角，以及岗位固化带来的综合能力不足，查处和预防金融犯罪本身在检察机关内部大融合尚需一个过程。"融"易治作为一个金融数字平台，是"金融监管"+"检察监督"的有机融合，但是对功能模块在融合方式、路径方面的深度谋划不够，数字平台如何成为数智平台、监督平台，如何借助数字平台真正推动检察监督质效的跨越提升还考虑不足。

四　检察机关助力防范化解金融风险的数字路径

检察机关作为金融法治环境的塑造者，具有维护金融管理秩序和促进金融市场稳定的价值导向。数字治理是对接路径也是必由之路，应树立"数字支撑、监督共赢"的理念，坚持践行"以数字赋能监督，以监督促进治理"的法律监督新路径，统筹运用数字化思维、认知、技术助力金融风险防控治理，不断提升金融治理的数字化、现代化水平。

（一）聚焦数字化，推动理念重塑

1. 重塑数字理念

数字化改革的切入点就是从经济社会发展开放、复杂的巨系统中，从治理难题中寻找最紧迫的问题，从服务群众中寻找最热点的问题①。大数据的创新运用，正是先从政府、企业、群众的实际需求匹配，形成应用场景，再推动各职能部门从"部门思维"向"用户思维"转变。从一个核心场景出发，每一个协同部门都是一个用户，共同为完成一件事各司其职。各职能部门必须主动探索各自业务领域难点、堵点和痛点的破解之策，瞄准治理体系和治理能力现代化的命题，积极运用"隐私计算、区块链"等新技术，探索多部门高度物理隔离下的多方数据共享融合问题，推动工作更加精细化、精准化、智能化，实现由"制"到"治"再向"智"的转变。同时，按照"精打细算、量力而行、讲求绩效"的原则，统筹安排使用好数字化建设资金，全力保障好数字化改革的决策部署。

2. 重塑检察理念

习近平总书记强调，要运用大数据提升国家治理现代化水平。当前，以数字化为特征的新一代新兴技术正在推动社会治理迈入快速转型车道。新形势下，金融风险防范化解工作更需要充分利用大数据进行防控治理，相关部门都不能独善其身，包括检察机关。在数字化时代，对检察机关的法律监督职能应当有新的认识和视角，社会治理是一个系统工程，检察机关作为法治建设的重要推动者，在这个系统工程中不应该是一个旁观者，而应该是一个参与者、践行者。数字化改革不仅仅是个"器"，更是一个"道"。检察机关必须善用法治思维和法治方式，做到治罪与治理并重，充分用好数字化改革这个"器"撬动金融监管模式的系统性变革，并且协同更多的同"道"完善机制、堵塞漏洞、解决问题，充分展现检察机关在社会治理体系和治理能力现代化中的有力作为和关键作用。

（二）聚焦系统化，深化机制变革

1. 创新数据共享方式

大数据时代都在聚焦数据全量融合，但要真正在更广阔的领域实现共享

---

① 袁家军：《数字化改革概论》，浙江人民出版社，2022，第21页。

融合仍会因数据权限、数据安全等存在各种各样的阻力。基于银行侧与司法侧天然的数据壁垒无法打破，充分运用数字思维，推广运用联邦学习法①，破解传统方式导出共享不畅的难题。一方面，通过联邦学习法能实现在不暴露真实数据的情况下完成合作建模，让 AI 算法借助位于不同站点的数据获得经验，摒弃归集数据的方法，使各方能凭借本地数据按需获得全局数据。对于大数据法律监督而言，这将大大拓展监督数据的来源和储备。另一方面，借助联邦学习法这种"数据可用不可见""数据不动模型动"的方式，加强数据的隐私保护，减少数据泄露风险，可在特殊领域推广适用，既在技术上实现"数据可用不可见，不拿数据拿结果"，也在应用上实现"谁也不违规、谁都得实惠"的共赢效果。

2.持续优化业务流程

金融风险防控治理数字应用的核心管理、使用部门是各职能部门、银行机构以及基层网格员等，涉及机构范围广、层级多，因此，在把提升金融风险防控治理的效率放在首位的同时，应充分考虑职能部门及银行机构等使用的便捷度和获得感，通过非必要流程环节的省略、合并、重组，优化整体流转流程，推动流程不断迭代升级。同时，流程再造需要实现各职能部门之间的资源互补与协同互动，因此仍需进一步明晰职责范围与职责边界，规范处置流程、处置期限、处置措施和处置要求，实现各机构、各环节之间衔接通畅、便捷高效。

3.健全部门多跨联动

各级地方政府及立法机关应充分发挥地方立法的试验性与先行性，在地方立法的空间及权限内健全部门多跨联动机制，变行政执法部门单独作战为合成作战，共同形成监管部门统筹监管、司法机关兜底追责的金融风险防控治理合力，逐步完善线索互通、执法联动、案情会商、联席会议等工作制度，加强运用"数字化思维"助力金融治理，实现科学规范、运行有效的

---

① 一种重要的面向隐私保护的机器学习框架，可以在不收集数据的情况下协同进行模型训练，实现数据的"可用不可见"，从而保护隐私信息。

跨部门、跨层级联动响应协作。通过督查考核进一步压实部门联动责任，将金融风险排查、处置工作纳入社会治理、平安建设考核体系，对因履职不力导致发生"红卡"风险事件的部门予以一票否决，充分发挥考核"指挥棒"作用。

（三）聚焦专业化，提升治理效能

1. 健全风险定级规则

"融"易治作为科技与司法深度融合的产物，其核心功能就是系统根据举报线索，经画像补充后，融合银行、法院、工商、税务等多类数据，从而进行"红、黄、绿"三色卡自动定级、自动分流处置，提升金融风险防范干预的效率。因此，"融"易治运行的一个核心前提是完善金融风险定级规则，探索高精准度的定级标准。具体而言，进一步研究吃透涉金融犯罪的相关法律规定、法律精神，提炼出更为具体、细致的规则。更重要的是，加强对金融犯罪典型案例的总结研判，及时分析金融犯罪领域出现的新情况、新问题、新特点，实时为完善大数据分析定级模型提供法律支持，推动数字应用精准研判、精准定级。

2. 加强科技人才培养

在数字化转型背景下，科技创新是金融科技人才思维的灵魂和立足根本，面对快速迭代的知识体系更新，各领域的科技人才缺口很大，何况是对于金融科技人才的需求更趋于多元化和复合型。一方面要求能及时洞悉金融行业的发展趋势，熟悉金融领域的应用场景，具有数据敏感度，能敏锐觉察行业、场景中的数据变化，透视数据变化背后的原因和逻辑，针对性地制订应对措施。另一方面要具备数据处理能力，可对海量数据进行管理和应用，通过科技手段转为在某一领域有价值的信息分析，进行价值创造。在国家层面尤其是金融监管条线更应该注重该类科技人才的储备。

3. 深化检察职能融合

"四大检察"的融合发展关键在人，必须要打破传统思维定式和工作模式，从讲政治、讲法治的高度，认识"四大检察"融合发展是检察机关参与社会治理体系和治理能力现代化建设的重要动力，积极借力数字赋能人员融合、手段融合、线索融合。数字化时代的到来，为法律监督模式深层次变革插上了科技翅膀、提供了重大机遇。万物互联、数据共通，数据必然隐藏着各类违法犯罪活动、执法司法不公不严、社会治理隐患漏洞等线索，掌握数据就掌握生产资料，这是一个巨大空间。检察机关作为新时代法律监督工作的推进者，更应敏于思考，依托并融入大数据开展全方位、立体化法律监督，以"数字引擎"释放法律监督新动能，不断推进社会治理体系和治理能力现代化。

结　语

在金融犯罪发展态势日益严峻、大数据技术日趋成熟、社会治理现代化日渐成势的多重背景之下，如何提升金融风险防控能力是一个新的时代命题。"融"易治以数字化改革为牵引，推动检察工作与社会治理的共通互融，改革突破成效明显，具有贯通复用的可行性，为进一步应用数字化技术加强金融风险防控治理提供了样本和经验。

但是，也应充分认识到目前在推进金融风险防控治理数字应用中遇到的问题和短板，必须牢牢抓住数字化改革的历史契机，发挥大数据等技术对金融风险防控治理的促进、放大作用，深化大数据赋能检察监督，持续推动金融风险防控更加主动、更加精准、更加协同，努力为提高金融治理体系和治理能力贡献检察智慧，打造检察职能融入国家综合治理的优秀样本。

Abstract

Since 2021, China's judiciaries have adhered to Xi Jinping Thought on Socialism with Chinese Characteristics for a New Era as its guide, thoroughly implement Xi Jinping Thought on the Rule of Law, comprehensively implement the spirit of the 19th Party Congress and the 20th Party Congress, earnestly implement the resolutions of the 4th Session of the 13th National People's Congress, and actively promote the high-quality development of judicial work in the new era and new journey, making new breakthroughs in various judicial work. Annual Report on China's Judicial System No. 4 (2022) comprehensively summarizes the practices and effectiveness of China's judicial system from 2021 in terms of deepening the reform of the judicial system mechanism, strengthening judicial human rights protection, enhancing the capacity of social governance, and broadening the scope of judicial convenience services, and provides an outlook on the development trend of China's judicial system. For the first time, this year's blue book has set up an annual report section to track and analyze the crime situation, transparency in prison affairs, and validity in confirming arbitration agreements in the past year. In addition, the blue book also focuses on the four themes of judicial system reform, judicial practice experience, public interest litigation system and judicial participation in social governance, and presents a number of judicial research reports such as " Exploring the Precise Path of Civil Non – Lawsuit Enforcement Prosecution Supervision ", " Discernment and Construction of Preventive Environmental Administrative Public Interest Litigation System", and "Examination of Notary Public Service", which show the changes and development of China's judicial system over the past year. The report summarizes the latest achievements of the judiciary, prosecutors and judicial

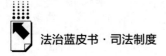

administration.

Keywords: Comprehensive Rule of Law; Judicial System Reform; Judicial System; Litigation Source Governance; Social Governance

Contents

I General Report

Abstract: Since 2021, China's judiciary has made even greater achievements. The education and rectification work of the political and legal teams has been successfully concluded, the comprehensive reform of the judicial system has been continuously implemented, the functional advantages of participating in social governance have been brought into play, and the level of judicial social governance has been improved; justice has been adhered to for the people, assistance has been provided to the needy groups, human rights protection has been strengthened, the protection of minors has been improved, and the leniency system of plea of guilty and punishment has been fully implemented; judicial supervision has been deepened, and the construction of judicial intelligence and information technology has been promoted. Over the past year, there have also been problems in the administration of justice, such as abuse of power, insufficient judicial openness and transparency, and untimely responses to public concerns. In the new journey toward the second century goal, the judiciary will further deepen reform, consolidate the results of education and rectification, combat serious crimes, serve the overall situation, improve judicial governance, and perfect the public legal service system.

Keywords: Comprehensive Rule of Law; Education and Rectification of the Political and Legal Team; Service to the Overall Situation; Public Legal Services; Judicial Intelligence

II   Annual Reports

B.2   Analysis of Crime Situation in 2021

Gao Changjian / 031

Abstract: In 2021, with the continuous improvement of crime management ability and level, China's crime situation continues the positive change trend in recent years while maintaining overall stability, and the development trend of lighter and more networked crimes is more obvious. In terms of the overall development trend of each type of crime, serious violent crimes still maintain a downward trend; dangerous driving remains the number one crime among criminal crimes, reflecting the general trend of lighter crimes; crimes against property and network telecommunication fraud are still in a high and prone state, reflecting the trend of increasing networkization of crimes; and crimes in office maintain a stable development trend with a slight increase.

Keywords: Crime Situation; Dangerous Driving Crimes; Crimes against Property

B . 3 China Prison Transparency Index Report (2022)

—*The Perspective of Information Disclosure on the Website of*
the Prison Administration

Project Team of Rule of Law Index Innovation Project of Institute
of Law of Chinese Academy of Social Sciences / 046

Abstract: Openness of prison affairs is a concrete manifestation of prisons performing their duties and accepting supervision in accordance with the law, and an inevitable requirement of building a socialist rule of law state with Chinese characteristics. The National Rule of Law Index Research Center of the Chinese Academy of Social Sciences and the Rule of Law Index Innovation Project Team of the Institute of Legal Studies conducted the third evaluation of provincial prison administrations and their subordinate prisons, and their work on prison openness. The assessment shows that in 2022, China's prison transparency has further improved, with a record number of local prison administrations scoring more than 90 points in prison transparency, the construction of prison administration portals basically completed, new media making prison disclosure closer to the public, personnel information disclosure, laws and regulations disclosure, annual report disclosure, and budget disclosure more standardized and orderly, and open channels for disclosure upon application. At the same time, the evaluation also find that the geographical variability of prison openness is large, details need to be further improved, public information is not yet perfect, and there are even three provincial prison administrations that have not yet established independent portals. Correlation analysis find that the correlation between prison openness and the level of socio-economic development is weak, while the correlation with other transparency, with the level of leadership attention, and with the status of prison openness over the years is stronger. This leads to suggestions for countermeasures such as continuing to raise the level of attention to prison openness.

Keywords: Prison Openness; Information Disclosure; Law Enforcement Information; Legal Supervision

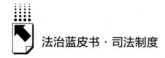
B.4　Observation of Practice in China's Judicial Mechanism on
Confirming the Validity of Arbitration Agreements in 2021

Zhu Huafang, Guo Youning and Chen Xinyu / 066

Abstract: The current practice of courts for confirming the validity of arbitration agreements in China is in general well developed, which respects the parties' autonomy and the jurisdiction of the arbitral tribunals. Meanwhile, the adjudication standards remain to be further harmonized with respect to the scope of judicial review in cases confirming the validity of arbitration agreements, the judicial review of the validity of standard form arbitration clauses, and the identification of the arbitration institution stipulated in the arbitration agreement.

Keywords: Confirming the Validity of an Arbitration Agreement; the Scope of Judicial Review; Standard form Arbitration Clause; the Designation of the Arbitration Institution; Adjudication Standards

Ⅲ　Judicial System Reform

B.5　From Pilot Reform to Implement: The Road to
Refined Civil Second-Instance Sole-Judge-Trial System

Gong Cheng, Huang Di and Du Yulan / 083

Abstract: Before the revision of the Civil Procedure Law in 2022, most second-instance cases actually adopted sole-judge trial in essence while they should had been collegial trials. Due to the mismatch between the institutional structure and judicial practice, the efficiency value of the sole-judge-system and the democratic decision-making value of the collegial system both cannot be fully utilized in the second-instance actions. In view of this, with the authorization of the Standing Committee of the National People's Congress, the Supreme People's Court launched the pilot programe of the reform of separation between complicated cases and simple ones under civil procedure litigation in early 2020, setting a precedent for the application of the sole-judge system in second instance. By examining with the pilot reform operation of the Chengdu Intermediate People's Court, this paper finds that the second-instance sole-judge-trial reform has significant advantages in optimizing the allocation of judicial resources. But after the formal implementation, there are still problems, such as the urgent need to clarify the applicable scope of cases and the urgent need to improve the guarantee supervision system. In view of the above unavoidable cruxes, it is proposed to clarify the scope of application of the second-instance sole-judge-trial system by building a "three-round identification mechanism", and to ensure the fairness and efficiency of the second-instance sole-judge-trial system by innovating trial methods, giving parties the right to object. Other structural measures can also be taken, such as unblocking the supervision mechanism, to enhance judicial fairness and efficiency of the sole-judge-trial system.

Keywords: Civil Litigation; Sole−Judge−Trial in Second−Instance Actions; Sepearation of complicated and Simple Cases

B.6 Research Report on the Implementation of Plea and

Punishment Leniency in Economic and Official

Crime Cases *The Research Group of the Intermediate People's*

Court of Fuzhou City, the Second Criminal Division / 099

Abstract: Although establishing and generalizing the System of Lenient Punishment for Admission of Guilt and Acceptance of Punishment has brought remarkable result in Chinese criminal procedure, in accordance with the investigation data of Fuzhou's courts, the efficiency of this System has been restricted in economical and duty crime. This survey takes pre-trial notification, trial guarantee, post-trial judgment and post-trial appeal as its logical thread, induces problems arising from the trial in the System of Lenient Punishment for Admission of Guilt and Acceptance of Punishment. Putting forward countermeasures and suggestions for the problems which can be solved within the current legal framework, such as improving the informing procedure about this System during the stage of investigating and review prosecution, making the procedural rules clear when defenders disagree with their defendants, reaffirming the baseline in this System when court ascertaining the facts. As for what needs to be developed and improved, such as devising separated criminal judgment document, and the thought of second trial when defendants appeal without any reasonable cause after they have got lenient punishment, we put forward further ideas and explain the reasons in detail.

Keywords: Economical and Duty Crime; Admission of Guilt and Acceptance of Punishment; Sentencing Suggestion; Appeal without any Reasonable Cause

B.7 The Legal Definition and Model Remodeling of Prison
Information Disclosure

Sichuan Provincial Prison Administration Subject Group / 118

Abstract: Prison information disclosure is an indispensable part of the modern national information disclosure system, However, due to the imbalance of value in functional orientation, the lack of regulations or rules of law, and the confusion with government information disclosure, the prison information disclosure is complicated in the administrative disclosure, also confused in the application disclosure, which does not only damage the seriousness of the enforcement of prison law, but also reduce the credibility of criminal justice. It is necessary to make a legal definition of the value connotation and legal orientation of prison information disclosure, guided by the inherent functional value and legal attribute of prison information disclosure, through the construction of the legal system, the optimization of the practical structure and the reform of the dynamic mechanism of the prison information disclosure, the government should actively respond to the legal demands of the prison information disclosure, effectively govern the disadvantages of the prison information disclosure, and make better use of prison information disclosure.

Keywords: Prison; Prison Openness; Judicial System

B.8 Practice Review and Path Optimization of Asynchronous Trial Procedure

The Research Group of the Primary People's Court of Huqiu District of Suzhou City / 136

Abstract: After the asynchronous trial mode is popularized from the Internet court to the ordinary court, how to successfully "connect" the asynchronous trial mode to the traditional civil procedure system, in the trial practice, there are many difficulties. The asynchronous trial mode breaks through the limitation of time and space and allows the "space time dislocation" of litigation behavior. It has both the feature of written appearance with verbal essence, which has strong theoretical value and practical significance. it should not be used only as a special trial mode due to the specific circumstance that we are facing right now. From the perspective of system logic and procedural functions, it is of great value in reshaping the trial process, reasonably allocating litigation resources, and building a hierarchical dispute filtering system. Based on empirical analysis and real judicial practice, this article analyzes and responds to the realistic dilemma of asynchronous trial procedure. Asynchronous trial procedure has the characteristics of "two stages". With different procedures and rules, it can be used to build and optimize a variety of litigation scenarios. "Asynchronous pre-trial inquiry" + "asynchronous court trial" can achieve an effect of "written trial" of element disputes and one-time termination of complex dispute trial.

Keywords: Artificial Intelligence Court; E-litigation; Asynchronous Trial Mode; Asynchronous Pretrial Questioning

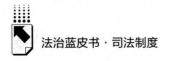

法治蓝皮书·司法制度

Ⅳ   Judicial Practice Experience

B.9   Exploring the Precise Path of Procuratorial Supervision

of Civil Non-litigation Enforcement

Chang Guofeng , Liu Changjiang ∕ 151

Abstract: The supervision of civil non-litigation enforcement carried out by procuratorial organs corresponds to the supervision of civil litigation enforcement and is an important part of civil prosecution. At present, some procuratorial organs do not pay enough attention to the special law of civil non-litigation enforcement supervision, and there is still a vague understanding in its connotation definition, determination of the nature of supervision, mastery of supervision standards, selection of supervision objects, application of supervision methods, and control of supervision timing, and it is urgent to conduct in-depth and meticulous research and demonstration from the theoretical, practical, and institutional levels to guide the in-depth advancement of civil non-litigation enforcement supervision practice.

Keywords: Civil Non-litigation Enforcement; Supervision of Prosecution; Reform of Procurational Work

B.10   Practical Dilemmas and Path Choices of Neutral

Evaluation Mechanism for Civil and Commercial Disputes

The Research Group of the Primary People's

Court of Gusu District of Suzhou City ∕ 168

Abstract: Neutral evaluation is a new type of non-litigation dispute resolution method, which guides the parties to rationally choose the appropriate way to resolve disputes by predicting the outcome of adjudication, and has both the function of resolving disputes and the effect of diversion. Since its introduction into China in 2012, the mechanism has shown similar symptoms of "unconvincing". A study of the pilot neutral evaluation in 14 courts found that most of the courts did not promote evaluation on a regular basis, evaluated few disputes, and equated evaluation with general mediation. The root cause of this is not only the influence of the general environment of dispute resolution, but also the reason of system design. In light of the judicial practice of Gusu Court in Suzhou, Jiangsu Province, it is suggested that the rules should be improved not only to clarify the significant value of the assessment mechanism, but also to reconstruct the assessment mechanism institutionally, such as expanding the scope of assessment to general civil and commercial disputes; limiting the assessors to professionals in the legal field; conducting the assessment based on the parties' statements and the evidence adduced and in camera; and making the assessment opinions for the parties' reference only and not legally binding. Evaluators should enjoy the right to mediation after evaluation; neutral evaluation should be integrated into the multi-disciplinary dispute resolution system. A perfect neutral evaluation mechanism will enrich the diversified dispute resolution mechanism and help resolve conflicts and disputes at the grassroots level in an efficient and substantive manner.

Keywords: Civil and Commercial Disputes; Non − Litigation Dispute Resolution; Resolution of Mutiple Dispute

Abstract: Improving the quality and efficiency of judicial staff-related job crimes investigation can enhance people's trust and satisfaction with the rule of law, make up for the limitations of supervisory organs in investigating job crimes, and enhance the rigidity of legal supervision by procuratorial organs. The revised Criminal Procedure Law provides for the system of direct investigation of judicial staff-related crimes by the procuratorial organs. By studying the problems encountered in recent years, such as insufficient quality of clues, lack of professional talents and difficulty in handling cases, the author proposes to improve the quality, efficiency and effectiveness of investigating job-related crimes from expanding the sources of clues, improving the comprehensive quality of investigators, exploring information technology and doing prevention, so as to provide a strong procuratorial guarantee to meet the new needs of the people for democracy, rule of law and justice.

Keywords: Judicial Staff; Investigation and Handling of Crime; Lcgal Supervsion

B.12 Definition of the Scope of Application of the First Instance

Ordinary Procedure for Hearing Cases under the

Sole Proprietorship System   *Quan Chengzi, Han Sisi* / 198

Abstract: Article 16 and Article 17 of the Supreme People's Court's "Pilot Implementation Measures for the Reform of the Streaming of Civil Proceedings in a Complex and Simple Manner" initially stipulate the "expansion of the scope of application of the sole-client system" in the trial of ordinary procedural cases in the basic courts, i. e. , "where the facts are not easily ascertainable but the application of the law is clear". " In addition, there are also nine circumstances that preclude the application of the single-judge system, but there are no detailed guidelines on the scope of cases in which " "the facts are not easily ascertainable, but the application of the law is clear". In view of the large volume of the first instance ordinary procedure cases in the basic courts, this paper takes the realistic dilemma of "expanding the scope of application of the sole proprietorship system" as a presupposition, explores the root of the dilemma, explores the boundary of understanding the direction of expanding the scope of application of the sole proprietorship system from the perspectives of the purpose of litigation, the value of the system and the litigation rights of the parties, and explores, on the basis of theoretical support. The first instance ordinary procedure cases in the grassroots courts to determine the boundaries of the scope of application of the exclusive system, in order to deepen the reform of the application of the first instance ordinary procedure exclusive system is helpful.

Keywords: First-Instance Procedure; Ordinary Procedure; Single-Appointment System; Trial Practice; Scope of Application

Ⅴ Public Interest Litigation System

B.13 The Path of Administrative Public Interest Litigation for Personal Information Protection

Ye Yaolong, Nong Zhengzhao and Liu Yuanjian / 215

Abstract: Administrative public interest litigation has endogenous and exogenous necessity for personal information protection, and has broad institutional space in legislative technology, legislative protection and policy support. However, in practice, there are still some defects in the administrative public interest litigation of personal information protection, such as insufficient supply of supporting mechanisms, lawmaking anomie, unclear related concepts and lagging legal supervision. In view of this, we should take the "three values" of administrative public interest litigation as the guidance, and achieve "two expansions and one improvement" from the three aspects of protection scope, supervision space and supporting mechanism, so as to build and improve an effective system of administrative public interest litigation for personal information protection.

Keywords: Procuratorial Organ; Personal Information; Administrative Public Interest Litigation; Cross Administrative Divisions

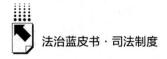

B.14   Thinking and Construction of Preventive Environmental

Administrative Public Interest Litigation System

Yan Hongsheng, Wang Jing / 233

Abstract: The ecological environment is related to people's well-being and sustainable development. Effective prevention of ecological environmental risks has become a new concept for courts to participate in the governance of national ecological civilization. As the main way of preventive judicial relief, the system of preventive environmental public interest litigation is currently mainly used in the civil field. The focus of judicial review is on the relationship between civil acts and the risk of ecological environmental damage. However, in practice, some "ecological environmental risks" are rooted in "administrative action risks". The current civil "unitary model" cannot prevent two kinds of unrealistic risks caused by "administrative actions" and "civil actions" at the same time, and cannot fundamentally play the risk prevention function. Based on this, it is necessary to explore the preventive relief system in the field of environmental administrative public interest litigation. On the basis of exploring the factors that restrict the growth of preventive administrative public interest litigation, it is necessary to clarify the respective status and boundaries of judicial power and administrative power from the perspective of "weight" and "degree", and to build the system from the scope of accepting cases, starting elements, review standards, burden of proof, judgment methods, etc.

Keywords: Administrative Public Interest Litigation; Preventive Relief; Ecological Environmental Rule of Law; Judicial System

VI Judicial Social Governance

B.15 The Practice Thinking of Jiangxi Courts Helping

Improve the Effectiveness of Industry Governance

Abstract: Therefore, improving the efficiency of industry governance is a beneficial attempt to improve the legalized business environment. This study starts by summarizing the expectation of judicial service assistance to improve the efficiency of industry governance. On the basis of comparing with the current situation and reason analysis, it proposes an optimization path for judicial service assistance to improve the efficiency of industry governance. Firstly, build a governance path of flattening society within the context of municipal social governance, straighten out the logic of improving quality and efficiency and clarify requirements of key links. Secondly, build full consensus of governance, creat the flattening matrix of dispute resolution, strengthen the individual combat ability of judicial service, enhance the teamwork ability of social governance members. Lastly, emphasize mechanism innovation, put resolution and fulfillment automatically before litigation in a key position, promote multi-dimensional optimization, such as efficiency evaluation, standard pre-positioning, publicity and guidance.

Keywords: Industry Governance; One-Stop Dispute Resolution; Flattening Governance

B.16 An Examination of Notary Public Service—An Example

of Notary Public Service Practice in Sichuan

Abstract: Notary public service is an inevitable requirement for notary publics to carry out legal services as a non-profit organization. The notary industry in China has regarded public interest legal services as an unshirkable social responsibility. The practice of notary public legal services in Sichuan shows that notary public legal services not only benefit the country and the people, but also contribute to the credibility of notary institutions and the sustainable development of the industry. At present, the problems of notary public legal services are: unclear positioning of notary public properties, unclear definition of notary public services and notary public proof, mutual implication of notary public and notary legal aid, and mutual confusion between notary public services and government purchase of notary public services. In order to carry out notary public service, it is necessary to distinguish the scope of general public service and notary public proof service provided by notary institutions, to clarify the boundary between notary public service, notary legal aid and government purchase of notary services, and to form a pluralistic and multi-level legal service pattern of notary public service and to promote it in a coordinated manner.

Keywords: Notary Public Service; Non-profit; Legal Aid; Social Responsibility

B.17 Exploratory Practice on the Convergence of Judicial Rules in Guangdong, Hong Kong and Macao Greater Bay Area

Wu Xiang, Wang Han / 278

Abstract: The construction of the Guangdong–Hong Kong–Macao Greater Bay Area demands the interface of judicial rules from three aspects: promoting the quality and effectiveness of cross-domain dispute resolution, improving the civil litigation system, and facilitating the integrated development of the Bay Area. In response to the foregoing requirements, the Nansha District People's Court of Guangzhou has carried out six interfaces of judicial rules in recent years, including true representation, service by party entrusted and evidence discovery. Taking the evidence discovery rules as an example, this paper found that rule comparison, rule transformation and effect evaluation are the basic parts of the interface of judicial rules, also found, at present, there are still some problems in the interface of judicial rules, such as lack of superior law guarantee, fragmented construction and incompatibility of institutional environment. To promote the interface of judicial rules more systematic and rational, it could take the theory of legal negotiation as theoretical basis, define the basic principles to be followed, build a point-to-area and bottom-up progressive interface path in which the courts of the Free Trade Zone will be authorized to pilot the process, and improve the mechanism design at the technical level, such as the preliminary study, implementation and effectiveness inspection of rules.

Keywords: Guangdong-Hong Kong-Macao Greater Bay Area; Interface of Judicial Rules; Transplantation of Rules; Fragmentation

B.18 Exploring the "One Party One Thing" Integrated Reform
of Securities Disputes from the Perspective of Litigation
Source Governance

The Research Group of the Intermediate
People's Court of Ningbo City / 291

Abstract: Enhancing the quality of listed companies is an essential guarantee for preventing, controlling, and resolving financial risks, and simultaneously an inherent requirement for creating a business environment under the rule of law. In terms of Negotiable Securities Dispute Cases, there exist some features including a sharp increase in the volume of cases, a long trial time, type of stakeholder, high homogeneity, and difficulty of trial. Hence, an efficient and convenient litigation mode in which resource are fully utilized is urgently needed. Given that combining the characteristics of the current securities litigation mode, this paper study further concerning the dispute resolution process to achieve the upgrade of the trial mode and litigation process of such disputes.

Keywords: Governance of Litigation Source; Negotiable Securities Dispute (NSD); Model Cases

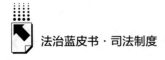
B.19　Research Report on the Digital Application of Financial Risk Prevention and Control—Taking the "Rong" Yi Zhi Application as a Sample

Research Group of the People's Procuratorate of

Luqiao District, Taizhou City, Zhejiang Province / 305

Abstract: The use of big data to enhance the ability to prevent and resolve financial risks and maintain the financial security of the city is the "proposition of the times" for Taizhou to promote common prosperity. The procuratorate starts from a "case-by-case" approach, through digital reform to drive the change of local financial risk prevention and resolution mechanism, and promote the construction of a coordinated whole chain governance system, which contains "data analysis, early warning and reminding, evaluation and triage, categorized intervention and coordinated response". The new system will promote the transformation of financial risk prevention and control governance from post-event relief to pre-event intervention, from fragmented management to full-cycle management, and from passive justice to active justice, providing a new model for the integration of the procuratorial function into financial governance. Meanwhile, the digitisation of financial risk prevention and control is still insufficient in terms of awareness support, mechanism support, and capacity support. In the future, it should focus on digitisation, systematisation and specialisation, deepen conceptual reshaping, mechanism change and governance effectiveness enhancement, and help improving and boosting the financial governance system and governance capacity with the support of procuratorial efforts.

Keywords: Financial Risk Prevention and Control; "Rong" Yi Zhi; Digital Prosecution; Social Governance

权威报告·连续出版·独家资源

皮书数据库
ANNUAL REPORT(YEARBOOK)
DATABASE

分析解读当下中国发展变迁的高端智库平台

所获荣誉

- 2020年，入选全国新闻出版深度融合发展创新案例
- 2019年，入选国家新闻出版署数字出版精品遴选推荐计划
- 2016年，入选"十三五"国家重点电子出版物出版规划骨干工程
- 2013年，荣获"中国出版政府奖·网络出版物奖"提名奖
- 连续多年荣获中国数字出版博览会"数字出版·优秀品牌"奖

皮书数据库

"社科数托邦"
微信公众号

成为会员

　　登录网址www.pishu.com.cn访问皮书数据库网站或下载皮书数据库APP，通过手机号码验证或邮箱验证即可成为皮书数据库会员。

会员福利

- 已注册用户购书后可免费获赠100元皮书数据库充值卡。刮开充值卡涂层获取充值密码，登录并进入"会员中心"—"在线充值"—"充值卡充值"，充值成功即可购买和查看数据库内容。
- 会员福利最终解释权归社会科学文献出版社所有。

数据库服务热线：400-008-6695
数据库服务QQ：2475522410
数据库服务邮箱：database@ssap.cn
图书销售热线：010-59367070/7028
图书服务QQ：1265056568
图书服务邮箱：duzhe@ssap.cn

社会科学文献出版社 皮书系列
SOCIAL SCIENCES ACADEMIC PRESS (CHINA)

卡号：575988826459
密码：

S 基本子库
SUB DATABASE

中国社会发展数据库（下设 12 个专题子库）

紧扣人口、政治、外交、法律、教育、医疗卫生、资源环境等 12 个社会发展领域的前沿和热点，全面整合专业著作、智库报告、学术资讯、调研数据等类型资源，帮助用户追踪中国社会发展动态、研究社会发展战略与政策、了解社会热点问题、分析社会发展趋势。

中国经济发展数据库（下设 12 专题子库）

内容涵盖宏观经济、产业经济、工业经济、农业经济、财政金融、房地产经济、城市经济、商业贸易等 12 个重点经济领域，为把握经济运行态势、洞察经济发展规律、研判经济发展趋势、进行经济调控决策提供参考和依据。

中国行业发展数据库（下设 17 个专题子库）

以中国国民经济行业分类为依据，覆盖金融业、旅游业、交通运输业、能源矿产业、制造业等 100 多个行业，跟踪分析国民经济相关行业市场运行状况和政策导向，汇集行业发展前沿资讯，为投资、从业及各种经济决策提供理论支撑和实践指导。

中国区域发展数据库（下设 4 个专题子库）

对中国特定区域内的经济、社会、文化等领域现状与发展情况进行深度分析和预测，涉及省级行政区、城市群、城市、农村等不同维度，研究层级至县及县以下行政区，为学者研究地方经济社会宏观态势、经验模式、发展案例提供支撑，为地方政府决策提供参考。

中国文化传媒数据库（下设 18 个专题子库）

内容覆盖文化产业、新闻传播、电影娱乐、文学艺术、群众文化、图书情报等 18 个重点研究领域，聚焦文化传媒领域发展前沿、热点话题、行业实践，服务用户的教学科研、文化投资、企业规划等需要。

世界经济与国际关系数据库（下设 6 个专题子库）

整合世界经济、国际政治、世界文化与科技、全球性问题、国际组织与国际法、区域研究 6 大领域研究成果，对世界经济形势、国际形势进行连续性深度分析，对年度热点问题进行专题解读，为研判全球发展趋势提供事实和数据支持。

法律声明